LÜSE CHUANGYE SHIYUXIA
WOGUO JIATING NONGCHANG CHAYIHUA
FAZHAN MOSHI YANJIU

绿色创业视域下
我国家庭农场差异化
发展模式研究

张承龙　著

中国财经出版传媒集团
经济科学出版社
Economic Science Press
北京

图书在版编目（CIP）数据

绿色创业视域下我国家庭农场差异化发展模式研究 /
张承龙著 . -- 北京：经济科学出版社，2024. 7.
ISBN 978 - 7 - 5218 - 6108 - 2

Ⅰ. F324. 1

中国国家版本馆 CIP 数据核字第 20249XJ240 号

责任编辑：王红英
责任校对：王肖楠　蒋子明
责任印制：邱　天

绿色创业视域下我国家庭农场差异化发展模式研究
张承龙/著
经济科学出版社出版、发行　新华书店经销
社址：北京市海淀区阜成路甲 28 号　邮编：100142
总编部电话：010 - 88191217　发行部电话：010 - 88191522
网址：www. esp. com. cn
电子邮箱：esp@ esp. com. cn
天猫网店：经济科学出版社旗舰店
网址：http://jjkxcbs. tmall. com
固安华明印业有限公司印装
710 × 1000　16 开　15. 75 印张　250000 字
2024 年 8 月第 1 版　2024 年 8 月第 1 次印刷
ISBN 978 - 7 - 5218 - 6108 - 2　定价：52. 00 元
（图书出现印装问题，本社负责调换。电话：010 - 88191545）
（版权所有　侵权必究　打击盗版　举报热线：010 - 88191661
QQ：2242791300　营销中心电话：010 - 88191537
电子邮箱：dbts@ esp. com. cn）

前　言

　　党的十九大以来，习近平总书记高度重视以家庭农场等为代表的新型农业经营主体在我国农业现代化进程中的重要作用，并指出"要突出抓好农民合作社和家庭农场两类农业经营主体发展，赋予双层经营体制新的内涵，不断提高农业经营效率……"。① 特别是中国在向世界郑重承诺"3060"双碳目标后，我国家庭农场发展理应探求新的发展模式。

　　我国部分地区的家庭农场已逐步采用机械化、适度规模化经营，但是，家庭农场依然存在着经营模式同质化、增产不增收、农业劳动人口持续流失、年龄结构不断老化等普遍性问题。农业农村部政策与改革司和中国社会科学院农村发展研究所编著的系列《中国家庭农场发展报告》显示：中国的 31 个省（区、市）抽样家庭农场面积绝大部分集中于 100～500 亩，占比超过 60%，种植类家庭农场超过62%；而从全国各省（区、市）出台的家庭农场奖补优惠政策来看，200 亩及以上面积的种植型家庭农场更易享受政府奖补政策，与此同时，上述报告又显示 3000 余抽样家庭农场 2019 年的平均总收入同比下降超 10%；国土面积相当于两个半北京面积的荷兰却是高质量农

---

　　① 2018 年 9 月 21 日，习近平总书记在中央政治局第八次集体学习时的讲话. 关于支持做好新型农业经营主体培育的通知［EB/OL］［2019 – 07 – 10］. https：//www. gov. cn/xin-wen/2019 – 07/10/content_5407828. htm.

产品出口世界"冠军",同处欧洲的德国也是全球有机农产品最大生产国,这主要得益于欧盟发达国家家庭农场生态化发展策略。就目前而言,我国家庭农场"政策寻租"与"小农经济"思维仍然严重,缺乏主动对接农产品市场"差异化""绿色环保"需求的创业精神,使其创收能力下降。故而,中国家庭农场应从传统发展模式转向绿色创业、精准智慧以及差异化发展。那么,当前我国家庭农场发展模式的底层逻辑是什么?我国家庭农场如何从传统发展模式转向上述全新的发展模式?我国家庭农场应如何将绿色创业与差异化发展模式有机结合?家庭农场绿色创业、高质量发展是否只需要关注"农场"的盈利性,而可以忽视家庭(家族)因素的卷入?等等。上述问题急需进一步厘清。

《中庸》第三章有云"万物并育而不相害;道并行而不相悖",其核心要义在于世间万物之间应该共生共荣,和谐共生,而不相互侵害。党的二十大报告明确指出:"尊重自然、顺应自然、保护自然,是全面建设社会主义现代化国家的内在要求";《关于创新体制机制推进农业绿色发展的意见》中要求各级地方政府要创新"建立低碳、低耗、循环、高效的加工流通体系。因此,探索区域农业循环利用机制,实施粮经饲统筹、种养加结合、农林牧渔融合循环发展"。上述举措目的在于,推进农业绿色发展,贯彻新发展理念、推进农业供给侧结构性改革,同时,这也是加快农业现代化、促进农业可持续发展的重要途径。绿色创业是作为一种兼顾经济、社会、环境等多要素的机会识别与开发活动,其整合了"商业性"和"绿色性"两个维度目标,利于我国家庭农场共生、长远与差异化发展。家庭农场既是激发我国农村经济活力的重要推力,也是农业生态涵养的"在地化""差异化"力量,其天然具有绿色创业基因,故绿色创业、精准智慧将会成为实现我国家庭农场差异化发展的新路径和新手段。据《中国数字乡村发展报告(2022年)》数据显示,我国智慧农业建设快速起步,2021年农业生产信息化率为25.4%,农产品网络销售额占农产品销售总额的比例接近15%,这说明我国农村地区的信息化水平已逐步得到提升,农产品的交易已迈上数字化、信息化的快速通道，家庭农场的发展需要寻找新的路径和方向，特别是智慧农业、设施农业以及订单农业的大背景下，需要赋予其更新、更深的理论与实践内涵，而本书则致力于这一主题的全新探索！

张承龙

2024 年 4 月

目 录

第一章

导 论

　　党的十九届五中全会审议通过的《中共中央关于制定国民经济和社会发展第十四个五年规划和二〇三五年远景目标的建议》，对我国新发展阶段的工作任务进行了明确，提出了要优先发展农业农村、全面推进乡村振兴的总体部署。从世界百年未有之大变局来看，稳住农业基本盘、守好"三农"基础是应变局、开新局的"压舱石"。习近平总书记在党的二十大报告中明确指出要推进"生态优先、节约集约、绿色低碳发展"，推动绿色发展，促进人与自然和谐共生，并进一步提出要"巩固和完善农村基本经营制度，发展新型农村集体经济，发展新型农业经营主体和社会化服务，发展农业适度规模经营"。《中国数字乡村发展报告（2020）》的数据也显示①，过去十年，在以家庭农场为代表的新型经营主体的示范作用下，我国入乡、返乡创业者已达850万人，其中，带动本乡创业者达3100万人，乡村创业年均增长10%，且87%创业实体位于乡镇以下。《中国数字乡村发展报告（2022）》的统计数字显示②，受新冠疫情影响，我国返乡入乡创业就业增速较快，2021年我国返乡入乡创业人员达1120万人，较2020年增长10.9%，其中，返乡创业呈现新的趋势和特征，创业手段一半以上采用了互联

---

　　① 农业农村部市场与信息化司，http：//www. moa. gov. cn/xw/zwdt/202011/P020201129 305930462590. pdf.

　　② 中央网信办信息化发展局，https：//www. cac. gov. cn/2023－03/01/c_167930971848 6615. htm.

网技术，当然，这也得益于我国数字乡村、乡村新基建发展战略的持续推进。上述数据也说明以家庭农场为代表的新型农业经营主体将是激发我国农村经济活力的动力之源，也是我国农业绿色、高质量发展的关键性力量。

第一节　研究背景及意义

一、研究背景

党的二十大报告明确指出："尊重自然、顺应自然、保护自然，是全面建设社会主义现代化国家的内在要求"，国家已从战略层面将社会主义现代化国家建设的内涵和导向进行了定调，即要"尊重、顺应和保护自然"；《关于创新体制机制推进农业绿色发展的意见》中要求各级地方要创新"建立低碳、低耗、循环、高效的加工流通体系，这是给国家经济发展的"压舱石"——农业绿色发展指出方向，因此，探索区域农业循环利用机制，实施粮经饲统筹、种养加结合、农林牧渔融合循环发展"。采取上述有力举措，目的在于推进农业绿色发展，贯彻新发展理念、推进农业供给侧结构性改革，这也是加快农业现代化、促进农业可持续发展的重要途径。中共中央、国务院在印发的《乡村振兴战略规划（2018～2022年）》文件中呼吁农户创新创业，在乡村地区营造出大众创业、万众创新的新局面，激发农村经济新活力，促进乡村经济发展，这是国家从战略层面，鼓励乡村创业。2022年"中央一号"文件《中共中央、国务院关于做好2022年全面突进乡村振兴重点工作意见》鼓励农民就近就业创业；2023年"中央一号"文件《中共中央、国务院关于做好2023年全面突进乡村振兴重点工作意见》允许返乡、入乡创业人员在原籍地落户；2024年"中央一号"文件《中共中央、国务院关于学习运用"千村示范、万村整治"工程经验有力有效推进乡村全面振兴的意见》鼓励构建现代农业经营体系，以小农户为基础、新型农业主体为重点、社会化服务为支撑，加快打造适应现代农业发展的高素质生产经营队伍，加强农业社会化服务平台和标准体系建设，聚焦农业生产相对薄弱环节和小农户。这是连续多年的"中央一号"文件给予我国乡村发展的战略指引。然而，根据中国家庭金融调查（CHFS）统计数据，近年来，农户创业比例有所降低，2019 年仅为 5.9%（2015 年该比例为 8.5%），这说明家庭农场创业潜力还很大，同国家政策层面的期待还有一定的差距。

党的二十大报告中明确指出要推进"生态优先、节约集约、绿色低碳发展"，推动绿色发展，促进人与自然和谐共生。总体而言，生态文明发展战略是党和政府在 21 世纪应变百年未有之大变局的转型战略，充满政治智慧，有其清晰的历史发展脉络：2003 年国家提出了科学发展观，2006 年党中央进一步提出"两型"社会发展目标，2007 年在首次奥运会承办契机下，提出了"生态文明"发展理念，2012 年，党的十八大以来，国家将生态文明建设纳入国家"五位一体"的总体布局，党的十九大、二十大又将农业农村列为优先发展的对象，并持续推进乡村振兴战略。家庭农场是我国实现城乡经济融合发展、乡村振兴的重要内生动力，近年来，呈现快速创业成长态势。家庭农场创业也是一种我国农村剩余劳动力转移以及职业代际传承的有效方式（杨柳、万江红，2020）[①]。但总体而言，家庭农场的创业成长还存在一些明显的短板和不足：其一，近十年以来我国家庭农场数量，虽有较大幅度增加，但是，我国农业生产的顽疾仍然存在："增产不增收"，显然需要解决如何提升农产品附加值，同时减少农产品生产与流通成本难题；其二，我国的农业劳动人口持续流失，年龄结构不断老化，导致从事家庭农场生产的人力资源在综合素质和能力上非常欠缺（马

---

① 杨柳，万江红.谁是下一代农场主？家庭农场主的职业代际传递意愿及其发生机制研究 [J].华中农业大学学报：社会科学版，2020（4）：137 – 148.

红坤、毛世平、陈雪，2020)①；其三，我国家庭农场生产难以短期脱离"小农经济"藩篱的牵绊，难以同世界发达国家的高水平、高质量农业生产抗衡。

二、研究意义

根据家庭农场所在国家和地区的资源禀赋、技术能力、文化特征以及人力资源素质等多个要素出发，世界各地的家庭农场一般会采取如下可能发展路径：生态化、生态现代化、现代化或智慧化（设施农业）；大规模（2000 亩及以上）、中等规模（300～2000 亩）、小规模（小而精）（低于 300 亩）。我国家庭农场到底采取何种发展路径更为合适？现代化、大规模化？社会化生态化？绿色与有机发展？是否存在中间路径？黄宗智（2014）认为，我国现代农业发展特征应该是"资本密集＋劳动密集"的双密集发展路径；温铁军教授等（2021）认为，作为农业生产的新型主体，家庭农场，也应该遵循"新乡建"发展方向，走生态化之路②；汪懋华院士、赵春江院士等则主张，走智慧农业、设施农业的发展之路。由不同学者建议的上述不同发展路径可知，我国家庭农场的发展没有统一、单一的路径和模式，显然，需要根据各地不同的资源、环境以及经济现状，选择最适合在地化的发展方式。

因此，相对于已有研究，本书有五点理论意义：（1）对我国不同类型家庭农场差异化发展模式进行理论分析。与已有着重研究家庭农场规模、经营、示范以及商业模式等不同，本课题尝试从绿色创业视域出发，归纳我国家庭农场因地理区位不同、社会文化多元、自然资源多样化而选择的差异化发展模式；（2）分析了我国家庭农场绿色创业对差异化发展模式选择的影响。与已有从绿色创业主体意愿、农业类企业绿色创业导向角度不同，本课题尝试分析家庭农场绿色创业对

---

① 马红坤，毛世平，陈雪. 小农生产条件下智慧农业发展的路径选择——基于中日两国的比较分析 [J]. 农业经济问题，2020，12：87-98.

② 温铁军等. 从农业 1.0 到农业 4.0 [M]. 北京：东方出版社，2021.

差异化发展模式选择的影响；（3）本书强调了家庭农场中的家庭因素在绿色创业和家庭农场成长过程中发挥的重要作用，并进一步解读了为何家庭农场和其他涉农企业有所不同，其家庭或家族要素在推动涉农创业过程中的积极意义，解释了为何家庭农场更加注重对于非经济价值（社会情感财富、绿色绩效等）诉求，并利用资源保存理论（COR）阐释了这一非经济价值的诉求的内在机制；（4）本书还通过实证分析，揭示了家庭农场在乡村创业过程中，如何利用创业拼凑获得创业所需求的关键资源，同时如何利用商业模式创新来促进家庭农场的可持续创业成长；（5）本书通过访谈及案例文本分析发现，我国家庭农场主具有创业体验与叙事的凸性作用效应，并阐释了我国乡村创业过程中，创业主体不仅需要关注利用量化手段来进行理性决策，也要学会如何讲"创业故事"来获取创业资源、宣传家庭农场农产品品牌，还要正确、有效利用新媒体等手段向外树立良好的企业或创业者个体 IP，以此增加组织和个体附加值。

同时，本书相对于已有研究具有以下三个实践价值：（1）本书注重我国家庭农场绿色创业成长，着重凸显家庭农场在农业生产中"绿色化"角色。和其他类型组织成长不同，本书主张我国家庭农场的绿色创业成长应如何契合当地生产和农作物成长季节性、生态性规律，这将使得我国家庭农场差异化发展模式更加科学与合理，同时，给予政府政策建议：应该设立合理的家庭农场绿色创业和发展的评价体系，鼓励其积极向低碳、绿色发展转型；（2）本书还通过揭示家庭（或家族）要素的影响，建议家庭农场应该注重利用集体所有权理论为指导，设置合理的家庭农场经营与治理机制，进一步提升家庭农场创业与成长效率；（3）本书还将讨论我国家庭农场的"小而精""适度规模"，以及其未来发展的数字化、多样化等特征。本书还从国家政策层面、协会治理层面、家庭或家族卷入层面以及家庭农场主个体层面等多个层面给予家庭农场的差异化发展建议，使得我国家庭农场差异化发展模式更具灵活性，也更具可操作性。

第二节 核心概念界定

一、家庭农场

对于世界农业发展而言，家庭农场发挥着主导性作用，家庭农场特别是小农户家庭农场为发展中国家的粮食安全提供了重要的保障作用，最新研究显示，到2064年全球人口将达到峰值97亿，而到2100年，人口将会下降到88亿，这就需要确保粮食生产的安全，而全球粮食生产50%～70%则由小农户家庭农场生产供应（Giller et al.，2021）[①]。然而，由于经常同小农户经营者的混用，使得家庭农场的概念界定并没有一个让所有学者所接受的概念（Lowder et al.，2016）[②]。

根据2014年国际世界农场年会对于家庭农场概念界定可知，"家庭农场是一种主要由家庭和主要依赖家庭成员来组织农、林、渔、畜牧以及水产养殖运营与管理的农业生产组织。其中，该组织可包含有男或女成员；家庭与农场是联动的、共生的；该组织整合了经济、环境、社会和文化的功能"（Food and Agriculture Organization of the United Nations，FAO）；世界银行在其农业发展战略中又将小规模农户作为家庭农场的最主要代表，并特别将经营规模低于2公顷，作为识别小农户的最常用手段，并将小农户家庭农场界定为"由家庭实际运营（包括一个或多个家庭），且仅使用或绝大部分使用家族劳动力，并作为家庭经营收入中实物或现金占比较大来源的农业生产组织，这些农业生产包括有农作物种植、畜牧业、林业和渔业，这些组织主要由家族成

---

① Giller Ken E.，Delaune Thomas & João Vasco Silva et al. The future of farming: Who will produce our food? [J]. Food Security，2021，13: 1073 – 1099.

② Lowder S. K.，Skoet J.，Raney T. The Number, Size, and Distribution of Farms, Smallholder Farms, and Family Farms Worldwide [J]. World Development，2016，87: 16 – 29.

员运营，且绝大多数由家族中女性所主导，女性在农业的生产、加工和市场活动中发挥着至关重要的作用"（Graeub et al.，2016）。

张培刚教授在《农业与工业化》一书中讨论农业与工业的联系与影响因素——劳动力供给因素时，探讨了工资收入水平的高低会影响劳动投入的多少，即在工资较低时，会投入更多的工作时间；在工资较高时，会在工作投入时间上有所减少的现象，该种现象的适用场景主要集中于农村的农场。该书还讨论了上述现象主要集中产生于经济大萧条时期的美国农业生产，并认为农村的农场存在主要两种形式：商业化农场（commercialized farms）、自耕农农场（peasant farms）。黄宗智在其实践社会科学与中国研究卷一《中国的新型小农经济：实践与理论》中如此分析与讨论自明清以来我国的农业生产主体特征：主要以小规模家庭农场（小农经济）主，辅之以"经营性"企业型农场（农业），前者黄教授称之为劳动与资本双密集化的"新农业"（农场），围绕高附加值蔬果种植、肉禽鱼养殖；后者为主要集中于单一化"大田"谷物种植的农场。杜志雄在其有关家庭农场的主要专著——《新时期中国家庭农场研究》中指出，家庭农场在我国的正式文件出现是 20 世纪 80 年代：《关于一九八四年农村工作的通知》中首次使用，不过，该概念同国营农场有着紧密联系，主要是指改革开放后实行家庭联产承包责任制的农场职工家庭经营形式。与当前对于家庭农场定义更接近的正式文件是 2008 年中共第十七届中央委员会第三次全体会议的报告中，提到家庭农场是经过土地流转承包经营、具有一定规模化经营的农业生产专业大户。2013 年的"中央一号"文件，将家庭农场作为现代农业发展主体进一步予以地位确定，随后形成了被理论与实践界所共同接受的概念。

总体而言，无论是联合国粮农组织（FAO），还是其他国内外相关学者，并没有对家庭农场的概念进行准确界定，特别是不能根据家庭农场规模来进行划分，因为就全球视角来看，不同国家、地区、生产策略、市场一体化程度、家庭结构、市场接入方式、技术、基础设施以及家庭农场之外劳动机会等都会对家庭农场概念差异形成带来影响

(Vorley et al., 2012)①。但是，总体而言，从广义上来说，家庭农场概念可以分为三个大的类别：第一类家庭农场可以视为与"市场紧密整合，且有较好资源禀赋"的农业商业组织；第二类家庭农场是虽然拥有较好生产条件和重要设备资产的农业商业组织，却因为农场主缺乏足够安全的社会网络，导致其他核心生产要素诸如贷款信用、集体行动力等的欠缺；第三类家庭农场则是能够勉强维持家庭生计、缺乏市场活动、农场用地相对贫瘠，需要来自外部社会安全保障网络大量投资的农业商业组织。家庭农场作为源自欧美的概念，企业家精神或者创业精神（enterprising spirit or entrepreneurial spirit）加入，使得家庭农场的发展更具有商业性和扩张性，已不仅只是作为谋求家庭生计的一种传统农业生产方式，以往对于保持如此传统目标的农场，狭义地界定为"家庭农场"或"自足农场"（self-sufficing）。显然，通过创业精神的注入，新的农业种养技术、农业机械、运营管理手段以及农业冷链运输等的采用，使得当前的家庭农场概念范畴更广，内涵更加丰富。借鉴上述分析，以及家庭农场在中国近几十年成长实践，已逐步形成了具有本土特色的概念，本书基于相关研究文献，将其初步界定为"以家庭成员为主要劳动力，从事农业规模化、集约化、商品化生产经营，并将农业收入作为家庭主要收入来源的新型农业经营主体"。本书家庭农场概念外延部分既包含前文张培刚教授所指出的商业化农场，也包含所有自耕农农场的范畴；也包含黄宗智教授所指的"新农业"农场（夫妻经营家庭农场），也包含有部分由家族资本等经营的相对单一农作物生产的经营性家庭农场。从而使得家庭农场一般具有如下特征：家庭农场的经营主体与土地保持天然的依存关系；坚持农业家庭生产经营；家庭为要素的参与使得农业经营主体的稳定性与持续性更强；经营的规模经济效应适度显现。

---

① Vorley B., Cotula L., Chan M. K. Tipping the balance：Policies to shape agricultural investments and markets in favour of small-scale farmers [J]. Oxfam Policy and Practice：Private Sector，2012，9（2）：59 – 146.

二、农业与农村现代化

杜志雄教授将农业现代化划分为狭义与广义两个概念。从狭义来说，是从产业的角度出发，将农业现代化界定为"农业产业的现代化，即以科学理论为基础，借鉴现代工业生产方式、科学技术、经济管理方式来开展农业的生产管理活动"，其内涵有"物质、技术、经营管理、环境保护等诸多层面的现代化"（杜志雄，2021）；更广义的概念则主要指，"三农"现代化，即现代化内容，不仅包括农村物质生产水平的提高，还包括农村非农业发展水平、农村城镇化水平等与农业部门发展密切相关的社会经济内容。显然，农业现代化是"三农"中其他两个现代化的基础，没有农业生产的现代化，其他两类现代化则是空中楼阁。

中国农业现代化模式及路径的摸索：20 世纪六七十年代，中国如同其他发展中国家那样，尝试过"绿色革命"，主要措施是化肥、科学选育良种及机械化，但总体效果不佳，其中，核心限制因素在于农村人口过剩。我国广大乡村地区的农业从业人员增加比例较大（据 2004年《中国统计年鉴》数据，1952 年到 1980 年农业人口增加了 70%），外加部分农村地区鼓励两季稻、增加复种面积，以增加单位面积农田的产出量，结果农业生产进一步内卷化、劳动密集化，形成了 20 世纪改革开放前期，较长时间的农业现代化的探索性模式：依赖已有劳动量成倍的投入（增加幅度是 4 倍投入，产出则只是 3 倍左右），但相关的每日单位劳动力的报酬却是降低的（黄宗智，2020）[1]。从上述论述可知，我国农业现代化的探索之路并不是一帆风顺的，舒尔茨基于农业发展理论时所提到的"自由市场"理论（Schultz，1964）[2]，它可能更适合美国 20 世纪初期的农业，但不太适合我国 20 世纪五六十年代的农业现代化发展探索。其中，最核心的影响因素是我国乡村地区相

---

① 黄宗智. 中国的新型小农经济：实践与理论［M］. 桂林：广西师范大学，2020.

② Schultz, Theodore. Transforming Traditional Agriculture［M］. New Haven, Conn：Yale University Press，1964.

对稳定人口压力，使我国农业现代化之路走得相对艰难，随着 21 世纪初我国城镇化进程的加速，将农村相当部分的剩余劳动力转移到城市后，我国乡村地区人口压力减轻，国家与社会资本的要素纷纷涌进农村、进入农业，推动了我国农业现代化进程，进一步提升了农村地区居民的收入。

农村现代化，简单来说就是人、物与治理等三个层面的现代化，而且缺一不可，它是对农村的生产方式和生活方式的现代化改造，农村地区实现了全面振兴，同城镇生活水平差距进一步缩小。对于人的现代化主要是指居住或户籍在乡村的居民在观念、思想和职业上均因接受较高的文化教育（诸如接受农业院校的学历教育），而转变为新型的、现代的职业农民；物的现代化主要是指农村居民的农业生产活动结合当地的地形地貌特征，采用最适合当地的现代生产工具，如农业机械现代化、农业装备的智能化、数字化、农业生产产业链条的延长和增值化；治理现代化是指农村的公共事务、服务、养老保障、教育医疗等治理进一步对标城镇，实现村民治理与生活的市民化。

三、农业生态化

根据克拉克（Colin Clark，1940）的产业划分方法，农业产业作为最初级的产业（primary industries）主要包含有农、林、畜、牧、渔等五类产业[①]。这些产业包含的内容天然同自然生态紧密相连，要取得长远发展，走生态化之路则是必然选择。当前，全球工业发展逐步向绿色化方向转变，而工业的绿色化方向其基础在于农业发展首先要走绿色、生态之路。张培刚教授 20 世纪在其知名著作《农业与工业化》的著作中就详细阐述了，农业与工业化之间的相互影响作用，其中，联系的主要核心因素有"劳动力""粮食""原材料""农民作为买者与

---

① Clark C. The Conditions of Economic Progress ［M］. Madrid：Alianza Editorial S. A.，1940. 712.

卖者"（农村市场）等，当前，这些因素同样将工业化与农业现代化等诸多发展机制联系在一起。农业生态化，同样无法离开其与城市市场需求的联系，农民作为买者与卖者：城市工业供给农业生态生产所需要的绿色生产资料（育种、低碳化生产资料）；农民向城市供给绿色、环保、有机农产品。

农业生态化生产，同样要考虑其区位特征，以及由其同城市工业沟通距离来进行布局与安排，也要预测因为工业品的价格与农产品之间的联动关系（二者变动方向一致）。在经济周期中，基于加速效应理论（the acceleration principle），农业生态化生产助推农产品价格的上涨，其幅度可能高于工业产品价格上涨的幅度。生态农业有别于"传统农业""化学农业""有机农业"。生态农业的耕作方法中采取的典型做法有：一是定期增加土壤的矿物质；二是增加土壤的有机质（秸秆还田）；三是增加土壤的有益菌。化学农业所使用的化肥、农药等对于土壤内的益生菌以及土壤里的生物多样性破坏严重；有机农业则主要是针对化学农业而言，主要对于农作物内的农药、化学残余进行严格监控，不让化学成分渗入的农产品流入市场和消费者餐桌；传统农业则主要采用顺天、应时的耕作方式，不采用机器而是用纯人工的手段进行作业。由上可知，相对而言，有机农业对于土壤环境要求高于生态农业，生态农业的要求则高于传统农业。

地球经过几百万年演化形成了相对稳定的生态平衡，当前，人类的活动对全球生态带来挑战，特别是其种种侵略性消费行为正成为"生态屠夫"。人类活动对生态的破坏带来的负面后果，首当其冲的是农业生产，而农业生产则是人类在地球生存之根本。人类在地球上存在的几十万年里，艰难渡过冰河期、温暖期之后，迎来全球气候相对稳定的全新世（Holocene）地质年代，正因为气候的相对稳定，才造就了人类农业、城市、国家社会等较为高等的生产和组织形态，这些形态的产生也不过 1 万年左右的时间。人类在近万年的农业生产中，基本保持着生态化的作业，从 19 世纪开始，人类开始较大规模地使用化肥（主要成分为磷），特别是工业化农业，大量的磷肥使用，对江河、湖泊以及海洋生物将造成不可逆的破坏。人类生产活动中产生的二氧化碳的过量排放，又会加速地球平均气温的上升，全球科学家通过格拉斯哥、埃及气候大会达成一个基本共识是，如果人类在 21 世纪中叶左右，使得全球平均气温上升 2 摄氏度，那么，将带来如下生态性灾难：南北极冰盖消失、海平面上升、海水酸化、沙漠面积扩大以及极端天气会频发（2022 年巴基斯坦世纪大洪水等）。上述生态性灾难继而将影响全球农业（气温上升导致地球生物多样性破坏，农业育种、种子等将受到负面影响）、海洋渔业（海水酸化后，海洋生态系统破坏，众多海洋生物将灭绝）会受到毁灭性打击。生物多样性的破坏则不可避免地引起全球性粮食生产危机，而粮食危机又自然会引起世界性治理危机。

四、数字化、智慧化与订单农业

数字化（智慧）农业，它是指将信息通信、大数据和人工智能等工业 4.0 技术同传统农业生产进行有机融合的新型、现代农业生产经营方式。它主要是利用现代科技手段，结合农业生产实际需求，通过收集、分析、利用和共享大量数据资源，实现农业生产全流程数字化、自动化和智能化管理方式。它也为提高农业生产效益、降低生产成本、减少对自然生态环境的影响，促进农业可持续发展和农村现代化提供了新的发展方向。它涉及领域包括精准农业、智能化装备、物联网技术、大数据分析、云计算、人工智能等，旨在推动传统农业向现代化、科技化转变，实现农业产业的高效、可持续发展。数字农业已在诸如欧美、日韩等发达国家的农业生产实践中取得了一定程度的成功。

智慧化农业根据各地技术条件、资源禀赋条件的不同，选择如下可选择模式：一是精准农业；二是设施农业；三是订单农业。其中，精准农业（precision agriculture），它是利用了诸如产量监测和生产标识，网格或区域土壤采样和测绘、自动导航、分段控制系统、无人机（UAVs）和卫星成像，以及可变速率输入应用技术（VRTs）等能够促

使生态、经济与社会多个维度可持续、长远发展的农业生产体系
（Griffin and Yeager, 2018）①。据联合国粮食与农业组织（Food and Agriculture Organization of the United Nations, FAO）估计，到 2050 年，全球人口将达到 92 亿。全球各地，水资源短缺警告、可耕地面积下降和农业劳动力减少，同时，又要养活不断增长人口。随着传感、信息和通信技术、信息处理技术、地理信息系统（GIS）、环境友好农业生产手段（通过灵活施肥）和信息技术的综合运用，尽管农业劳动力人口较小，也可规避因上述资源减少而带来的负面效应，以确保农业生产效率和效益的进一步提升。设施农业（facility agriculture），即将工业化的生产方式运用到农业生产中。该种农业生产方式是现代农业发展的显著标志，该种生产方式对资金、技术和劳动力提出极高要求，根据当前设施农业的投资基本预算可知，设施农业在每亩农田的投资大概在 500 万元，一般农户或家庭难以承担如此高昂的设备投资，需要组织或机构予以投资。设施农业利用工程技术，为作物生长和设施保护提供适宜的人工条件和设施保护；它还可以消除对农业生产的环境限制，以提高农业自动化生产的效率。订单农业（order agriculture）是指，通过将农产品的生产需求提前外包，降低种植和养殖风险，避免盲目生产，实现了一种产销高效对接的商业模式。此外，为了确保食品安全和管理农产品，在农产品供应链中应用了可追溯系统，使消费者获得适当的农产品信息。此外，农产品供应链在农产品贸易的市场监管中起着至关重要的作用。

五、农户创业

农户创业作为乡村地区相对独特的商业机会发现与开放经济行为，有其自身内在发生机制和逻辑，特别是随着互联网技术、电商平台等

---

① Griffin, T. W. , E. A. Yeager. Adoption of Precision Agriculture Technology: A Duration Analysis [D]. Paper presented at the 14th International Conference on Precision Agriculture, June 24 – 27, 2018, Montreal, Canada.

技术的迭代更新加速，为农村地区的创业活动兴盛提供了重要的软硬件基础，农户创业不仅发挥了创业减贫的作用，还利于激活乡村经济潜力，促进乡村产业兴旺，为农业现代化的发展提供新的发展方向和思路。农户创业因学者们研究视角不同，至今并未形成统一概念界定，西方学者一般倾向从农业产业属性及地理区位角度出发进行界定，如卡兰塔瑞迪斯和白卡（Kalantaridis and Bika）认为，农户创业是发生在农村地区的所有创业活动;[①] 还有从农业产业属性出发诸如农业创业（Agri – Entrepreneurship/Agro-entrepreneurship）或农场创业（Farm Entrepreneurship）（Dias and Rodrigues，2019）。沃特曼（Wortman，1990）将农户创业界定为"在农业相关背景下创建新组织，介绍新产品，提供新服务，或者开展创建新市场，采用新技术的机会开发活动"，沃特曼的农户创业概念界定包含三个层次的含义：（1）创业活动一般集中于创新现有农业产品或服务；（2）创造新农业市场；（3）利用新技术推动农业生产发展[②]。

一部分学者从农户利用资源禀赋开展的创业活动，对于农村地方经济发展的促进作用以及经济贡献度出发，将之界定为农户创业（Korsgaard et al.，2015）；一些学者从数字普惠金融、信贷金融产品的视角出发，讨论上述金融政策措施对于农户创业成本降低、打破交易形式和地域限制（冯永琦和蔡嘉慧，2020）；部分学者基于北京大学CFPS数据，从数字乡村建设和社会认知理论的角度出发，讨论影响农户创业的驱动要素，认为农户作为创业主体，因为外部环境：数字乡村新基础设施的改善，提升了农户对于创业知识和技能的认知水平和能力，并进一步改善了农户的创业自我效能感，从而推动了农户创业（邹美凤等，2024），其他学者如陈超等（2023）基于CFPS（2018年）的中国家庭追踪调查数据，进一步印证了数字技术应用以及数字技术

---

① Kalantaridis C. , Bika Z. In-migrant entrepreneurship in rural England：Beyond local. embeddedness ［J］. Entrepreneurship & Regional Development，2006，18（2）：109 – 131.

② Wortman M. S. J. A Unified Approach for Developing Rural Entrepreneurship in the US ［J］. Agribusiness，1990，6（3）：221 – 236.

能力对于农户创业行为的促进作用。数字技术的应用深度和强度明显利于提升农户创业能力，且相对于非数字技术应用的农户来讲，使用数字技术的农户创业比例明显要高；另一部分学者基于浙江大学中国农村家庭调查（CRHPS）的数据，从社会资本理论视角出发，分析农户非农创业的影响因素，并讨论土地资源在社会资本引导下所展现出其对农户创业的激发作用（许恒周和蒋晓妍，2023）；万兴彬（2023）利用中国家庭金融调查数据（CHFS）研究发现，农村收入差距会对中低收入农户的创业意愿以及创业行为产生抑制作用，同时，收入差距还呈现区域的异质性，东部地区相对于中西部地区来说，收入差距显著负向影响东部地区农户创业意向。国内学者，诸如郭红东和丁高洁（2013）认为，农户创业有别于其他群体创业，农户创业一般以家庭或者专业合作社为基础，投入资金和资源来实现农业生产的价值创造过程；朱红根和康兰媛认为，农户创业是指农民通过从事特色种养殖业、创办农业合作组织等手段来达到创业致富的过程。[①] 根据南京大学空间规划研究中心、阿里研究院最新研究结果显示，2021 年我国淘宝村数量突破 7000 个，增量连续四年保持 1000 个以上[②]，数商、快递以及"互联网＋"等多元要素共同赋能农户创业，改善了农户创业的弱势地位，有利于提升农户创业成功的概率（邱泽奇和黄诗曼，2021）。葛栋栋、彭炼波和刘滨（2022）利用乡村振兴江西百村千户数据库（2021年）调研的一手数据，采用 PSM（倾向得分匹配法），探讨了乡贤助力情形下，在参与合作社（一种农户互助合作组织）和不参与合作社的分组下，农户创业意愿提升效果的对比分析，他们的研究结果支持了乡贤对于农户创业的助推作用；并证实了农户组织化对于农户创业获得关键核心资源产生有利影响，为农户创业成功取得成功指出了新的努力方向。

---

① 朱红根，康兰媛. 农民工创业动机及对创业绩效影响的实证分析：基于江西省 15 个县市的 438 个返乡创业农民工样本 [J]. 南京农业大学学报（社会科学版），2013，13（5）：59 – 66.

② 2021 年淘宝村名单出炉，全国淘宝村数量已突破 7000 [EB/OL]［2021 – 10 – 12］. http：//www. aliresearch. com/ch/information/informationdetails？ articleCode = 256317657652006912.

六、绿色创业

绿色创业强调创业活动同生态环境友好和谐，低碳节能，被视为一种全新的创业成长方式（李华晶和倪嘉成，2021）。绿色创业既需要实现创业主体既有的商业目标，还需要采取有效的措施和手段来实现环境、社会和心理方面的价值创造目标。绿色创业也是有效缓解农业生态环境问题，提升农产品质量安全水准的重要途径。有关绿色创业概念界定主要从五个层面展开：（1）从微观抽象的"意识、意向或导向"出发，将绿色创业意向、导向等作为绿色创业的前提，并借鉴米勒和柯文等的创业导向概念，赋予绿色创业导向三个维度：绿色创新性、先动性和风险承担性（张秀娥和李清，2021；张秀娥等，2023）；（2）从组织层面的"模式和手段"出发，将绿色创业视为相对于传统创业来说更加环境友好的创业模式，如国外部分学者将绿色创业内涵界定为"绿色输入和输出物流、绿色生产、绿色营销和绿色服务"新模式（Ndubisi and Nair，2009）[①]，还有部分学者通过典型涉农企业调研数据分析，尝试建构"生态意向、绿色创新、绿色经营和绿色管理"四个维度的绿色创业模型（解春艳和朱红根，2019）；（3）从系统层面出发将其视为一种"创业生态系统"，该研究方向主要尝试吸纳诸如生态学、社会学、心理学以及生物学领域等跨学科观点，赋予绿色创业对于多维目标诸如经济、生态和社会福祉等的重视，使得绿色创业既具有学科融合特点，还有不同情境视角的内涵解读（李华晶和倪嘉成，2021）；（4）从宏观层面的环境效益出发，借鉴国外学者的"经济、环境和社会"三底线原则，来探讨绿色创业宏观指标体系建构，并以绿色化程度指标来测度环境约束下创业活动效果（李华晶和张玉利，2012）；（5）从绿色创业的技术层面出发，关注创业过程中各个环节中

[①] Ndubisi N. O., Nair S. R. Green Entrepreneurship (GE) and Green Value Added (GVA): A conceptual framework [J]. International Journal of Entrepreneurship, 2009, 13 (1): 21–34.

绿色技术的采用等，将绿色创业界定为"具备创业资本和创业能力的农户，在识别深绿色创业机会的基础上，通过采购绿色农资、规范使用农资、采纳绿色生产技术、合理处置农业废弃物以及在农产品贮藏运输环节采取质量安全控制措施等，调整要素投入结构和发展模式，最终实现农户创业经济效益、环境效益和社会效益和谐统一的创业形式"（于丽卫和孔荣，2023）。约克和凡塔雅曼（York and Venkataraman，2010）将绿色创业界定为"创业过程中注重清洁生产技术的应用和研发，倡导使用清洁能源，致力于资源的高效利用和配置"。由上述研究成果可知，创业研究学者将绿色创业引入创业研究领域，并探讨了绿色创业在"理论融合、学科交叉和情境嵌入"等不同视角上的可能理论贡献。本研究将绿色创业作为家庭农场未来发展的全新创生模式，将其界定为"家庭农场在实现未来产品、服务机会中获得利益的同时，为自身和其所嵌入的社区创造经济、心理社会和环境多重价值增值的过程"。

致力于农业领域或乡村地区的创业有别于处于城市情境下相对稳定的产业环境，未来将面对日益严峻的外部环境风险威胁，要获得持续的成长和发展，更倾向于在极大不确定环境中获得生存，如何在乡村或农业创业场景下获得持久生存，则应该是该情境下的创业者需要思考的至关重要的问题。一些学者诸如温铁军教授通过多年的"新乡建"实践，确立了乡村创业的社会化有机创业方向；坚持发展经济学理论的学者如张培刚等认为，无论是农业还是乡村情境下的创业，前提是要实现发展中国家农业工业化之路，在农业工业化前提下开展创业，唯此才能获得长远的发展。

第三节 研究目的、方法及框架结构

一、研究目的

新时期，党中央持续重视"生态文明"，特别是习近平总书记在多个场合提出了"生态优先、绿色发展"的国家治理理念。在这一治理理念指引下，农业农村部发布了《"十四五"全国农业绿色发展规划》《农业农村减排固碳实施方案》，并印发《建设国家农业绿色发展先行区促进农业现代化示范区全面绿色转型实施方案》的通知，上述一系列文件的发布，其核心精神强调了农业可持续性、绿色化发展，而推进农业绿色全面转型是促进农业高质量发展的根本要求，也是建设美丽中国的重要任务。显然，我国农业的绿色全面转型将是未来一段时间的主旋律，而无论围绕农业开展的技术创新、农村创业等活动，均应该围绕"绿色"这一主题持续推进，如此，可能获得来自政府政策、社会资本以及商业资本长期支持。

2024年中央一号文件继续聚焦乡村振兴，并鼓励社会资本实际参与乡村发展。为何鼓励社会资本融入乡村发展？这说明，乡村振兴的核心挑战在于乡村地区的产业振兴所需要的资金、人才、技术供给明显不足，若上述要素任意组合的缺乏，将会带来就业、创业机会的匮乏。创业则被视为帮助乡村贫困地区人们脱贫致富，缩小城乡贫富差距并留住人才的重要手段（Sutter et al.，2019）。创业要素有效组合，创业主体的多元化，并采取合理化的创业成长路径，从而能够依托乡村创业助推乡村振兴。依据经济网统计数据显示，到2020年，全国各类返乡、入乡创业人员达到1000多万人，创业规模逐步扩大。

国家从战略层面，提出了绿色发展方向之后，我国乡村地区的农户、家庭农场创业过程中，实现了农产品品种的多样化、产量提升，但绿色创业的效果没有体现。如2022年《中国农村统计年鉴》的统计数据显示：我国农村居民2021年的第一产业经营净收入（农林渔牧）占农村居民可支配收入（%）占比为22.7%，近五年来呈现下降趋势。尽管我国第一产业经营投入在持续增加，但没有体现农村居民第一产业实际可支配收入占比的提升。换言之，其投入与产出比并未达到预期高水准（投入与产出不够匹配，投入多，实际产出不理想），乡村经济的绿色、高质量发展还尚显不足。与此同时，付蝶和于冷

（2023）对农户创业研究发现，农户在人力资本（如学历教育年限）同农户创业的作用关系呈现倒"U"型关系，商业保险能够有效提升农户创业比率①；蒋剑勇、钱文荣和郭红东（2014）的研究认为社会网络、先前经验会提升农户创业意愿和创业决策②；马红玉和王转弟（2018）的研究也认为，社会资本等要素会正向作用农户创业决策选择。这说明关于农户、家庭农场的创业研究，不应仅仅关注创业的外在环境、政策、要素供给等因素，还应关注创业个体素质、家庭（集体）等人力资本、融资能力以及心理资本等影响要素。家庭农场等从事农业创业的主体如何真正实现长期盈利（赚钱）？依赖于农业机械先进程度，还是市场需求量增加？这同样有赖于从事农业生产的经营者是否拥有丰富的农业生产技术与经验，特别是对于农作物或牲畜禽类动物种养、生长技术与规律的真实把握程度，与此同时，种养出的农产品或禽肉类品质要高，如低污染、低农药残留等，这类农产品在市场能够卖出好价钱，但这类农产品所产出的利润，需要靠农业生产经营者日积月累的试错、调整，到最终获得利润，且这种利润需要长期积累和投资；家庭农场或其他现代智慧农业，其内在本质依然未变，需要农业生产从事者真实掌握农时，深谙农作物、动物禽畜种养之规律，需要通过正确的技术手段，如大数据、设施农业和智慧农业来获取农业表型数据，最后依据上述表型数据，来对家庭农场或大型农场经营管理提供智力决策。

故而，本书的研究目的在于，为我国家庭农场的发展探寻一条富有特色的可持续成长之路，并尝试建构乡村绿色创业的整合性框架和模型，以此来阐述和解读我国家庭农场相异于西方国家的独特性质，向其他国家做好中国乡村振兴的创业叙事。

---

① 付蝶，于冷.人力资本，商业保险和农户创业决策——基于CFPS数据的实证分析[J].上海管理科学，2023（6）：43-48.
② 蒋剑勇，钱文荣，郭红东.社会网络、先前经验与农民创业决策[J].农业技术经济，2014（2）：17-25.

二、研究方法

研究方法作为社会科学分析中采用的重要手段，核心目的在于帮助人们正确认识研究对象和正确揭示相关现象。当然，研究方法有其演变的历史和过程，根据元理论研究方法（Grant and Perren，2002），并参照由布鲁尔和摩根（Burrell and Morgan，1979）[①] 提出的分析框架来分析社会科学。为了清晰地基于自身观念来提出科学哲学假设链，并有效地对这些假设进行基本的验证，多年来，学者们主要围绕四个主要核心议题来开展论辩：①知识论论争（An ontological debate）（nominalism/realism 唯名论—绝对/实在论—相对，即名是绝对的，实是相对的，这一派学者认为"马"这个名字是绝对的事物，白马是相对的事物；共相后并抽象于个别事物，持有该观点的代表性人物：国外的有培根，中国春秋时期有惠施、公孙龙），该流派学者的论争在于对知识和事物看法是个体主观建构，还是客观实体建构；②认识论论争（An epistemological debate）（anti-positivism/positivism 反实证主义/实证主义），该流派学者的纷争在于人们认识客观事物时是选择通过实证手段解释和搜寻事物一般规律，还是通过认识个体的观点来理解人类活动过程（反实证主义）；③方法论论争（A methodology debate）（idiographic/nomothetic 特殊个体、具体的/一般化的），学者们论争的焦点在于通过深入特殊个体（主观）来概括人类某种活动现象，还是选择参照自然科学研究方法来开展规范、一般化的研究；④人性论争（A human nature debate）（voluntarism/determinism 唯意志论/决定论），主张意志高于理性并且是宇宙的本质或本体的哲学学说，代表人物叔本华、尼采（决定论）。决定论认为，人的一切活动，都是先前某种原因和几种原因导致的结果，人的行为是可以根据先前的条件、经历来

---

① Burrell G. , Morgan G. Sociological Paradigms and Organizational Analysis［M］. London：Heinemann Educational Books，1979.

预测的。换言之，即社会中行为个体所涉及的活动过程是个体意志自由反映（唯意志论），还是说由外部客观环境决定的（客观决定论）。鉴于上述有关本体论、认识论及方法论的论争，说明人们在认识客观事物时，一直在尝试形成客观、科学的认知，以期达到接近真理的目的，但有关人和人类生产、社会活动相关现象的观察，无法依赖单一维度或某单一工具就可以形成正确的结论，而要形成相对客观的认知和结论，就应当采取多种手段和多种视角的方法。显然，有关家庭农场研究，因选择的对象、视角和理论依据不同，需要匹配不同的研究方法。因此，本书将采用混合研究方法开展相关假设、命题主张的检验。

1. 案例研究和扎根分析等质性研究方法

从大的方面来讲，本书将采用的第一类研究方法是：质性分析研究方法。该方法包含有案例分析、叙事分析、扎根分析方法以及民族志方法，这些方法侧重于概念、理论的建构。近年来，因为计算机和软件的采用，质性分析也可通过语料库、文本编码等手段将分析的一手材料进行定量化分析，提炼相关模型，并进行编码数据的模型验证。随着文本挖掘平台诸如：EasyNLP 文本挖掘平台（EasyNLP，2023）的流行，研究者可以对访谈文本生成可视化词云图，并使用隐含狄利克雷分布（Latent Dirichlet allocation，LDA）的自动主题建模，从完整的文本叙事中获得叙事主题。LDA（Blei et al.，2003）和其他主题建模技术已被用于各种学科，最近在创业和管理研究中也受到越来越多的关注（Hannigan et al.，2019；Kibler et al.，2021；Kobayashi et al.，2018）。LDA 假设全文语料库（即我们的创业团队叙事的完整样本）是通过一组潜在主题中选择单词概率生成的。TF－IDF（term frequency—inverse document frequency）是一种统计方法，用来评估单词或短语对于一个语料库的重要程度，由两部分组成：TF 是词频（term frequency），IDF 是逆文本频率指数（inverse document frequency）。单词或短语的重要性与它在文档中出现的次数成正比，与它在语料库中出现的次数成反比；一个词语在一篇文章中出现的次数越多，在语料库中出现的次数越少，越能代表这篇文章的新颖性。通过词频、语料分析，也可以识别出一些常规模型、决策策略等。本书将在上述典型的质性研究方法中主要选取案例分析、扎根分析方法，并将借助相关文本分析软件、文本挖掘平台来对收集的多案例文本资料，展开家庭农场差异化发展模式进行词频分析，文本编码，扎根分析，并通过文本、视频及图片等编码归纳、提炼和呈现新时代我国家庭农场的差异化发展模式。

2. 多元回归及结构方程模型等量化研究方法

本书将通过问卷、二手数据等收集而来的数据，对文章提出的假设、命题进行模型拟合验证，即定量分析。首先，利用已有研究基础和理论，收集和整理 2015~2019 年《中国家庭农场发展报告》相关监测数据，通过划分聚类分析法（采用 k 均值邻近算法）进行初步统计分析，呈现我国家庭农场传统发展模式，并分析问题产生的内在逻辑；其次，利用一手收集的样本数据分别开展数据初步统计分析、多元回归（中介分析、调节分析以及有调节的中介分析）、结构方程模型等定量分析法来验证我国家庭农场绿色创业对其差异化发展模式选择影响机制。本书将采用的具体研究方法归纳如表 1 - 1（研究主题、研究目标、理论支撑与研究方法应用一览表）所示。

表 1 - 1　研究主题、研究目标、理论支撑与研究方法应用一览表

研究主题	研究目标	理论支撑	研究方法
我国农业绿色发展及家庭农场差异化发展路径初探	家庭农场差异化发展模式分类	农业发展理论；绿色创业理论	交叉分类方法；文献分析法；描述分析；归纳法
	我国家庭农场差异化发展特征		
我国家庭农场绿色创业的多案例比较分析：基于创业叙事视角	我国家庭农场的差异化发展路径	差异化理论；扎根理论；农业经济理论	访谈调研/归纳法；多案例分析；扎根分析；多案例比较分析
	绿色创业赋予家庭农场差异化特征		
	适合我国国情的家庭农场发展路径		
家庭农场集体心理所有权对环境绩效的影响机制分析：基于自我效能感与社会情感财富视角	尝试揭示我国乡村涉农商业组织的创业过程中所表征出的环境保护倾向	资源保存理论；社会情感财富理论；社会认知理论	调研数据分析、多元线性模型分析、条件过程分析
	在资源保存理论下，检验自我效能感在家庭农场集体心理所有权、社会情感财富与创业经济和绿色绩效选择过程中的调节效应		

续表

研究主题	研究目标	理论支撑	研究方法
家庭农场集体心理所有权对环境绩效的影响机制分析：基于自我效能感与社会情感财富视角	探讨了乡村创业企业中所凸显出的社会情感财富及其中介效应	资源保存理论；社会情感财富理论；社会认知理论	调研数据分析、多元线性模型分析、条件过程分析
	涉农家族企业动态创业过程中，家族或家庭要素所发挥出的影响，以及在面临自然环境变化压力下，家庭农场等所展示出的珍惜自然环境以及家庭传统的非商业化导向		
集体心理所有权对家庭农场环境绩效的作用机制：中介效应比较分析	家族企业集体层面心理所有权因素对经济和环境绩效产生影响	心理所有权理论、家族企业理论、社会情感财富等	问卷调研、纵向研究、定期收集数据、多元线性模型、结构方程模型
	社会情感财富在集体心理所有权和家族企业不同绩效间的中介机制，并比较了不同中介效应的差别		
	讨论了社会情感财富理论背景下，家族类涉农企业对于绿色发展的重视程度		
创业拼凑对家庭农场可持续创业绩效的影响：有调节的中介模型	商业模式创新和创业自我效能感对家庭农场可持续创业绩效的作用机理	创业拼凑理论、社会认知理论、企业资源基础观等	问卷调研法、层次回归分析、结构方程模型等
	商业模式创新在创业拼凑与家庭农场创业绩效之间起中介作用效应		
	创业自我效能感对于创业拼凑、商业模式创新与家庭农场创业绩效作用关系中的调节效应		
政策启示	从政策、制度角度出发，在不同地域和制度等背景下，指出我国家庭农场差异化发展模式与实现路径	农村区域发展、乡村创业理论等	理论归纳

资料来源：笔者根据相关文献整理。

三、本书框架结构

本书根据前文研究目的与研究方法设计，将从如下思路框架展开研究：第一步，根据本书的研究背景及核心研究目的，提出研究框架思路图；第二步，提出本书的研究理论依据，进行相关研究文献回顾和研究动态梳理；第三步，根据收集二手数据进行我国农业生态概况、居民消费趋势分析、农业绿色生产模式探讨以及我国家庭农场未来发展方向等初步探讨；第四步，从创业叙事视角出发，以多案例比较分析方法探讨绿色创业视域下我国家庭农场差异化发展模式选择；第五步，主要依据调研样本数据，并从自我效能感、家庭农场集体心理所有权、社会情感财富以及创业拼凑等研究视角出发，从三个实证分析，探讨上述视角对于家庭农场环境绩效（绿色创业绩效）和可持续创业绩效的影响作用机制分析；第六步，对全书的研究进行结论总结和政策启示分析。具体而言，本书有八章：第一章导论，旨在介绍本书的研究背景和意义、核心概念、研究目的、方法及框架结构；第二章文献回顾及相关理论基础，旨在介绍绿色创业、家庭农场以及其他相关理论依据；第三章我国农业绿色发展及家庭农场发展路径选择初探，旨在初步探讨我国农业生态环境现状、居民消费趋势、我国农业绿色先行者转型发展特征以及我国家庭农场差异化发展路径选择分析；第四章我国家庭农场绿色创业的多案例比较分析：基于创业叙事视角，旨在通过多案例的比较分析，探讨我国家庭农场绿色创业的影响核心因素，并提出原创性研究模型与框架；第五章家庭农场集体心理所有权对环境绩效的影响机制分析：基于自我效能感与社会情感财富视角，旨在讨论我国家庭农场的集体心理所有权在自我效能感和社会情感财富的条件过程中，对于环境绩效（绿色创业绩效）、经济绩效的作用机制；第六章集体心理所有权对家庭农场环境绩效的作用机制：中介效应比较分析，旨在探讨经济绩效、社会情感财富等在集体心理所有权对家庭农场环境绩效（绿色创业绩效）以及经济绩效间的中介作用机制比较；第七章创业拼凑对家庭农场可持续创业绩效的影响：有调节的中介模型，本章旨在进一步探讨我国家庭农场在创业过程中，如何克服资源约束的不利影响，并讨论如何获得可持续创业绩效；第八章主要结论与政策启示，本章对全书进行总结，并从政府宏观层面、行业层面、家庭农场层面、家庭层面以及个体层面分别提出对策建议。

本书章节结构思路，详见图 1-1。

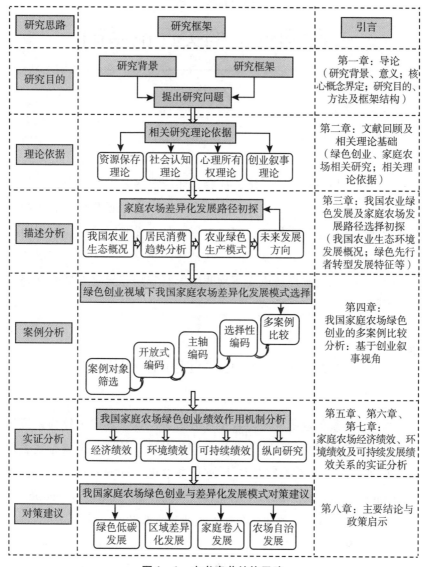

图 1-1　本书章节结构思路

资料来源：笔者绘制。

第二章

文献回顾及相关理论基础

绿色创业是一种兼顾经济、社会、环境等多要素的机会识别与开发活动，其整合了"商业性"和"绿色性"两个维度目标，利于我国家庭农场长远与差异化发展；家庭农场既是激发我国农村经济活力的重要推力，也是农业生态涵养的"在地化"力量，其天然具有绿色创业基因，故绿色创业将会成为实现我国家庭农场差异化发展的新路径和新手段。

第一节　绿色创业的相关研究

当前，传统创业研究历经数十年发展，已逐步形成了较为系统的研究对象、研究视角、研究方法以及理论基础，并涌现出具有代表性的创业理论，诸如不确定条件下创业决策论（entrepreneurship under uncertainty）（Knight，1921）、创业者创新载体论（agents of innovation）（Schumpeter，1934）、盈利机会警觉创业者发现论（alert entrepreneur）（Kirzner，1973）、效果逻辑创业机制论（effectuation perspective）（Sarasvathy，2001）、创业机会创造论（entrepreneurship opportunity creation）（Alvarez and Barney，2007）以及近些年才崭露头角的公司创业理论（entrepreneurial theory of the firm）（Foss and Klein，2012）。总体而言，这些称为"创业大理论（big theory）"的基础理论主要围绕的是

创业组织、个体如何有效识别机会并创造商业价值的传统商业逻辑。20世纪末，随着工业化进程在发展中国家的进一步拓展，给全球生态和气候带来了日益紧迫的环境压力，生态价值观在全球范围内逐步形成，学术界开始尝试从全新的角度和层面来讨论新兴的创业形式：将创业利润导向，逐步转向兼顾社会、环境和商业价值的导向（Quinn，1971；Hart，1997）。因此，21世纪开始，学术界逐步将创业概念维度进行拓展，提出了绿色附加值（green value added，GVA）的绿色创业概念（Nelson and Sumesh，2009），此类讨论将绿色创业视为一个相对狭义概念进行分析，后续有关绿色创业研究，开始将其拓展到企业运营全价值链，即绿色输入、生产、输出、营销以及服务全价值链（Shepherd et al.，2011），从而使得绿色创业研究的对象、视角和方法进行更为多元。绿色创业这一富有生命力的概念既整合了传统创业内在经济维度（如机会、效果、过程等维度），还内涵了非经济维度：社会与环境维度（可持续、生态等维度），赋予了创业研究新活力和方向。

　　总体而言，国内有关绿色创业研究起步较晚，但发展势头良好，其粗略经历了几个阶段：（1）概念导入期。如李华晶等从可持续发展角度引入绿色创业概念，并将创业绿色化与可持续创业的理论框架进行了整合架构（李华晶，2009）；高嘉勇和何勇（2011）通过对国内外有关环境创业、生态创业、可持续创业以及绿色创业等不同角度的创业概念进行归纳，将其界定为"生态导向和市场导向的双重作用下采取的创业行为"。故而，该阶段的研究主要是针对绿色创业的概念进行了梳理和介绍；（2）绿色创业产出多维测度期。鉴于市场失灵造成的环保危机频现，激起了国内学者探讨绿色创业结果指标体系建构旨趣，并尝试借鉴国外学者埃金顿的"经济、环境和社会"三底线原则（Elkington，1998），采用绿色化程度指标来测度环境约束下创业活动效果（李华晶和张玉利，2012）①，该阶段绿色创业研究对象多聚焦于制造类

---

① 李华晶，张玉利. 创业研究绿色化趋势探析与可持续创业整合框架构建 [J]. 外国经济与管理，2012，34（9）：26 – 33.

企业；（3）绿色创业投入与产出权衡分析期。朱红根等学者尝试从新古典生产函数出发，分析绿色创业要素投入如何有效转化为高水平社会资本的边际收益（朱红根，2018）；（4）绿色创业战略和体系建构期。基于已有研究成果，创业研究学者将绿色创业研究提升到创业导向、生态系统等战略层面，以及攸关人类未来命运和可持续发展高度来予以讨论（张秀娥和李清，2021）。近年来，有关绿色创业研究对象，不断扩展，从传统中小企业、工业类企业，逐步转向农业类绿色创业企业、农业龙头企业以及公益类绿色创业企业（解春艳和朱红根，2019）。通过分析上述各阶段有关绿色创业研究内容，本书认为绿色创业围绕以下几个关键问题开展了深入的研究：绿色创业驱动因素研究，绿色创业理论范式，绿色创业类型以及绿色创业的作用效果。

1. 绿色创业驱动因素研究

企业绿色创业行动或行为的产生，不是浑然天成，而是有外部驱动因素的存在。作为生态导向与市场导向双重作用下的企业绿色创业行为，显然，接受了来自外部驱动要素的引导或者诱导，这也是为何部分学者认为，绿色创业可以简要划分为"偶然型、伦理型、愿景型以及机会型"（Walley and Taylor，2002），从已有相关研究可知，绿色创业的驱动因素一般包含有：

第一，从国家社会层面出发，主要指绿色创业的驱动因素，诸如经济动因、制度动因、社会动因、生态动因乃至文化动因，这些驱动因素的共性是一国政府从宏观制度的角度出发来营造绿色创业的制度环境和外部氛围，以此号召和鼓励民众采取可持续性、绿色的创业行动（Majid I A and Koe W L，2012；Muñoz and Cohen，2018）。

第二，从环境和管制激励的角度出发，政府管制和激励政策对绿色创业产生驱动因素。该部分的学者观点认为，企业绿色创业行为的产生，在于中央以及各地政府出台的环境引导与激励政策。例如由农业农村部、国家发展改革委、生态环境部等六部委办公厅于2022年共同印发的《建设国家农业绿色发展先行区促进农业现代化示范区全面绿色转型实施方案》的通知，其要求各级政府要积极主动推进农业绿色全面转型，促进农业高质量发展，要求各级经营主体应当推动绿色生产方式，政府与企业协同、合力推进；同时，鼓励企业经营主体的绿色能源使用，对于该类产品销售的税收减免，新能源汽车购买价格补贴等激励手段，此类产品生产者绿色创业行为更有政策依据，绿色创业激励效果明显（李华晶，2009；李华晶，2015）。

第三，从企业伦理层面出发，规则、标准与规范对绿色创业产生的驱动作用。诸如，诺伊包姆（Neubaum）以及刘易斯等国外学者提出的企业伦理规则、标准、规范等对于绿色创业行为的倡导。企业伦理作为经营过程中在思想和行为规范上所普遍遵循的道德规范和行为准则，能够为企业逐步打造积极的社会责任感（叶静，2009）①。同时，良好的企业伦理文化能够为企业树立正面形象，能够号召与汇聚优秀人才、优质资源，从而进一步提升企业社会声誉，特别是企业的绿色发展伦理形象的塑造，可以在社会大众中迅速形成口碑效应，企业坚持绿色发展治理理念能够对相关市场失灵、经济发展负外部性问题解决提供新的解决思路和应对手段（张秀娥等，2021）。

第四，从家庭规范和大众消费习惯层面出发，消费端的环保习惯和绿色意识会对绿色创业产生驱动作用。为了追求更高市场占有率，家庭农场关注农产品品质，控制化肥及农药使用量的主观意愿更强（王新志和杜志雄，2020）。部分学者通过对于特定产业的研究，诸如美国太阳能等清洁能源行业的分析发现，正是由于家庭规范以及大众消费习惯、新的观念的形成，推动了企业在创建过程中，更加关注环境社会责任、投入更多资源开发环境友好型产品，以更加积极和绿色化发展模式来迎合消费端的全新消费习惯（Meek et al.，2010）。

2. 绿色创业研究理论范式

正如前文所说，传统创业研究有其固有的研究范式，诸如微观的创业者主体特征（特质、心理、导向等）研究、创业客体（机会、决

---

① 叶静. 企业社会责任与政府规制问题研究［J］. 财经问题研究，2009（8）：112 - 116.

策)、创业过程（因果逻辑、效果逻辑以及 Timmons 的创业过程模式等）以及创业结果（生存绩效、成长绩效、创新绩效等）。绿色创业研究因为更加关注企业的社会、环境维度的产出水平，因此，在研究范式上有了新的模型和内在作用机制的分析：

（1）绿色创业决策的政府规制激励范式。该研究范式，强调了政府制度层因素对于环境维度的影响，换言之，即规制、制度等因素对于绿色创业认知、意愿等的作用机制。近年来，随着全球环保理念的宣传、我国政府对于世界庄重做出"碳达峰、碳中和（3060）"承诺，世界各国政府愈发重视从制度和规制层面出发，来激励经济参与主体保护环境、约束带来环境污染的传统创业行为（如我国农业农村部《动物防疫条件审查办法》要求动物屠宰加工场所、动物和动物产品集贸市场的选址地应距生活饮用水源地 500 米以上；种畜禽场应距离其 1000 米以上等的硬性要求），让广大涉农企业形成环保认知。社会认知理论（social cognitive theory，SCT）所揭示的外部环境、知觉认知以及行为发生之间能形成三角互动作用关系（Bandura，1986；孙柏鹏等，2022）[1][2]，这说明外部环境变迁与政府制度政策要求，对行为主体的认知带来了影响，如政府对绿色创业行为的积极财政补贴政策、对绿色发展的宣传和培训支持以及非绿色行为的处罚规则等因素，会对市场行为主体的绿色创业认知产生积极影响。同时，绿色创业认知水平较高，受政府激励政策影响，消费市场会给予绿色创业产品与同类产品相比更高的市场价格定价，这会进一步提升经济主体采取绿色创业的经济激励；环保政策宣传会提升环保意识；处罚规则形成了较高的违规成本，来自三方面的合力进一步提升了绿色创业意愿（于丽卫，2023）。

（2）绿色创业选择的行业扩散影响范式。处于行业内的创业个体，

---

① Bandura, A. Social Foundations of Thought and Action：A Social Cognitive Theory ［M］. Englewood Cliffs, NJ：Prentice – Hall, 1986.

② 孙柏鹏，贾建锋，许晟. 上级发展性反馈何以激发员工主动变革——基于社会认知理论视角 ［J］. 当代财经, 2022 (8)：88 – 98.

在行业内受整体环境和氛围影响，会逐步提升绿色创业认知，考量经济与社会效益的平衡关系，积极学习绿色生产技能，依据前景理论和实物期权理论进行判断（Zhang and Babovic，2011），开展绿色创业行为具体活动，通过前景理论，创业者个体在权衡环境造成的长期损失后，会选择相对来讲盈利不高的创业投资项目，尽管相对于传统创业项目来说，盈利水平有所下降，但从前景理论出发，它能够满足绿色创业者环境破坏带来的损失厌恶认知，选择更加长远的绿色创业项目；从实物期权框架出发，创业选择会考虑市场进入的时机，侧重从产品进入市场不同阶段，依据风险增加程度来选择创业项目，依据成本价值比来选择创业扩张方向。显然，作为绿色创业项目，随着行业环境意识的提升，尽管可能由于绿色创业有较高的风险，但从实物期权理论角度出发，创业主体需要首先通过政府或行业的环境准入通行证（诸如 ISO14001 环境认证体系），才能采取后续的市场进入决策，从而提升该类企业的核心竞争力。行业内所形成的环境保护共同认知，会产生一致性行业行为规范，规范通过绿色创业价值观的内化作用，进而指导行业经济主体的绿色创业行为（盛光华等，2019）。有较高的环境保护意识和素养的行业内企业，对农业等行业内环境污染现状、环境污染带来的长期危害性认知水平会更高，这些因素会正向影响企业自身的绿色创业行为。

（3）绿色创业导向的多层因素影响范式。施瓦茨（Schwartz，1977）基于 VBN 框架，分析了多层要素："价值—信念—规范"对于个体环保行为的影响，该理论分析了个人规范如何在个人价值、信念作用下被激活，在后果意识和责任归因影响下，行为主体注重无论是商业行为还是个体行为尽量保持与环境的和谐共处，注重行为对于生态的影响（Rezaei - Moghaddam et al.，2020）。如果行为主体在农业领域开展创业，则在 VBN 理论背景下，会秉承环境和谐价值观开展共生性创业行为。后续其他学者，包括中国学者尝试从认知行为理论、TPB 理论框架等出发，分析"个体认知、心理认知以及行为意愿"的作用机制（甘臣林等，2018；胡伟艳等，2019），并讨论了绿色创业行为的异质性，可能协助创业主体抢抓市场差异化商机，为企业带来更高创业绩效水平（李先江，2012；周文辉等，2017）；其他学者基于自然资源基础观（the Natural Resource-based View，NRBV），鼓励具有绿色创业导向的企业可以持续追踪和获取绿色创业机会，通过绿色机会开发既保持企业可持续性竞争优势，又保证生态系统的可持续性（Bresciani et al.，2023；Lahcene et al.，2023）。

上述研究文献说明，绿色创业行为的研究范式相对于传统而言已经有了全新的转变，不再拘泥于创业研究的核心利润导向，更深入创业主体的意识、认知、心理，创业客体的外部政策、环境、制度、行业约束，主体与客体互动形成的模型等，这都成为绿色创业需要额外关注的研究议题，绿色创业赋予了创业研究更为广泛的研究对象、视角以及理论基础，从而将进一步推动学术界产生丰富的新型研究机制、理论框架。本书将在后文中进一步探讨新的作用机制，并通过相关案例分析、调研数据对相关理论模型予以检验。

3. 绿色创业类型

传统创业研究关注如何从有限资源约束中识别机会、开发机会并通过实现商业化目标来获得价值回报；绿色创业则不仅要在资源约束下，还应该考虑在环境约束条件下开展上述商业化目标的实现，因此，如何使不同行业中的企业在绿色创业中获得成功，则要进一步讨论绿色创业类型和路径的选择。

（1）绿色创业的类型划分与拓展。鉴于开展绿色创业主体的多元化，一些创业主体可能来自非营利性组织，一些来自营利性组织；一些主体来自农业行业，另外一些可能来自传统工业类企业，因此，绿色创业的模式和类型必然呈现多样性特征。如国内学者李华晶和邢晓东（2009）[①] 依据绿色创业的"绿色""创业"两个关键要素，以及"机会不确定性""环境敏感度"两个维度区分，对绿色创业的四个基

———

① 李华晶，邢晓东. 绿色创业内涵与基本类型分析 [J]. 软科学，2009，23（9）：129 - 134.

本类型"业务型、突破型、问题型以及梦想型"进行了初步探讨。绿色创业的后续类型划分探讨中,李华晶,邢晓东和揭昌亮(2010)[①] 基于西方"三维底线"原则(triple bottom line)对绿色创业的类型,进行了战略层面的划分:一是基于消费和生产方式,探讨"充足型"绿色创业战略,推动人们生产与生活方式转变;二是基于资源生产力角度,分析"效率型"绿色创业机会开发,寻求绿色创业修正方法;三是基于可循环生产模式,阐释"永续型"绿色创业评估,通过改善绿色创业资源实现可持续循环。对绿色创业类型的划分,可以为后续尝试开展绿色创业的企业主体给予发展方向和成长路径的选择;同时,也为绿色创业分阶段开展、如何兼顾不同利益相关者提供了借鉴与参考。国外学者华磊和泰勒(Walley and Taylor,2002)[②] 从建构主义理论出发,通过创业利润或环境取向、软性与硬性结构倾向两个维度来分型,将绿色创业归类为"随机绿色创业、创新机会主义、竞争远景型以及标新立异道德型"四个象限(并分别对应了四类绿色创业者代表:有机猪肉生产商 The Archers、康奈尔冰箱安全回收商 Evan Connell、Bodyshop)。在外在结构特征要素的约束下,使得将绿色创业者选择了不同类型创业行动倾向,进而揭示了建构主义理论下绿色创业者新特征。

(2)创业多元主体类型的绿色创业。绿色创业主体呈现多元化类型说明:在我国绿色创业理念已逐步深入到各行各业之中,并快速受到推崇与认可。已有部分研究中尝试从不同主体,诸如有关工业类企业绿色创业、农户绿色创业、龙头农业企业绿色创业。从不同创业主体参与绿色创业动机和程度来看,部分绿色创业主体强调从企业高管团队层面进行分析绿色创业导向对于绩效水平提高的作用(李华晶和陈凯,2014);一些绿色创业主体主要来自龙头企

---

① 李华晶,邢晓东,揭昌亮. 机会、创业者与环境:绿色创业的基本模型研究[J]. 科技进步与对策,2010,27(15):15 – 18.

② Walley E. E. , Taylor D. W. Opportunists, Champions, Mavericks? [J]. Greener Management International, 2002,(6):31 – 43.

业、新服务企业、农户、返乡农民、大学生等主体，这类主体选择绿色创业有其品牌考量（白志荣，2020），也有新创业模式选择（邓俊淼，2014），还有交易成本、企业绩效以及企业绿色动态能力关注（李先江，2013；朱红根，2018；于丽卫和孔荣，2023）；其他一些绿色创业主体尝试从区域、政府以及平台的角度探讨绿色创业的系统化、社会化（扶贫功能）以及公益化（李华晶，2016）。综上可知，绿色创业主体的多元化势必产生绿色创业溢出效果，利于提升绿色创业能力。

4. 绿色创业的基本模式

联合国《生物多样性公约》第15次缔约方大会（COP15）于2022年通过《昆明—蒙特利尔全球生物多样性框架》，从全球生态安全角度向世界各国政府以及商业组织提出了更高要求，世界各国政府也在积极推动社会各级组织成长、管理以及创业模式的可持续性、绿色化，如国家政府不能只提 GDP，还应该统计生态系统生产总值 GEP（Gross Ecosystem Production，GEP)[①]。GEP 以概算一个国家生态系统为人民福祉和经济社会可持续发展提供的各种最终物质产品生产总值，目的在于衡量一个国家生态系统运行的总体概况，评估生态保护成效，核算方式中不与 GDP 核算范围相重叠。企业作为绿色创业核心主体，其在为 GEP 贡献产出过程中发挥着不可替代的作用，尽管企业组织创业过程中不可避免需要投入和耗损自然资源，但作为生态环境组织中的一部分，需要积极采取更为先进的生产方式，诸如结合数字技术、新能源以及智慧化等手段，选择降碳、环保的成长模式，以推动企业的长远、永续发展。绿色创业作为一种新兴创业范式，其创业途径和模式显然异于传统创业，为了进一步厘清绿色创业的独特特征，早期有关绿色创业的研究也尝试分析了其不同的创业模式。一部分学者从企业长远发展角度出发，将绿色创业视为取得可持续生存的新商

---

① 李华晶. 企业是促进人与自然和谐共生的"绿巨人"［J］. 清华管理评论，2023（3）：93－98.

业获利模式;① 另一部分学者将绿色理念注入价值链生产全过程,并尝试通过自身绿色创业行为影响和改变与之利益相关者的生产与消费行为(Nelson and Sumesh,2009)。总体而言,通过归纳已有关于绿色创业的相关研究,我们会发现其一般会采取如下基本模式:

①绿色创业附加值模式。该模式最早由尼尔森和斯迈施(Nelson and Sumesh,2009)在相关研究中提出。与迈克尔·波特"五力竞争模型""价值链模型"相似,尼尔森和斯迈施把绿色创业紧密相关主体划分为:绿色创业者、绿色创业组织内部利益相关者、绿色创业外部利益相关者以及外部自然环境,并将这些利益相关者与绿色创业的价值创造、增值过程结合起来,讨论如何使得绿色创业主体获得除去商业价值之外的绿色增值;将绿色创业意识与活动贯穿于企业价值链"辅助活动"的全过程:绿色输入物流、绿色生产、绿色输出物流、绿色营销以及绿色售后服务(Simpson,2007),从而达到绿色创业企业最终商业价值的绿色附加,通过此举能够有效增加此类企业的社会价值与环保节能品牌形象等无形价值。

②绿色创业机会开发模式。不同于一般商业机会的开发,绿色创业机会因为要兼顾社会价值、公益价值和经济价值,坚守环保底线,使得绿色创业机会开发的不确定性与风险更高,从而使得绿色创业成功概率更低。但是,绿色创业对于促进南非、中国等国家的创业企业所在地经济发展、缓解环境恶化进度和减贫增富效果也很明显(Sutter et al.,2019)。那么,如何帮助企业在开展绿色创业机会开发中获得成功,则是学术界和实践界面临的重要问题。尽管蒂蒙斯模型(机会、团队、资源以及创业者)、盖特纳创业模型(创业成长周期)均强调了如何在创业进程中利用相关资源开发机会,但绿色创业机会的开发过程相对复杂,因其包含有绿色创业机会识别、绿色创业机会意识培养、绿色创业机会评估、绿色创业机会技术手段开发、绿色创业机会开发

---

① Nair K. N., Vineetha Menon. Distress debt and suicides among agrarian households: Findings from three village studies in Kerala [EB/OL] [2007 - 12]. https://opendocs.ids.ac.uk/opendocs/handle/20.500.12413/3102? show = fullCDS working papers.

行动的多维度、多阶段整合过程（Lober，1998；李华晶等，2010）。故而，通过绿色创业机会开发步骤同绿色创业主体、外部环境（制度）、技术手段形成了多重交互作用关系，并最终形成可持续价值（社会、经济及生态价值）创造模式。

③绿色创业与市场双重导向模式。哈特和胡嘉（Hart and Ahuja，1996）、张秀娥等（2023）基于自然资源基础观，从绿色战略导向出发阐述了绿色创业企业坚持绿色市场导向与绿色创业导向，识别绿色商机、创造全新绿色蓝海市场的双重导向模式。绿色创业企业如何通过上述双重导向模式获得相对市场竞争优势，并把握国家有关绿色发展、减排固碳政策红利，显然，其一，是需要绿色创业导向企业采取绿色创业先动性策略，相比竞争对手早采用诸如可降解包装、低碳生产、绿色运输等生产措施，做绿色创业和市场导向的先行者（Covin et al.，1989；Jiang et al.，2018）；其二，积极创新绿色创业所需要的绿色技术，通过不断更新绿色生产技术，以保持该领域绿色生产的领先优势；其三，有较强的绿色创业风险承担能力，绿色创业和市场导向的企业因开行业之先河，不可避免地会面临绿色新技术采用带来的生产、市场和盈利风险（Sher et al.，2019）。对于企业的绿色市场导向，则主要关注了市场竞争因素的影响，诸如竞争对手、价值链上下游以及消费者等对于绿色、环保的高标准要求，特别是随着人工智能、数字技术、网络经济等的逐步普及，消费者获取信息和技术手段更加便捷和多元，人们对于环境重视程度已不可同日而语，企业要在日益激烈的市场竞争中抢占先机，必将赋予企业生产绿色、有机等新要素，并取得更高的市场价值（Zameer et al.，2019）；此外，我们还需要注重其他诸如绿色农产品价格波动、农业保险价格等市场因素对于家庭农场市场行为模式的影响（刘慧等，2022）。显而易见，绿色创业和市场双重导向模式，为与环境紧密关联的产业诸如农林渔牧行业的绿色创业实施提供可以遵循的战略模式。

④绿色创业生态系统模式。2015年，《巴黎协定》所达成全球温升1.5摄氏度控制目标，以及近年来世界各地陆续出现的极端天气现

象（2022 年巴基斯坦世纪大洪灾、2023 年南美洲冬季最高温达到 37 摄氏度以及我国 2023 年 12 月强寒潮等①），已让全球国家及其相关气候国际组织逐渐意识到，全球气候变暖所带来的极端天气对于世界各地农业生产、人民生活造成的冲击和破坏可能成为常态。如何有效应对因人类生产和生活对生态环境带来的破坏？总体而言，作为社会经济发展的核心主体——商业组织需要探索创新型、系统化以及动态化的创业和成长模式。陈睿琦和李华晶（2022）、李华晶和倪嘉成（2021）等提出绿色创业生态系统模式，该模式借鉴社会技术系统理论，利用不同学科交叉知识，致力于塑造由创业者、创业团队、创业核心行动企业以及其他利益相关主体所共同形成的有机体系，以推动绿色创业水平提升与区域经济可持续发展为目标。绿色创业生态系统同时整合了 BOP（Bottom of Pyramid）金字塔底端市场和创业者伦理对于社会公益、福祉追求，强调了该系统需通过非营利组织创业、社会创业等途径来促进绿色创业目标的实现（Shepherd and Patzelt，2011）。该模式的提出说明学术界和实践界已充分认识到，绿色创业不是单一、一维的创业活动，绿色创业研究对象应是一个完整的生态系统，这个生态系统整合了前文三类模型中的微观要素（创业者）、中观要素（市场）以及宏观要素（环境）等，形成了相对全面的创业成长进路。农业系统是一个复杂巨系统，针对农业的绿色创业活动也需要从系统思维出发，在农业领域中的资源利用要树立耦合互作意识，并将山水林田湖草作为一个大的生态系统对待，而不是单一向度思维（南农，2019）。

国内外已有研究为本书提供了坚实理论基础，但仍然存在如下需要回答的理论问题：第一，已有研究总结了家庭农场一般化发展模式，但忽视了其同质化问题，因此，需探讨家庭农场如何通过差异化模式发展来获取竞争优势；第二，尽管学者们对家庭农场发展模式有系统

---

① 中国气象局 2023 年国内外四大天气气候事件评选结果揭晓，https：//m. gmw. cn/2024 - 01/22/content_1303638992. htm.

深入研究，但多从产出效率、经济效益等角度出发，缺乏绿色创业的视域分析；第三，现有研究已开展针对涉农企业绿色创业导向进行分析，但绿色创业如何对家庭农场差异化发展模式选择产生影响？已有文献对上述问题的探讨尚欠深入。

同时，前文在绿色创业的相关文献中，分别讨论了绿色创业的动因、类型、理论范式以及绿色创业模式等内容。其中，有关动因的讨论，主要分析了来自政策、法规、行业以及认知等影响，并基于不同理论范式，讨论了绿色创业的模式选择等。但不可回避的问题是，尽管全球环保组织、政府组织等日益感觉到全球气候的变化对于人类生产与生活带来的负面影响，但是，人类还是会受到"从众心理""群体育思"等干扰，而依然顽固地坚守先前对于环境破坏的过度消费行为，诸如使用方便袋、偏好越野车、过度开采石油及天然气等，直至自然资源的耗竭？对于上述问题，如果单纯从相对客观的技术、投资以及治理等视角出发，可能无法有效预测其非理性的行为后果。故而，在后续的研究中，本书将从集体心理所有权、社会情感财富等心理学和家族企业等全新研究视角来探讨，在乡村创业过程中，家庭农场主体其心理、情感因素等如何对其绿色创业绩效、环境绩效等产生不同的影响。

第二节　家庭农场的相关研究

家庭农场作为介于普通农户与企业资本经营的大型农场间的新型农业经营主体，其保留了家庭经营以及家庭要素内核，保持了农业家庭经营的可持续、稳定性优势，被部分学者视为"实现农业资源优化配置，遵循农村基本经营制度"的现代农业主体性力量（王新国、王新志和杜志雄，2018）。同时，家庭农场具有高度的社会责任感、现代经营理念，其农业生产行为更具有生态自觉性。因此，家庭农场被学术界和实践界寄予厚望，期待其能够成为我国农业绿色化、生态化发展的核心主体。近年来，我国日益关注农业生产中低碳、绿色以及环保意识，特别是国家从战略层面，关注农业生产的"大营养、大健康"议题，督促相关农业生产主体积极转变生产方式与思路，切实推进农业可持续发展方式转型，有效控制农药使用量，保障农业安全，注重农产品质量和生态安全（王宝义，2018）。

我国家庭农场是实现城乡经济融合发展、乡村振兴的重要内生动力，近年来，呈现快速创业成长态势（刘文霞和杜志雄，2018），但自上而下，各级政府日益注重推动家庭农场的绿色、可持续发展模式。国家农业部（现为农业农村部）于 2015 年推出《到 2020 年农药使用量零增长行动计划》，从政策和制度层面来约束农业生产过程中过于依赖农药、化肥的滥用行为。行动计划明确提出要"到 2020 年时，单位防治面积农药使用量控制在近三年平均水平以下，力争实现农业使用总量零增长"的目标；2023 年 8 月，农业农村部再次提出《到 2025 年化学农药减量化行动方案》，发行动方案计划到 2025 年，建立健全环境友好、生态包容的农作物病虫害综合防控技术体系。毋庸置疑，农药、化肥的使用在过去几十年中国农业产量的增长上发挥了部分积极作用，我国用非优质的 20 亿亩耕地养活了 14 亿人口，其中化肥发挥了不容忽视的作用，同时，农药等的使用挽回因病虫草鼠害带来的损失，占总产量 15% 以上[①]，等同于增加 1 亿亩多的粮食产出（徐志宇，2021；俞洋等，2021）。但不容忽视的是，在保护粮食产量增长的同时，化肥、农药的过量使用对于土壤生态环境的破坏也是巨大的，如对于土壤有益菌的杀伤、土壤微生物菌群破坏、有机质等带来的负面影响已经造成诸多不可逆的破坏。2022 年 9 月农业农村部联合国家发展改革委办公厅、生态环境部办公厅等五部门办公厅共同印发《建设国家农业绿色发展先行区促进农业现代化示范区全面绿色转型实施方案》的通知，倡导建设国家农业绿色发展先行区，并鼓励家庭农场等新型经营主体，牵头建设一批示范地方生态农场，该方案目的在于藏

[①]　中国农业农村部农药检定所提供数据。

粮于地、藏粮于技以及藏粮于生态。这说明国家自上而下已形成基本共识,家庭农场的发展要坚持走绿色高效、有机循环以及可持续化发展之路。总体而言,国内外有关家庭农场创业与发展模式的研究已非常丰富,但家庭农场的最新研究进展到底如何?需要进行系统梳理和归纳,目力所及有关家庭农场的研究主要有:

1. 家庭农场欧美"规模化"成长模式

根据美国学者哈特的研究(Hart, 2003),他认为美国的农场经营一般由家庭与企业所主导,且经营规模呈现扩大与集中的趋势,农场所经营的种植产量和畜牧数量也在十到百倍的增加,同时,农场通过农业协会、公司化合作坚持走一体化发展之路。欧美国家将土地作为重要生产要素进行市场化交易,在法律层面能明晰家庭农场的产权归属,从而使得家庭农场倾向高度机械化、规模化"大而粗"的发展模式(Lowder et al., 2016)。因此,以美国为代表的西方发达国家的家庭农场基本呈现规模化、商业化的发展趋势,其规模在不断增加(详见表2-1 2010~2020年全球家庭农场平均规模、分布等方面发表文献一览)。通过表2-1也可以看到,以美国、加拿大为代表的北美家庭农场,倾向于以产业为驱动的农业现代化发展模式(Bronson et al., 2019)。尽管以美国为代表的欧美国家以大型农场为主,但由于过度使用化肥和农药,对其周边环境造成了破坏,也危及周边社区居民的身心健康,以美国为代表的农业行政管理组织和相关官员针对亚洲农业进行了比较考察,认为美国的农业和农场发展应该向东方传统农业汲取可持续性、绿色发展智慧。以此为始,美国家庭农场踏上了绿色发展转型之路,并相应出台了诸如《有机农产品生产法》《2002年农场安全与农村投资法案》并通过各种政府补贴手段来鼓励农业的绿色发展探索(杜志雄和金书秦,2021)。由欧美国家的大农场发展之路可知,尽管这些国家非常注重通过集约化、规模化来提升家庭农场的生产效率,通过生产实践和市场消费的反馈,以及政府法律法规的出台,欧美国家居民和消费者的环保意识日益提升,促使该地区的家庭农场发展也逐步转向更加可持续化、绿色化之路。

表2－1 2010～2020年全球家庭农场平均规模、分布等方面发表文献

作者 （发表年份）	数据 来源	地理分布	农场规模/样本规模	时间 跨度	发现
伊斯特伍德等 （Eastwood et al.，2010）	农业普 查数据	全球	欧洲10公顷界定为 小型家庭农场	1930～ 1990年	在北美和欧洲地区， 1950～1990年间，家 庭农场平均规模明显 增加；在亚洲地区， 1950～1990年间，规 模下降了；在非洲地 区，则于1970年下 降了
格劳彼等 （Graeub et al.， 2015）	FAO， 2013	南美国家 （智利、 巴西等）	智利为12公顷，投 资少于15.8万美 金；乌拉圭低于500 公顷，雇佣不多于2 名全职农场工人	2002～ 2015年	南美洲国家通过国家 经济普查数据，显示 少数公布准确家庭农 场概念界定的国家， 它们的家庭农场规模 一般介于50～1000 公顷间
黑泽尔等 （Hazell et al.， 2010）	农业普 查数据	非洲、亚洲 16个国家	小型规模	1970～ 2000年	绝大部分国家中型家 庭农场规模（含面 积）在下降
戴宁格尔 和拜尔力 （Deininger and Byerlee， 2012）	文献 回顾	东欧、拉 丁美洲、 中亚、东 南亚、撒 哈拉以南 非洲	多元规模	1970～ 2000年	对于土地相对丰饶的 拉丁美洲、东欧以及 中亚，该时段家庭农 场规模有所增加；东 南亚的家庭农场棕榈 油产业在增加，而橡 胶农场种植面积在小 型化；撒哈拉以南家 庭农场的规模扩张失 败
粮食安全和营 养问题高级别 专家小组 （HLPE，2013）	农业普 查数据	全球81 个国家	平均农场规模，73% 农场小于1公顷， 85%小于2公顷	1930～ 2000年 左右	中国家庭农场规模在 下降；非洲国家家庭 农场80%规模小于2 公顷；这一数据在欧 盟国家是50%比例家 庭农场面积小于2公 顷；同时，欧洲国家 诸如澳大利亚、新西 兰、美国、加拿大、 阿根廷家庭农场平均 规模在增加

续表

作者（发表年份）	数据来源	地理分布	农场规模/样本规模	时间跨度	发现
亚当普洛斯和雷斯图恰（Adamopoulos and Restuccia, 2014）	农业普查数据	全球63个国家	发达国家的家庭农场规模70%在20公顷以上；欠发达国家70%家庭农场面积小于5公顷	1990年左右	人均GDP与其家庭农场规模大小正相关：一般而言，发达国家家庭农场规模偏大；欠发达国家偏小

资料来源：笔者根据相关文献整理而得，如 Lowder et al.，2016。

2. 家庭农场"小而精"的经营模式

随着中国城镇化、工业化加速推进，我国从事农业生产劳动人口持续流失，年龄结构趋向老化（马红坤、毛世平和陈雪，2020）；与此同时，中国耕地面积为20亿亩左右，占全球比重为8.6%，人均耕地面积不足2亩，只有世界平均水平的1/3，呈现显著的"人多地少"特征①。上述发展特征带来的直接问题是：农村缺乏高效经营家庭农场的人力资源，那么，我国农产品则难以形成品牌优势并与国际农业品牌相抗衡？同时，我国家庭农场经营规模不可能如欧美发达国家"地多人少"一样来通过规模化发展获得竞争优势。王新志和杜志雄（2020）研究认为我国家庭农场保持100亩左右规模其产出率可达到最高。鉴于中国家庭农场经营土地所有权属性和基本国情，部分学者主张我国家庭农场应适度规模化经营（黄宗智，2014），黄宗智认为，我国家庭农场的发展不应该简单学习西方或者美国的"大而粗"的发展道路，而应该根据我国人多地少的特征，以及当下农村半工半耕的劳作模式，大力发展小农经济的家庭农场，而不是公司化、雇佣式的家庭农场模式，提出这一发展模式主要是基于三点转变：一是我国老百姓饮食结构的变化：即从粮食（7）+ 蔬菜（1）+ 肉食（1）转变为了"粮食

---

① 事关粮食安全这个"国之大者"：全国土地日专访自然资源部部长、国家自然资源总督察王广华 [EB/OL].［2023 - 06 - 25］. https：//www. gov. cn/zhengce/202306/content_6888372. htm.

（4）+蔬菜（3）+肉食（3）"；二是我国工业化前期城乡贸易的单向（主要是城镇向农村转变）开始向城乡贸易的双向转变；三是非农就业机会的增加。对同在东亚地区的日本，其土地68%为山地，人口老龄化、少子化程度日趋严重，1952年、1961年日本先后出台《农地法》《农业基本法》，并一贯主张智能化、精细化小规模家庭农场之路（赵东和许爱萍，2019）。此外，在日本不同区域，诸如北海道地区，它们的家庭农场（牧场）采用纵横向一体化的经营模式（即种植业—家庭农场—养殖业形成横向一体化；堆肥公司—家庭农场—农协组织—乳品公司等形成纵向一体化）（孙方等，2016）。由上述研究可知，尽管受限于土地、人力资源以及农业生产技术采用程度，不同国家间在总人口、总面积有较大差异，但在人均资源、人口总体特征基本相似的国家或地区，也可能会采取较为相似的家庭农场经营模式。

3. 家庭农场"嵌入组合式"发展模式

家庭农场作为相对特殊经营主体，同处于乡村社会中的"家庭"紧密关联，同时，由于家庭农场还要从事农业生产经营相关的商业性活动，因此，它具有明显的双重嵌入特征：嵌入在乡村社会网络之中，同时，嵌入在农业生产与供给网络之中（刘倩和胡必亮，2017）。基于上述两个显著特性，不同国家如果在两个特性上关注侧重不同，则可能采取不同的成长模式：若偏重家庭农场的家族特性，欧美学者更注重家庭农场治理以及家族传承模式的探讨（Wiatt et al.，2022），部分中国学者也将家庭农场创业作为一种职业代际传承与农村剩余劳动力转移的有效方式（杨柳和万江红，2020）；如美国学者偏重家庭农场的公司化、企业化运作，则可能形成商业化家庭农场成长模式，会选择超大规模农场模式（如美国家庭农场85%会选择雇佣常驻工人）。根据美国农业资源管理调查（Agricultural Resource Management Survey，ARMS）统计数据显示，2022年，美国大型家庭农场产值占美国农业总产值的比重为46.5%，遥遥领先于中型（17.8%）和小型（18.4%）农场的产值，尽管大型农场的数量所占比重仅为3.2%（安肖，2023）。中国部分学者围绕家庭农场生产、服务等多重属性，探索了适合我国农村和农业特征的发展模式，诸如"家庭农场 + 农户 + 生产性服务组织"（杜志雄和刘文霞，2017），并探讨了"家庭农场 + 合作社"发展动机，一些家庭农场通过加入合作社组织来有效规避市场风险（刘文霞、杜志雄和郜亮亮，2018），还有实践管理部门从家庭农场的经营模式出发，探讨了多种复合经营模式，诸如"茶—林—果"发展模式（刘宏林等，2023）。从偏重农场家族继承权，到倾向以市场手段来经营和管理家庭农场，其中间形式，还会包含有家庭农场和农户的服务组织、合作社以及龙头企业等主体要素。这说明家庭农场发展模式没有统一、单一以及固定不变的形式，已呈现愈发多元化、差异化特征。

4. 家庭农场"区域性"代表模式

自我国 2008 年首次从政府层面提出"家庭农场"作为农业规模经营主体以来，特别是 2013 年中央一号文件强调发展家庭农场后，在国家政策引导下我国各地区兴建起了示范性家庭农场，逐步形成了一些具有区域代表性的家庭农场发展模式。农业农村部通过总结全国各地的代表性家庭农场发展特点，并根据家庭农场中"政府""市场"主导因素作用程度不同，概括出了五大区域代表性发展模式：一是"松江模式"，该模式借助上海市松江区的独特区位优势，以及特色松江稻米产业，将家庭农场发展融入到上海国际大都市城乡一体化发展之中，并始终坚持政府和政策主导的模式，采取了"种养结合、机农结合以及三维一体"等多种经营模式，并依据 2013 年松江区政府出台的《进一步规范家庭农场发展的意见》，逐步规范家庭农场主经营考核体系和全方位社会化服务体系（冷成英，2020；袁棋，2022）。二是"宁波模式"（郭熙保和冷成英，2018），该模式主要采取"市场主导式"发展模式，家庭农场主的市场化思维和意识相对其他模式更强，整个家庭农场土地流转、经营和品牌建设均依靠市场化模式展开，对于国家优惠政策的依赖度较低，创新发展过程中始终坚持"市场化"导向。三是"郎溪模式"（郭家栋，2017），该模式形成于安徽省东南部宣城市的郎溪县，该县地处皖、苏、浙三省交界之处，地理区位优势明显。

在郎溪县政府的推动下，每年财政局拿出预算涉农资金 1000 万元，用于该地区的家庭农场的培育与发展，该县还成立新型农业经营主体融资风险补偿基金管理委员会，进一步从领导层面给予家庭农场成长扶持（冷成英，2020）；在郎溪县农委的支持帮助下成立家庭农场协会，积极推动郎溪家庭农场经营者的互助与自治，这说明郎溪模式具有明显的政府"政策扶持"导向。四是"武汉模式"（卢新海和望萌，2014）。家庭农场的"武汉模式"得益于武汉作为特大型城市，在 20 多年的城镇化、工业化及现代化进程中，所产生的巨大农产品消费需求，这些需求催生了武汉市郊区、周边以种养为主体的农场创立（郭熙保，2018）。随着 2014 年武汉市政府《关于加快发展家庭农场的意见》的出台，以市场为主导、政府为引导的家庭农场"武汉模式"被予以定义，在市场与政府的双重加持下，武汉市的家庭农场主人均收入一度高于武汉市的城镇和农村人均可支配收入，形成了"武汉模式"特色（郭熙保等，2022）。五是"延边模式"（田雨露和郭庆海，2022），该模式产生于吉林省东部的延边朝鲜自治州，该州地处中朝俄三国交界之处，2008 年延边州的城镇化率即超过 50%，城镇化起步早，城镇化比率大，出国务工数量大，使得延边州具有明显的外向型经济的特征。劳动人口外溢带来土地流转意愿增强，在延边州政府的推动下，当地家庭农场借助"土地经营权抵押贷款"这一融资政策获得快速成长，使得延边州的家庭农场规模普遍较大。

5. 家庭农场"多元化"发展模式

家庭农场在选择前文所述的几种不同发展模式过程中，主要基于家庭农场的经济与效用最大化视角，却忽视了其可持续发展方向与维度。通过梳理最新的研究文献，我们发现，世界各国不同家庭农场会根据自身资源禀赋特征，选择适合自身可持续、多元化、绿色发展技术和模式（详见表 2-2）。由表 2-2 所显示的几个不同国家的代表性家庭农场绿色技术应用场景，我们可以看到：一是以小型化为代表的日本家庭农场坚持走生态化发展之路，并采用传统稻壳炭熏炭技术（煨的稻壳炭可以育苗、改善土壤等）与现代拱棚种植技术，自动化、标准化拱棚架设、盖膜回收利用技术，既实现了高效农业生产，也保护了生态环境，坚持可持续性农业发展政策为日本带来了环境上的可观收益，如在发达国家中，尽管人口密度大，日本却是森林覆盖率最高的国家（Diamond，2005）；二是美国家庭农场采用纸链种植应用技术，从育苗到定植，纸链技术可轻松完成各种蔬菜规模化种植；美国加州地区的大型草莓农场采用真空吸虫除虫技术模式，直接吸走害虫，减少农药、杀菌剂的使用。众所周知，农药的过度使用会破坏土壤环境，使得对土壤有重要作用的蚯蚓无法存活，这显然不利于土壤环境的自然改善；三是欧洲的比利时、荷兰等国的蘑菇智能化种植采收模式：从其堆肥、蘑菇下种、种植、采收及品控均采用自动化设施，实现了工业链全程自动化蘑菇生产；四是英国的大型养猪场露天别墅养猪模式，该模式是将母猪独立于别墅养殖，猪仔露天集中养殖的模式，通过改善猪仔的养殖环境来提升猪仔的成长品质；五是德国的大型葡萄农场修枝碎植还田技术，全部采用机械化作业。其中，以欧洲荷兰的家庭农场的绿色发展最为典型，该国因为国土面积均在海平面以下，国土需要靠防浪围堤提供保护，以防止国土被海水侵蚀，荷兰国民普遍具有强烈的环境保护意识，其家庭农场积极倡导生态绿色、高度集约化发展模式，并打造了众多世界级农业品牌。由荷兰的家庭农场绿色发展之路，可以清楚地看到家庭农场规模并不是产出决定性因素，其发展模式也非一成不变（Buitenhuis et al.，2020）。

表2-2　世界不同国家家庭农场生产中不同绿色发展技术应用场景一览

国家	家庭农场规模	绿色发展技术或应用	应用场景
日本	小型化	拱棚种植技术；稻壳炭熏炭技术	自动化标准化架设拱棚、盖膜、回收；苗种培育
美国	超大型、大型	纸链种植技术；大型草莓农场除虫技术	蔬菜种植；农场草莓等除虫
比利时、荷兰	大型、中型	蘑菇智能化种植采收	设施农业；全程自动化工业链蘑菇生产

续表

国家	家庭农场规模	绿色发展技术或应用	应用场景
英国	大型	露天独立"别墅"猪舍养猪模式	母猪独立别墅养殖，猪仔集中养殖，完全是露天的模式
德国	大型	大型葡萄农场修枝、粉碎还田技术	大型葡萄园修枝机械化作业

资料来源：笔者根据相关文献整理。

综上所述，农业应是绿色创业最富潜力的行业，涉农绿色创业应发挥清洁环保技术在农产品生产和营销中的积极作用（Potluri and Phani，2020）。欧盟新一轮"共同农业政策"（CAP）主张家庭农场主收入增长应兼顾农业环保发展，坚持农村与生态并重发展，推崇生物多样性（Guth et al.，2022）。与欧美发达经济体不同，在经济发展压力下，新兴经济体的涉农绿色创业实践还存在诸多社会、文化和观念等障碍。显然，探索新兴经济体中家庭农场绿色创业行为、策略以及模式选择具有重要理论与实际意义。

第三节　相关理论依据

本书在开展有关家庭农场差异化发展模式研究中，采用了多重视角来进行分析和探讨，如农业发展理论、资源保存理论、社会认知理论、心理所有权理论等。本节部分将对上述理论依据逐一进行简要介绍：

一、传统农业发展理论

传统农业发展催生了相对原始的经营模式，传统生产所采用的劳动力资源有限、质量较低，生产方式多借用畜力、人力落后方式，农业生产更多看天吃饭，以满足家庭生活、再生产为主，剩余农产品也多选择在地化流通或地产地销（崔鲜花，2019）。鉴于传统农业发展历史最为久远，在其发展过程中曾相伴而生众多传统农业发展理论，其中最具有代表性的如下：

1. 马尔萨斯（Malthus）人口增长理论①。马氏提出的农业增长与人口增长紧密相关，他认为，农业生产特别是食物的生产是在"自然抑制"的规律作用下周而复始的波动：即农业生产（食物生产）增量大于人口数量增量，会促进人口数量的几何级增长，但由于其增长速度明显高于农业生产（食物生产）的自然数级的增长，从而因为土地、食物等自然资源的争夺而导致战争，朝代更迭，人口数量减少到食物生产可供应量之下，如此周而复始。该模式形成了相对残酷的"死亡推动"农业增长与人口增长的交替演变规律。该传统农业发展理论将其简单地同人口增长相关联，其理论建立在人口与生活资料的均衡关系，而没有注意到后续农业生产技术发展以及后续国际贸易对各国农业生产带来的影响作用，故而，人口与农业简单的互为因果的分析，却忽视了来自外部因素变动和冲击带来的影响。

2. 以刘易斯（Lewis）、舒尔茨（Schultz）② 等为代表的农业经济研究权威，将传统农业视为与现代工业部门相对的另一元经济体。这些学者们认为现代工业部门在不同阶段，会对传统部门形成不同程度冲击作用，在他们的研究假设中，传统农业具有同质化特征，即从事的是重复的低技术含量的农业生产，由于农业部门会产生大量的剩余劳动力，即刘易斯模式中的"无限剩余劳动力供给"，传统农业部门形成的剩余劳动力会被动接受现代工业部门吸引，向其源源不断供给廉价劳动力等生产要素，并从自由市场交易理论的视角出发推导出：在市场机制作用下，传统农业会自然而然向现代农业的转变，换言之，其

---

① 黄宗智. 中国的新型小农经济：实践与理论 ［M］. 桂林：广西师范大学出版社，2020.

② 谭崇台. 发展中国家农业问题的两种重要理论与中国现实的再思考 ［J］. 经济学动态，2005（11）：11-13.

市场机制会推动重要的优质资源如资金、技术和人力向更为先进的产业转移和配置，因此，就不会存在所谓传统农业中的"劳动力过剩"现象；舒尔茨则在其《人力资本投资：教育和研究的作用》一书中提出了如何通过提升传统农业中的人力资本，即进行投资（培训和教育）来从农业产业中获得新的收益，二人的理论前提是依据新古典主义思路简单将城市与农村二元分立。显然，这类理论忽视了一些特殊情形，诸如具有人多地少的现实国情，如中国在进行城镇化过程中、城乡融合发展中，还逐步形成了具有中国特色的"三元经济结构"，即大中城市经济、乡村经济，还有县域经济，这一独特的经济结构作用于我国农业发展，并带来了许多新的现象和模式，而这些新现象和模式，又给理论界和实践界带来了新的政策启示。

3. 爱思特·博赛拉普（Ester Boserup）等农业增长"集约化"模式理论。[①] 丹麦学者博氏的理论关照实际，她的理论强调传统农业发展与人口增长是相辅相成、互为因果的关系：农业生产的增长会顺应人口增长而增长；人口增长会催生农业技术的发展而获取更加快速高效的农业生产模式，诸如缩短农业生产周期，如采用设施农业生产方式，即在有效土地上带来几倍于常规土地面积的产出水平，以此来保障人口增长水平，简而言之，通过"集约化土地"生产模式来提升土地产出水平，以支撑人口的几何级增长。这也促使博氏获得如下研究发现：高度集约的农业生产是同发达的都市文化相辅相成的。同时，博氏并不否认传统农业生产的合理性、科学性，即传统农业更富有弹性。博氏理论对马尔萨斯的人口理论进行了发展，并主要基于发展中国家人口与农业作用关系的经验比较观察而得，具有较强的理论解释力。

二、资源保存理论

现有研究中，资源保存理论（conservation of resources theory）一般

---

① 黄宗智.《农业增长的条件：人口压力下农业演变的经济学》导读［J］. 中国乡村研究，2015（1）：34－43.

用来解释，在不确定环境下，为何社会中个体倾向通过保存现有资源的方式来应对来自外部环境的压力？（Hobfoll and Shirom，2001）。资源保存理论主张根据资源重要性排序来选择防止资源损失的保护应对策略优先级：优先保护资源；次要保护资源；投入保护资源。显然，受现有资源约束，资源所有者在面临外部环境冲击时，会产生不同的资源损失压力，自身拥有资源多者且应对办法或手段多者，压力则会相对较小，反之，资源和手段少者，则将面临外部环境更大的冲击（Jong and Hartog，2007）。该理论的提出，能够很好地为处于不确定环境中的创业者提供现象规律解释，也能给予相关政策启示。例如，在乡村创业环境之中，家庭农场主将会面临诸多不确定性因素的冲击：气候趋势、极端天气、农产品销售市场波动、技术革新、上游农药种子等生产资料价格上升、运输成本增加等，这些外部环境带来压力是巨大的，同时，还要面临来自社会、政府对于农业从业者绿色、环保等制度、政策约束。因此，家庭农场创生、成长过程中，家庭农场经营者将面临可能的核心创业资源损失，以及如何应对来自资源损失的压力，有没有适合的压力应对机制，这些问题都需要予以深入探讨。本书另一个重要的研究议题是家庭农场如何通过绿色创业来走差异化发展之路？该路径选择相对于传统的成长之路，将会遇到何种资源损失，开展绿色创业成长之路的家庭农场主将如何应对？资源保存理论将为本书后续的研究内容提供理论解释依据。

三、社会认知理论

班杜拉（Bandura，2002）[①] 提出的社会认知理论（social cognition theory，SCT）认为，个体认知在"个体、环境和行为"的动态交互过程中发挥着至关重要的作用。由于个体认知意识和水平，会对个体动

---

① Bandura A. Social Cognitive Theory in Cultural Context [J]. Applied Psychology, 2002, 51 (2)：269 – 290.

机与行动产生自然渐进的影响（叶航，2022），因此，社会中行动个体认知水平高低，将影响其对于环境中风险感知能力以及采取行动应对效果。创业活动被视为在不确定性环境下开展商业机会发现与开发的过程（Shane and Venkataraman，2000）①，影响创业成败关键因素是创业者主体对于机会、环境风险等的认知能力与水平。那么，如何认识个体认知能力，如何衡量认知能力？基于社会认知理论，班杜拉所提出自我效能感这一被广泛研究的概念，用以衡量个体认知能力和水平，该概念不同于行为主义主张，更侧重行动者主体的主观能动性，即通过①积极情绪增强任务完成自信；②他人叙述鼓励提升信心；③先前经验正向强化任务效能感；④观察所得间接经验增强效能感（黄秋风等，2017）。在针对创业者特质的研究中，柯温和斯勒文（Covin and Slevin，1988）指出，创业者具有明显的风险承担、先动性和创新性特点，这进一步说明从事创业活动的主体往往在自我认知、环境认知、行动意识异于其他个体。正是基于这一点，来源于社会认知理论中的自我效能感被广泛应用于创业研究之中（樊建锋等，2022），其目的在于厘清自我效能感对于创业结果和效果的影响机制，并为创业培训、决策以及规律识别提供相应的理论指导和政策启示。对于本书的研究主题而言，从事绿色创业活动的家庭农场经营者，与传统农业创业者，对于在传统市场、电商平台等途径销售的绿色农产品所产生的消费者评价认知存在着显著差异。已有研究发现，传统农业创业者的机会主义行为（例如利用农药、化肥以及其他化学残留多的农产品，以次充好的投机行为）在当前信息化、数智化时代是没有生存空间的（蒋玉等，2021），显然，这种投机行为会因为自媒体时代形成的舆论监督压力，付出极高信誉成本和经济成本。故而，利用社会认知理论的研究视角，可很好探讨和检验家庭农场经营者的绿色认知水平。

---

① Shane S., Venkataraman S. The Promise of Entrepreneurship as a Field of Research [J]. Academy of Management Review，2000，25（1）：217－226.

四、心理所有权理论

学者皮尔斯等（Pierce et al.，2001）通过对组织中个体目标物占有心理分析发现，个体在组织中工作时间长短会影响其对于组织中相关目标物的"我的"或"我们的"所有归属感程度。这种感觉被研究者们称为心理所有权（psychological ownership）。心理所有权会对行为主体行动对象产生作用，诸如积极评价、心理依恋等价值判断。① 组织行为学研究领域的学者发现，拥有较高心理所有权的组织成员会对组织产生更高的责任感、利他行为，甚至有更高为组织承担风险行为（朱沆等，2008）；在消费心理研究领域的学者还发现，如果顾客对产品或服务保持一定的接触和所有意象之后，能够提升消费者对于目标物的心理所有权，例如，随着入住酒店时间增长，房客会进一步增加其对于入住房间的归属心理、爱护行为（Asatryan and Oh，2008）；不过，学者们针对心理所有权的研究还进一步发现心理所有权是一个多维度的概念，其还会产生领地保护行为或排他性行为（Kirk et al.，2018），甚至产生集体心理所有权（collective psychological ownership）（Pierce et al.，2020）。在先前有关家庭农场的研究中，多数倾向从家庭农场的家族传承、社会经济功能（如扶贫、就业）、经营管理以及发展规模等方面予以重点讨论，但有关家庭农场自身治理，家族成员关系处理等的研究却鲜有讨论。本书以为家庭农场的创生成长，首先需要满足家庭基本诉求，其次是达到其社会、经济等相关目标设定，通过引入心理所有权理论视角的讨论，主要在于为家庭农场绿色、可持续成长的发展提供一种全新的解释角度，分析为何家庭农场相对于其他超大规模化、商业化农场更有可能采取更为环境友好、可持续性的发展战略。

---

① 刘建新，范秀成. 心之所有，言予他人？心理所有权对消费者口碑推荐的影响研究[J]. 南开管理评论，2020（1）：144 – 157.

五、创业叙事理论

在组织研究文献中，叙事被界定为"一种临时的话语结构，其能为个体、社会和组织赋予和传递意义！"（Vaara et al.，2016），正如菲奥尔（Fiol，1989）所述"叙事包含如下要素：一个寻找客体的叙事主体，一个目的所在（一种超文本力量，主体意识来源），以及一系列帮助或阻碍主体获得所需客体的力量"①，人们通过语言和话语来传递叙述或叙事，这种话语框架能够向听众讲述详细创业之旅，"话语框架有助于使事件或过程富有意义，总结经验并为下一步行动提供指导作用"，当然，叙事主体和受众可以通过动态互动共同塑造"叙事"或者叙述（Burger and Volkmann，2020）。在创业过程中，有效的叙述能形成意义、吸引听众，并通过创业意义传达来产生共情（Lockwood and Soubliere，2022）。

叙事（Narratives）是指，特定社会语境中一个客体的陈述体系构成，包括文字、口头表达、表情和手势等，能够真实地体现客体的活动和行为（Khaire and Wadhwani，2010）。叙述分析（discourse analysis）是一种质性研究方法，起源于美国语言学者哈里斯（Harris）在20世纪50年代的研究之后，在法国后结构主义学者米歇尔·福柯等的推进下，叙述分析不再局限于对语句或语法规则等语言内部规律的挖掘，而是逐渐渗透到社会学、经济学、管理学等研究领域，考察社会、经济和管理中的内在机制和变化规律②，作为具有主体性思维个体，不同情境下其所思与所为有很强的情境性特征，人作为社会的主体其意念需要赋予其行为特定文化或社会意义③；创业叙事自我主体试图赋予

①　Fiol，C. M. A semiotic analysis of corporate language：Organizational boundaries and joint venturing ［J］. Administrative Science Quarterly，1989，34（2）：277–303.

②　吕源，彭长桂. 话语分析：开拓管理研究新视野 ［J］. 管理世界，2012，28（10）：157–171.

③　胡塞尔. 欧洲科学危机和超验现象学 ［M］. 上海：上海译文出版社，1988.58.

创业经历、事迹以内涵与意义，以此协助其从关键利益相关者那里获得支持[①]。这些创业自我叙述内容包含：（1）创业叙述主体身份识别，创业主体与机会的关联叙述[②]；（2）创业机会叙述，创业自我叙述如何把握商机、解决市场痛点（Kirzner，1999；Selden and Fletcher，2015）；（3）创业项目叙述，创业自我叙述损失规避，锁定项目预期，叙述创业机会和市场趋势（Murray and Fisher，2022）；（4）创业失败叙述，创业自我叙述失败归因以及吸取失败教训（Cope，2011）；（5）创业转折叙述，重申创业承诺，转向更大目标[③]；（6）创业智谋叙述，创业自我叙述面临困难与挑战时所展现出的无所畏惧、锐意进取的精神状态（Fisher et al.，2021）。

创业者的创业叙事自我和体验自我存在差异，叙事自我内容能否真实反映创业体验自我内容，无法有效检验。本研究尝试如何通过创业叙述来分析创业企业的实际创业体验，换而言之，其真实的创业绩效，就需要进行有效分析，如何有效分析？必须借助相应的客观手段：收集创业者及其企业的创业叙述文本则是可能行之有效的手段和方法。创业活动中，其创业表现如何，除通过客观的创业绩效数据能够较好地进行衡量外，现实中，由于商业秘密或竞争优势保持的需要，研究者往往很难有效获取客观真实的创业绩效数据，那么，如何有效衡量创业的实际产出和绩效，则需要通过其他方式和替代变量来予以衡量与探讨。通过创业直接相关利益体，诸如核心创业人员或者创业企业自建媒体等载体进行创业叙述归纳和展示，或许是一条新的可行路径。

---

① Lounsbury, M., & Glynn, M. A. Cultural entrepreneurship: Stories legitimacy and the acquisition of resources [J]. Strategic Management Journal, 2001, 22 (6 – 7): 545 – 564.

② Navis, C., & Glynn, M. A. Legitimate distinctiveness and the entrepreneurial identity: Influence on investor judgments of new venture plausibility [J]. Academy of Management Review, 2011, 36 (3): 479 – 499.

③ Hampel, C. E., Tracey, P., & Weber, K. The art of the pivot: How new ventures manage identification relationships with stakeholders as they change direction [J]. Academy of Management Journal, 2020, 63 (2): 440 – 471.

第三章

我国农业绿色发展及家庭农场
差异化发展路径选择初探

第一节 引 言

2024年2月，中国农业农村部副部长马有祥在联合国粮食及农业组织（Food and Agriculture Organization of the United Nations，FAO，简称"粮农组织"）上对全球发出三点倡议"一是坚持发展优先，着力提升农业综合能力。二是坚持绿色引领，着力加强农业粮食体系韧性。三是坚持人民立场，全面提升小农户发展能力"。[①] 这说明，在全世界范围内，绿色引领农业发展的重要性日渐被各国政府农业部门所重视。但在实现农业可持续性发展中，如何激发新型农业经营主体，特别是家庭农场的绿色创业意愿和行动积极性，需要进行深入分析和探讨。我国农业农村部政策与改革司和中国社会科学院农村发展研究所合编的《中国家庭农场发展报告（2019年）》统计数据显示，我国家庭农场数量接近90万户，以龙头农业企业为主体的各类产业化经营组织辐射带动全国1.27亿户农民。同时，《中国数字乡村发展报告（2020）》的统计数据也显示，过去十年，在以家庭农场为代表的新型经营主体的示范作用下，我国入乡、返乡创业者已达850万人，其中，带动本

[①] 联合国粮食及农业组织亚太区域第37届部长级会议召开 ［EB/OL］［2024 – 02 – 21］. http：//www. moa. gov. cn/jg/leaders/myx/hd/202402/t20240221_6448852. htm.

乡创业者达3100万人,乡村创业年均增长10%,且87%创业实体位于乡镇以下;《中国数字乡村发展报告(2022)》的统计数据显示,2021年我国入乡、返乡创业人员增加至1120万人,较上年增长10.9%,一个明显的特点是,创业手段一半以上采用了互联网技术,而全国接受信息化农技推广服务的新型农业经营主体(包括农民合作社和家庭农场)的数量共计223.3万个,其中,首批3000个家庭农场依托全国家庭农场名录系统,开通了"一码通"服务,作为产品销售、保险与贷款使用的唯一识别"身份证",可以推动家庭农场产品的生产、销售等全流程的数字化、可溯源性,这将极大提升家庭农场的绿色农产品质量安全,促进农业绿色生产信息化。由此可知,我国以家庭农场为代表的新型农业经营主体将是激发我国农村经济活力的动力之源,也是我国农业绿色、高质量发展的关键性力量。

我国家庭农场既是激发我国农村经济活力的重要推力,也是农业生态涵养的"在地化"力量,其天然具有绿色创业基因,故绿色创业将会成为实现我国家庭农场差异化发展的新路径和新手段。从已有的研究来看,国内有关家庭农场创业与发展模式的研究已非常丰富,目力所及主要有:(1)主张家庭农场"小而精"的经营模式。鉴于我国家庭农场经营土地所有权属性和基本国情,部分学者主张我国家庭农场应适度规模化经营(黄宗智,2014),王新志和杜志雄(2020)发现我国家庭农场保持100亩左右规模其产出率可达到最高;(2)探索"家庭农场+"发展模式。围绕家庭农场生产、服务等多重属性,学者探索了适合我国农村和农业特征的发展模式,诸如"家庭农场+农户+生产性服务组织"(杜志雄和刘文霞,2017),并探讨了"家庭农场+合作社"发展动机:家庭农场加入合作社组织可有效规避市场风险(刘文霞、杜志雄和郜亮亮,2018);(3)揭示家庭农场区域性代表模式。根据家庭农场中"政府""市场"主导因素作用程度不同,划分为具有区域代表的"松江模式""宁波模式""郎溪模式"(郭家栋,2017)和"武汉模式"(卢新海和望萌,2014);(4)创新家庭农场商业模式。从创业拼凑的视角出发,通过拼凑技能、制度、渠道等资源来实现家庭农场商业模式创新，并最终提升家庭农场创业成长绩效（段海霞等，2021）；（5）关注家庭农场市场行为模式影响因素。探讨市场波动、土地流转政策变动、农业保险等因素对于家庭农场市场行为模式的影响（刘慧等，2022）。上述研究多倾向于家庭农场的经济与效用最大化视角，却忽视了其可持续发展方向与维度。国外针对家庭农场发展模式研究有四个主张：首先，欧美国家将土地作为重要生产要素进行市场化交易，在法律层面能明晰家庭农场的产权归属，从而使得家庭农场倾向高度机械化、规模化"大而粗"的发展模式（Lowder et al.，2016）；其次，因家庭农场家族特性，西方学者更注重探讨家庭农场治理以及家族传承模式（Wiatt et al.，2022）；再次，以美国、加拿大为代表的北美家庭农场，倾向于以产业为驱动的农业现代化发展模式（Bronson et al.，2019）；最后，以荷兰为代表的家庭农场倡导生态绿色、高度集约化发展模式，打造了众多世界级农业品牌，说明家庭农场规模并不是产出决定性因素，其发展模式也非一成不变（Buitenhuis et al.，2020）。农业应是绿色创业最富潜力的行业，涉农绿色创业应发挥清洁技术在农产品生产和营销中的积极作用（Potluri and Phani，2020）。欧盟新一轮"共同农业政策"（CAP）主张家庭农场主收入增长应兼顾农业环保发展，坚持农村与生态并重发展，推崇生物多样性（Guth et al.，2022）。与欧美发达经济体不同，新兴经济体的涉农绿色创业实践还存在诸如社会、文化和观念等方面的障碍。那么，探索新兴经济体中家庭农场绿色创业决策以及模式选择有其理论与实践意义。

我国家庭农场是实现城乡经济融合发展、乡村振兴的重要内生动力，近年来，呈现快速创业成长态势（刘文霞和杜志雄，2018），家庭农场创业模式也是一种我国农村剩余劳动力转移以及职业代际传承的有效方式（杨柳和万江红，2020）。但毫无疑问，我国乡村地区的经济发展水平、地理特征存在显著的异质性，家庭农场的创业发展模式必然会呈现多元化、差异化的特征，本部分将依据《中国农村统计年鉴》《中国家庭农场发展报告（2019）》以及2021年全国农业绿色发展典型案例开展初步的数据与文本主题统计比较分析，并尝试总结归纳具有中国特色的农业生态基本现状、绿色创业发展特点以及家庭农场发展的可选模式。

第二节　我国农业生态环境发展概况与居民消费趋势分析

我国农业发展在应对自然、外部环境冲击下展现出了较高的韧性，如经受住了三年疫情以及近年来极端灾害天气的影响，我国农业生产，特别是粮食实现连续八年保持在万亿斤以上，发挥了社会经济发展压舱石的积极作用，稳住了我国宏观经济的大盘①。同时，我们也要看到我国农业未来发展将要面临的困难与挑战，诸如国际高质量农产品竞争压力、农业生产中过于依赖化肥、农药等对环境带来破坏的消极影响。通过集中对近年来我国农业生态与环境发展概况分析、我国居民消费趋势研判，可以为未来我国农业以及从事农业生产经营主体提供重点发展方向的政策参考。

一、我国农业生态与环境发展概况分析

自党中央提出"生态文明"发展战略与思路以来，生态与绿色已经成为我国农业发展的核心主题和坚实底色，也是美丽中国建设的灵魂之要；"生态美、产业绿、百姓富""绿水青山就是金山银山"的理念已然深入我国百姓的骨髓。由农业农村部规划司指导，中国农业科学院、中国农业绿色发展研究会发布的《中国农业绿色发展报告2022》显示，我国农业绿色发展指数为77.53②，绿色转型之路在持续

① 《中国农村统计年鉴（2023）》。
② 《中国农业绿色发展报告2022》在京发布农业绿色发展水平持续向好［EB/OL］［2023-06-09］. https：//caas. cn/xwzx/mtxw/eda04cbf158e4e73814ec923df4a74ea. htm.

深化。

表3-1显示了2022年我国农村地区可再生资源利用基本情况。从表中数据可知，全国上下从中央到地方，人们的环保意识、可持续发展绿色思想在逐步提升，政府从政策层面不断加大可再生资源利用投资与投入力度，拿绿色低碳实际行动向世人昭示我国转型发展的决心与意志；国家对于农村绿色先行区、绿色生态涵养区的建设是拿出真金白银进行投资建设的，诸如鼓励和号召农村居民太阳能热水器的使用、沼气池工程的推进建设，通过清洁能源的实际使用、再生资源的开发来提升农村居民健康生活。我国各级政府对于环境和生态的重视程度日益提升，展示了真正的勇气和气魄来走绿色、生态循环发展之路。

表3-1　　　我国各地区农村可再生资源利用情况一览表

地域范围	户用沼气池数量 （个）	沼气工程数量 （个）	太阳能热水器 （万平方米）
全国	15178020	75115	7791.8
北京	—	18	73.4
天津	413	44	38.1
河北	196715	518	652.5
山西	8207	144	39.6
内蒙古	111323	189	63.6
辽宁	254500	425	68
吉林	276	64	63.6
黑龙江	99600	910	17.7
上海	—	27	—
江苏	257745	3389	1080.1
浙江	13460	3850	559.5
安徽	456801	1564	587.9
福建	197077	2924	33.3
江西	775324	5709	209.7

地域范围	户用沼气池数量 （个）	沼气工程数量 （个）	太阳能热水器 （万平方米）
山东	111913	1792	1338.7
河南	573300	2056	371.7
湖北	2161866	8119	301.9
湖南	425597	10937	185.3
广东	33433	15174	139.8
广西	1930969	1299	152.7
海南	49391	1945	39.2
重庆	162600	2875	46.8
四川	4315325	6835	239
贵州	615158	1112	77.5
云南	1014443	1812	710.7
西藏	500	—	—
陕西	49800	628	7.4
甘肃	1178800	459	192
青海	74	8	0.1
宁夏	183200	108	137
新疆	210	152	9.5
新疆生产建设兵团	—	25	—

资料来源：《中国农村统计年鉴（2023）》。

图 3-1 统计数据显示了我国农村地区在清洁能源、农业生态等方面的投入、基本情况。从 2022 年农村地区沼气工程数量来判断，广东、湖南、湖北、四川以及江西五省在沼气工程的建设力度领先于全国其他省份，特别是广东省一省的沼气工程数量为 15174，占全国总工程量的比重达 20.2%，其中各地区的农村沼气工程数量与对应地区经济实力基本呈正相关关系；由图 3-2 统计数据可以看到，在我国农村地区的太阳能热水器拥有量中，山东省的拥有量最高，高达 1339 万平

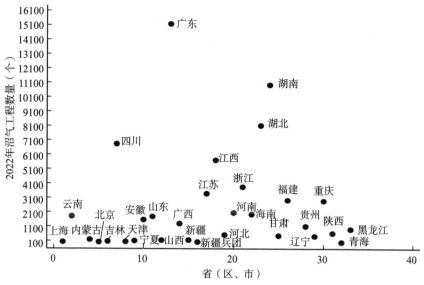

图 3 – 1　我国各省（区、市）2022 年农村地区沼气工程数量

资料来源：《中国农村统计年鉴（2023）》。

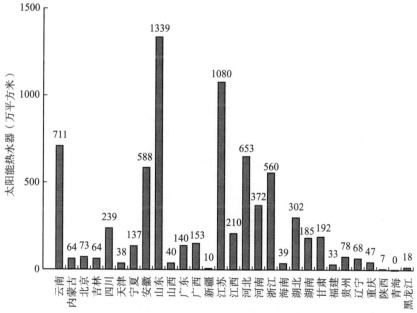

图 3 – 2　我国各省（区、市）2022 年农村地区太阳能热水器拥有量

资料来源：《中国农村统计年鉴（2023）》。

方米，次之是江苏省，其拥有量为 1080 万平方米，占全国太阳热水器拥有量的比例分别为 17.2% 和 13.8%。

二、我国居民消费趋势分析

由《中国农村统计年鉴》2013～2022 年十年间的统计数据显示，我国国内消费市场对于蔬菜及食用菌、禽肉类、水产品、鲜奶、鲜瓜果类等高质量农产品的需求旺盛，如表 3-2 所示，我国居民粮食的人均消费量有下降的趋势，即从 2013 年的人均 148.7 千克降为 2022 年的136.8 千克，食用油消费量相对稳定，生活改善型消费农产品如水产品、牛奶、禽肉类等人均消费量均有较为明显提升。

表 3-2　　我国居民家庭人均主要食品消费量（2013～2022 年）　单位：千克

年份	粮食	食用油	蔬菜及食用菌	肉类	禽类	水产品	奶类	鲜瓜果
2022	136.8	10	108.2	34.6	11.7	13.9	12.4	54.7
2021	144.6	10.8	109.8	32.9	12.3	14.2	14.4	61.0
2020	141.2	10.4	103.7	24.8	12.7	13.9	13.0	56.3
2019	130.1	9.5	98.6	26.9	10.8	13.6	12.5	56.4
2018	127.2	9.6	96.1	29.5	9.0	11.4	12.2	52.1
2017	130.1	10.4	99.2	26.7	8.9	11.5	12.1	50.1
2016	132.8	10.6	100.1	26.1	9.1	11.4	12.0	48.3
2015	134.5	10.6	97.8	26.2	8.4	11.2	12.1	44.5
2014	141.0	12.3	96.9	25.6	8.0	10.8	12.6	38.6
2013	148.7	12.7	97.5	25.6	7.2	10.4	11.7	37.8

资料来源：2014～2023 年《中国农村统计年鉴》。

如图 3-3 所示，肉类的消费量则从 2013 年人均 25.6 千克增长为2022 年的 34.6 千克；如图 3-4 所示，蔬菜及食用菌的消费量从 2013年人均 97.5 千克，上升为 2022 年的 108.2 千克，鲜瓜果从 2013 年人

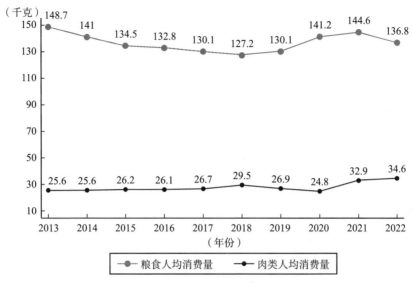

图3-3　我国居民人均粮食和肉类消费量时间序列

资料来源：2014~2023年《中国农村统计年鉴》。

图3-4　我国居民人均蔬菜、食用菌和鲜瓜果消费量时间序列

资料来源：2014~2023年《中国农村统计年鉴》。

均37.8千克上升为2022年的54.7千克。上述所展示的是我国居民主要农产品消费的两个相反方向的变化，印证了我国百姓近年来可支配收入保持增长的大趋势，如到2023年末，我国居民的可支配收入，在扣除价格因素影响后，同比增长 6.1%，其中，一个明显的特征是农村居民的可支配收入同比增长幅度高于城镇居民，为 7.6%（扣除价格因素）；其次，另一个特征是城乡融合、区域协调步伐稳健。2023 年全国人口城镇化率 66.16%，东部、中部以及西部的 GDP 的同期增长比率均在约 5%[①]。

基于上述数据的变化趋势，我们可以做出推断：我国百姓餐桌食物结构已明显发生变化，逐渐转向"营养健康、均衡膳食"等方向发展。推而论之，随着我国百姓生活品质逐步提升，人们对于农产品品质要求更高，愈发注重其绿色、营养和安全，因此，国内农业需要加快向可持续生态农业方向转型的步伐，只有如此，才能匹配上百姓日益增长的高品质生活需求。

第三节　我国农业绿色发展先行者
转型发展特征分析

有关农业绿色发展转型，我国政府已从战略层面进行了顶层设计，并确定了发展的重点任务和基本方向。2022 年 9 月，为了进一步贯彻落实党中央、国务院建设国家农业先行区，以绿色引领带动我国农业现代化的战略决策部署。农业农村部、国家发展改革委、生态环境部、中国人民银行、中华全国供销合作总社等五个部门所属办公厅共同印发了《建设国家农业绿色发展先行区促进农业现代化示范区全面绿色转型实施方案》的通知，该通知详细制定了绿色先行区建设的重点任务，诸如集成推广农业技术、加快培育农业绿色主体等，并给出了具体推进措施。各级政府对于绿色发展重要性的认识进一步加深，相关发展思路也更加清晰明了，总体来说，各地践行绿色发展理念时，分

---

① 中华人民共和国 2023 年国民经济和社会发展统计公报［EB/OL］［2024 - 02 - 29］. https://www.stats.gov.cn/sj/zxfb/202402/t20240228_1947915.html.

别采用了适合自身特征的路径与方式，也总结了具有地域特色的发展模式。有鉴于此，本部分将针对 2021 年农业农村部发展规划司征集的绿色发展典型案例文本资料，进行文本资料分析，尝试总结与归纳我国农业绿色发展先行者的基本特征。

一、绿色是我国未来农业发展底色

本部分将对 2021 年我国绿色先行者 51 个绿色发展的典型案例进行 LDA 文本主题分析。首先，设定 LDA 主题分析的主题词为 7 个；其次，生成平台 LDA 可分析文档文件；再次，导入主题文件进行主题情感分析、深度文本分析；最后，导出分析结果。其中，表 3 - 3 显示了 LDA 文本主题分析结果；图 3 - 5 展示了核心主题词占所有文本主题的比率以及出现条数；图 3 - 6 展示了词云图（可视化）。

表 3 - 3　　　　　　　　LDA 文本主题分析结果

主题名	条数	总得分	平均得分
农业	228（7.65%）	154.15	0.68
绿色	285（9.56%）	158.12	0.55
农药	282（9.46%）	157.09	0.56
农产品	306（10.27%）	191.01	0.62
秸秆	337（11.30%）	209.77	0.62
技术	360（12.08%）	225.95	0.63
生产	282（9.46%）	156.1	0.55

注：其中得分主要是指文本主题概率，即某一条文本属于某一类主题的概率大小，若为 0.68，表明其属于这一主题的概率为 68%，属于另一个主题的概率为 32%。

资料来源：《农产品市场》2022 年第 8 期，《绿色先行者：2021 年全国农业绿色发展典型案例专刊》案例资料文本。

图 3 - 7 展示了 LDA 的主题词间的关系分析可视化图。由图 3 - 7 可以清楚地看到"农业""绿色""发展"三个核心关键词之间形成了紧密的互动关系，"绿色"关键词基本同其他主题词之间形成了强关联

关系。这进一步说明，我国在农业发展过程中，愈发重视对于"绿色"要素的投入，并希望通过循环技术、新模式以及外部市场等要素来进一步推动绿色发展。

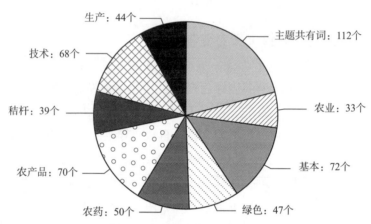

图 3-5　主题词占比分析结果

资料来源：《农产品市场》2022 年第 8 期，《绿色先行者：2021 年全国农业绿色发展典型案例专刊》案例资料文本。

图 3-6　文本词云可视化图

资料来源：《农产品市场》2022 年第 8 期，《绿色先行者：2021 年全国农业绿色发展典型案例专刊》案例资料文本。

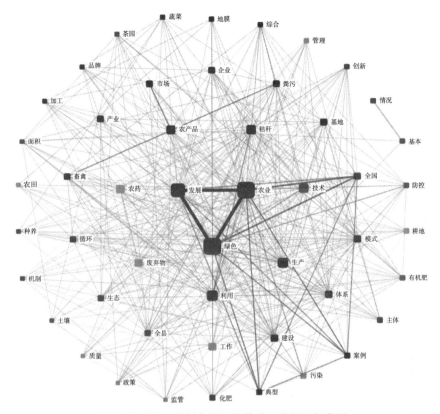

图 3－7　LDA 分析主题词间的关系分析可视化图

资料来源：《农产品市场》2022 年第 8 期，《绿色先行者：2021 年全国农业绿色发展典型案例专刊》案例资料文本。

针对我国农业绿色发展绿色先行者 51 个典型案例资料，利用在线分词器工具中词频、词云分析功能，导出如图 3－8 分词词频统计结果，其显示"绿色、农业、发展、利用、技术"等（绿色为 456，农业为 455）为高频率出现的词语；通过图 3－9（词频）可知，"绿色发展、资源化利用、绿色食品原料"等关键词（绿色发展出现频率最高 197）为高频词。在这些绿色先行者典型案例所展示的文本中，无论是农业管理部门、新型经营主体、涉农服务组织、支持体系，抑或是小农户，已经开始将注意力从单纯的增产，向污染治理、农药减量、回收利用、生态循环等方向转移。其中，以山西省高平市为例，该地集

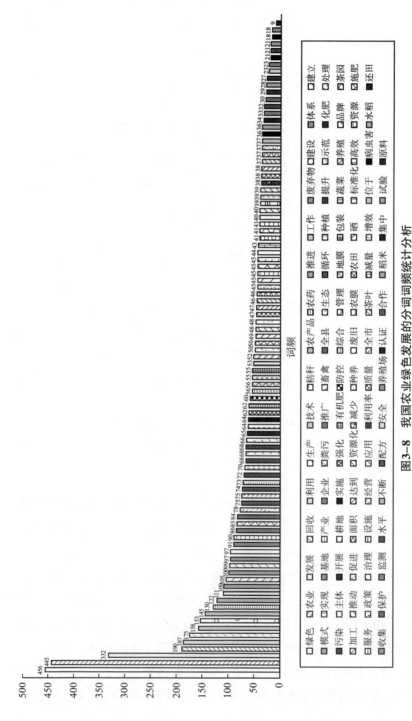

图3-8 我国农业绿色发展的分词词频统计分析

资料来源：《农产品市场》2022年第8期，《绿色先行者：2021年全国农业绿色发展典型案例专刊》案例资料文本。

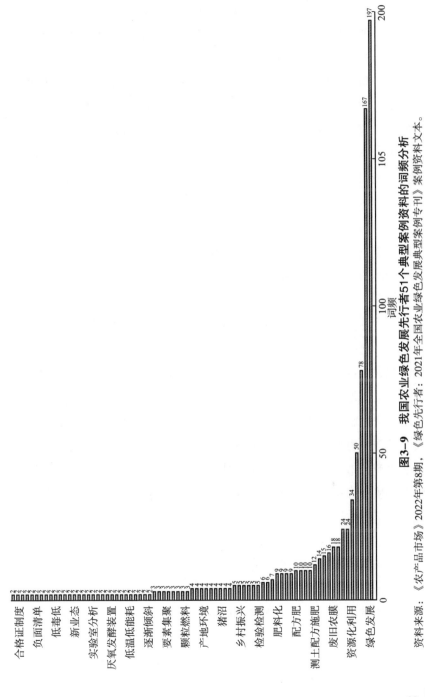

图3-9　我国农业绿色发展先行者51个典型案例资料的词频分析

资料来源：《农产品市场》2022年第8期，《绿色先行者：2021年全国农业绿色发展典型案例专刊》案例资料文本。

中采用了"猪沼梨""猪沼菜"等绿色循环种养结合模式，鼓励当地以养猪大户为牵引，带动龙头农业企业实施沼气工程、有机肥处理工程，并将养殖场产生有机肥推广到贡梨、甘薯种植基地，种植产出梨、红薯淀粉产品畅销国内外。该种模式采用了农业绿色技术，将产业内的不同产品集成优势发挥了出来，提升了农业产品的附加值，值得推广与借鉴，也为我国农业发展添加了亮丽的"底色"。辽宁大连市庄河市则以"一控两减三基本"作为绿色生产的技术标准，严格控制农业生产中的环境破坏行为，利用"实验室分析、检验检测、污染防治、替代化肥"等手段来管控农产品的高质量，还将采用"联合执法、督导检查"等行政执法手段来约束、规范当地农业生产，通过"三品一标"来打造庄河农产品品牌，以此提升其品牌知名度和品牌净值；在实际农业生产中，还采用有机肥、生物生态防治病虫害的方式来提升农业产品的品质和环保偏好者的品牌忠诚度。

二、我国新型绿色农业经营主体的绿色生产模式

我国农业未来发展方向在于重点打造绿色化、可持续性现代农业，更加注重土地等资源的利用效率、保护农业生产的产地环境，并将集中培育一批新型绿色农业经营主体。新型绿色农业经营主体一般是指具有较强绿色环保意识，经过系统的绿色技能培训，能实际利用绿色农业生产技术开展有机肥施用、秸秆还田、可循环利用地膜、节水灌溉等环境友好型农业生产实践的生态家庭农场、龙头企业、农民合作社等经营主体。该类主体积极拥护国家绿色农业转型战略，推行绿色标准化生产方式，诸如"鱼—稻—虾"生态循环农业，即通过水稻种植外加套养鱼类、龙虾类或蟹类，另外一些地方则采用"稻—鸭"的生态种养模式，可以利用鸭子等来为水稻种植去除杂草、害虫，提升水稻的抗病能力，降低农药使用频率；"渔—光—游"三产融合模式，即水产养殖（一产）、太阳能光伏发电（二产）与科普研学（三产）"三产融合"的发展模式；采用测土配方施肥方式，根据土壤酸碱特

性、营养特征等来精准控制施肥数量，从而提升农业生产质量与产量。新型经营主体的绿色农业经营行为不仅可以通过绿色技术的采用来提升农产品的质量，主打生产被市场接纳度更高的绿色农产品，还会通过其绿色创业示范作用，带动新型绿色经营主体、周边的小农户积极加入绿色转型的发展阵营中来（龙云等，2023），从更大范围上来提高当地的农业生产环境，这显然利于我国农村生态文明建设战略的实现。

从我国农业农村部政策与改革司和中国社会科学院农村发展研究所联合开展的《中国家庭农场发展报告（2019）》（该调查报告数据来源于中国的 31 个省（区、市）总计 3034 个监测家庭农场的问卷调查，且有效样本数为 2950 份）数据分析来看，我国新型经营主体如种植类家庭农场，近年来愈发注重其生产行为的环保考量，由表 3 - 4 和图 3 - 10 展示的数据来看，在全国范围内 84% 的家庭农场在种植过程中广泛采用地膜技术，并会针对性地开展地膜回收处理作业，经济发达省份的地膜回收比例更高，诸如，上海、湖南、天津、重庆、浙江、江苏等省份的地膜回收处理比重高于 95%，这说明该地区对于绿色生产政策宣传及执行力度较大，新型经营主体的环保意识更强；对于养殖类家庭农场来讲，该类新型经营主体，在生产经营过程中，因为会较大规模地养殖牛羊猪，鸡鸭禽类动物，其饲养过程中会产生大量的废弃粪便以及排污，各级政府一般比较重视此类家庭农场的环境评估与检查，同时，给予此类家庭农场建设相关选址约束。由图 3 - 11 和表 3 - 5 调研数据可知，我国养殖类家庭农场针对禽畜粪便的处理更加注重无害化、绿色循环方式，如在全国范围内，超过 50% 的家庭农场会将禽畜粪便用来进行再加工为有机肥、饲料等，以开展农业再生产的循环利用；一些畜牧养殖业大省（区）山东、河南、辽宁、新疆、内蒙古、安徽等地区的有机化处理比率为 100% 或接近该值。

通过分析 2017 ~2019 年的《中国家庭农场报告》还可以清楚地看到，全国范围内，超过半数的种植类家庭农场会选择在种植过程中产生的秸秆开展清洁处理上，倾向于机械化还田，或者循环使用；再通过分析全国 31 个省份的种植类、粮食类家庭农场等在选择经营规模时，会发现大部分省份的农场规模会集中在 200～300 亩的范围之内，其中，除了内蒙古、江西、东北三省等地区面积高于 500 亩以上外，其他地区基本居于 200～300 亩规模。从经济学中土地规模效应角度出发来分析，考虑边际成本递减到临界点后，随着规模扩大可能反而会提升生产成本，诸如人工成本、机械化作业成本、生产资料成本等；同时，在分析各个地区代表性的家庭农场发展优惠政策可以看到，诸如江苏（2015 年拿出 9000 万元用来补贴进入示范名单的家庭农场）、浙江等省份，能够列入政府示范家庭农场名单之列的农场面积，政府一般会设定一个准入值，通过分析和整理现有不同省份政策文件，可以清楚地看到，其门限值会设在 200 亩左右；从各地金融机构制定的支持家庭农场融资担保政策来看，因为家庭农场需要融资才能扩张到一定规模，同时，也需要家庭农场具有金融机构所要求的融资担保规模才能申请相关贷款，用以推进家庭农场提档升级，例如安徽省合肥市推出的"农业保险 + 政信贷"既可以帮助具有一定规模的新型经营主体，如家庭农场获得有政府财政补贴的农业保险保费 80% 的补贴，并通过"政信贷"给予家庭农场的贷款授信，从而助力家庭农场获得规模扩张所需的资金①。从上述分析可知，家庭农场绿色生产模式选择，还需要考虑各地政府的激励、融资担保政策的影响。对于鼓励大面积、规模化的地区，可能更需要注意加大政府对于家庭农场的绿色化经营的支持政策，面积越大，其绿色化发展的机会成本、人工成本会普遍增大；反而，家庭农场经营面积小可能更容易采用绿色生产经营方式。当然，在本书第五章，本议题还将继续予以讨论和论证。

表 3－4 　　　　2018 年种植类家庭农场地膜处理方式占比　　　　单位：%

地域范围	回收处理	丢弃	其他
全国	83.88	7.90	8.21

---

① 安徽合肥："农业保险 + 政信贷"为农民"撑腰打伞"［EB/OL］［2023 - 07 - 14］. https：//czt. ah. gov. cn/czdt/sxcz/148554081. html.

续表

地域范围	回收处理	丢弃	其他
天津	94.74	5.26	0.00
河北	86.76	8.82	4.41
山西	57.45	38.30	4.26
内蒙古	32.00	24.00	44.00
辽宁	80.00	14.55	5.45
吉林	87.34	12.66	0.00
黑龙江	74.74	20.00	5.26
上海	100.00	0.00	0.00
江苏	96.30	3.70	0.00
浙江	98.21	0.00	1.79
安徽	76.40	4.49	19.10
福建	74.19	0.00	25.81
江西	96.00	4.00	0.00
山东	88.89	2.78	8.33
河南	88.46	7.69	3.85
湖北	80.95	0.00	19.05
湖南	100.00	0.00	0.00
广东	75.61	9.76	14.63
广西	93.75	3.13	3.13
海南	76.00	12.00	12.00
重庆	97.37	0.00	2.63
四川	94.74	2.63	2.63
贵州	80.00	0.00	20.00
云南	91.07	0.00	8.93
陕西	92.50	5.00	2.50
甘肃	96.55	1.72	1.72
青海	77.27	4.55	18.18
宁夏	74.55	12.73	12.73
新疆	77.78	16.67	5.56

资料来源：《中国家庭农场发展报告（2019）》p. 83。

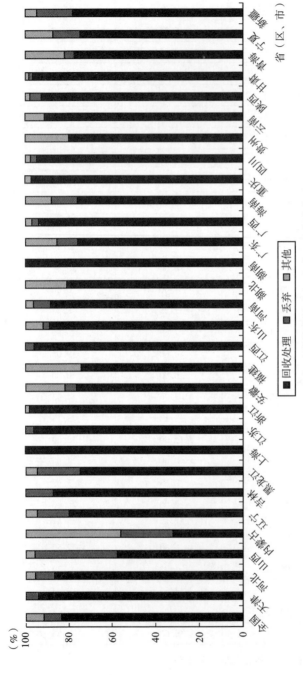

图3-10 2018年种植类家庭农场地膜处理方式占比

资料来源：《中国家庭农场发展报告（2019）》p.83。

表 3 – 5　　　　　2018 年养殖类家庭农场禽畜粪便处理方式占比　　　单位：%

全国/地区	直接排放	发酵后做有机肥	发酵后做饲料	做沼气沼渣做有机肥
全国	20.41	37.57	2.37	19.23
天津	—	—	—	—
河北	0.00	50.00	25.00	0.00
山西	0.00	40.00	0.00	12.00
内蒙古	0.00	75.00	0.00	0.00
辽宁	0.00	100.00	0.00	0.00
吉林	—	—	—	—
黑龙江	27.27	45.45	9.09	0.00
上海	—	—	—	—
江苏	16.67	33.33	0.00	16.67
浙江	33.33	33.33	0.00	0.00
安徽	0.00	83.33	0.00	0.00
福建	70.00	20.00	0.00	0.00
江西	37.50	37.50	0.00	18.75
山东	0.00	100.00	0.00	0.00
河南	0.00	100.00	0.00	0.00
湖北	36.36	27.27	9.09	27.27
湖南	100.00	0.00	0.00	0.00
广东	20.00	20.00	20.00	40.00
广西	20.69	20.69	3.45	41.38
海南	16.67	33.33	8.33	33.33
重庆	9.09	18.18	0.00	50.00
四川	0.00	66.67	0.00	23.81
贵州	0.00	51.35	2.70	18.92
云南	23.33	23.33	0.00	30.00
陕西	0.00	25.00	0.00	8.33
甘肃	33.33	33.33	0.00	0.00
青海	64.71	35.29	0.00	0.00
宁夏	12.50	0.00	0.00	0.00
新疆	0.00	80.00	0.00	0.00

注："—"表示数据不可得。

资料来源：《中国家庭农场发展报告（2019）》p. 97。

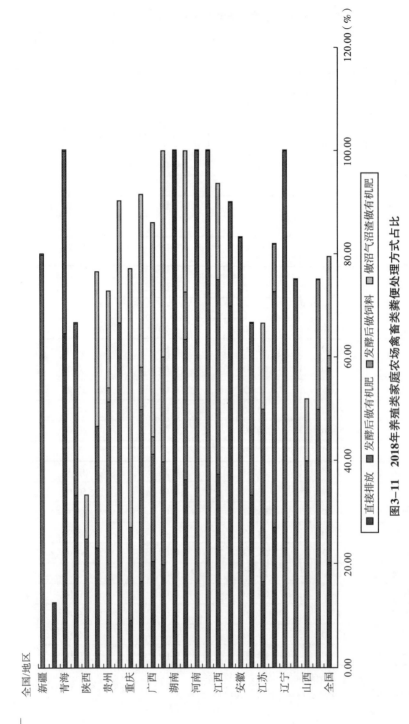

图3-11　2018年养殖类畜禽类家庭农场离类粪便处理方式占比

资料来源：《中国家庭农场发展报告（2019）》p.97。

三、家庭农场的未来发展方向初步讨论

国内学者诸如温铁军教授通过对比中西主要农业发展历程与特点，并从城镇化、产业资本以及金融资本等视角出发，将世界农业发展模式划分为"安格鲁撒克逊模式""莱茵模式"和"东亚原住民模式"，"安格鲁撒克逊模式"主张西方农业发展过程中资本化与殖民化手段的应用，以英美国家为典型代表。为了在通过殖民扩张手段获得的土地上快速获得投资收益，该模式主要采用工业化手段开展农业生产活动，大规模使用化肥和农药，以获取标准化农业产品，并向其他欠发达国家、发展中国家售卖农产品；"莱茵模式"是在 20 世纪初期由法国经济学家阿尔贝尔首次提出，主要以莱茵河沿线的德国、法国、瑞士等国家为代表，在老欧洲国家大规模移民到美洲之后，采取中小家庭农场规模，遵循现代化农业生产发展之路，20 世纪后期欧共体和 90 年代的欧盟共同农业政策（Common Agriculture Policy，CAP）普遍鼓励农业补贴支持政策、农村高福利政策以及农业科技高投入等（冯勇等，2019）[①]；以中国、日本和韩国等国为代表的"东亚原住民模式"，该模式下的家庭农场强调小农经济形态、农场与自然和谐共生，家庭繁荣，且该模式基于东亚地区原住民世代聚居、传承特征，该模式更适合东亚国家的地理区位、民族分布特征，寻求相对稳定、可持续的发展模式。当然，上述三种发展模式具有一定的区域代表性，但不可忽视的是这些区域内的家庭农场也会学习其他区域模式中的先进做法，如近几十年来，美国有机食品行业开始学习东亚家庭农场发展模式，在美国农村地区推广发源于日本的社区支持农业的家庭农场模式（Community Support Agriculture，CSA），该模式通过鼓励社区居民参与、缩短农产品供给者与消费者交易距离、创新农产品订单商业模式

---

① 冯勇，刘志颐，吴瑞成. 乡村振兴国际经验比较与启示——以日本、韩国、欧盟为例 [J]. 世界农业，2019（1）：80 - 85.

等来建立良好供求信任关系，以此确保家庭农场绿色生产、消费者安心消费双赢局面。

另一部分学者倾向于从技术的方式来总结西方发达国家的农业发展，通过回顾近现代农业发展历程，其大体划分为四个主要阶段，其一，是依赖于由人和动物资源为主导的19世纪的传统农业阶段，该阶段的主要特征是低效率；其二，是20世纪肇始的机械农业时期，该阶段的主要特征是较为缺乏效率；其三，是20世纪末到2017年前后依赖于自动化的农业高速发展时期，该阶段的主要特征是低水平智能；其四，是从2017年开始的智慧农业时期，该阶段特征强调农业现代信息技术、智慧技术的应用（Lei et al.，2021）①。尽管已有关于现代农业发展的讨论已相当充分，但不可忽视的是这些研究的视角和对象也均相对宏观，如何将这些宏观的农业发展模式落实到相对具体的农业经营主体或组织，并将这些特点进行充分的展示和阐述，现有农业发展模式研究创新还显得不足。因此，我们需要关注诸如家庭农场等这类对我国来说相对新型的经营主体，如何推行绿色化、智慧化发展技术，并如何有效实现，仍然需要深入讨论。

随着全球物流体系的构建，农产品全球化交易已基本实现，但同时也带来环境破坏的现实问题，森林的过度砍伐、大规模农业机械生产带来的土壤肥力损失、过度依赖肥料和农药又催生了食品安全问题。故而，作为我国农业绿色发展先行者家庭农场到底选择何种发展模式？基于前文讨论，我们认为需要从以下几个方向进行尝试：一是适度规模与智慧化方向。该方向的选择主要基于我国农村劳动力人口的老龄化趋势，这也是东亚地区包括日本、韩国等普遍存在的共性问题，是为了解决谁来种地的问题，当前，可选择的替代方案便是采用适度发展规模，这样才能提升农业现代化生产的效率，如果规模过小难以发挥先进农业生产技术优势，反而可能带来农业生产高成本问

---

① Lei X. et al. A Survey on Smart Agriculture: Development Modes, Technologies, and Security and Privacy Challenges [J]. IEEE/CAA Journal of Automatia Sinica, 2021, 8 (2): 273 – 302.

题。同时，要积极利用智慧农业技术、设施农业技术等中的传感器，通过传感器来监测农作物的成长数据、监控设施农业中作物温度、监控水培植物中营养状态、监测土壤特征等，以此精准施肥、降低农药使用量，增加农业生产效率，并确保农产品高品质；二是绿色生态与社区支持方向。推广社会支持农业（CSA）的家庭农场发展模式，通过社区居民高度参与，利益共享机制，真实推动家庭农场的绿色、有机与循环式种养，通过在地化"微交易"等模式来削减交易成本，提升有机、绿色农产品附加值，增强社区消费者的食品安全感；三是市场引导与融合转型方向。通过公平市场竞争环境，吸引社会资本、新农人以及农业数字技术等要素流入农业产业，特别是激发家庭农场的市场主体竞争意识，提升其创新与创业能力，使得新农人才能留得住、做得好、行得远，结合各地区域特征，真正将家庭农场做成我国绿色农业先行者的典范。

第四节 我国家庭农场差异化 发展路径选择分析

本部分将按照家庭农场发展可选择规模方向维度和侧重利用的发展方式方向维度（如倾向采用的生产手段、工具或设备等来判断）进行分类，借鉴国内外家庭农场相对成熟的发展路径，将我国家庭农场可选择发展路径选择共分为九个类别，这九个类别分别是：（1）"大规模、生态化"发展路径；（2）"大规模、生态现代化"发展路径；（3）"大规模、智慧化"发展路径；（4）"中等规模、生态化"发展路径；（5）"中等规模、生态现代化"发展路径；（6）"中等规模、智慧化"发展路径；（7）"小而精、生态化"发展路径；（8）"小而精、生态现代化"发展路径；（9）"小而精、智慧化"发展路径。上述九个类别构成了表3-6我国家庭农场发展路径的拓扑结构图。

表 3 – 6 我国家庭农场的发展路径选择分类

分类	生态化	生态现代化	现代化（智慧）
大规模	［大规模、生态化］	［大规模、生态现代化］	［大规模、智慧化］ 代表地区：美国
中等规模	［中等、生态化］	［中等、生态现代化］ 代表地区：荷兰、德国	［中等、智慧化］ 代表地区：法国
小而精	［小而精、生态化］ 代表地区：中国部分省份	［小而精、生态现代化］ 代表地区：以色列	［小而精、智慧化］ 代表地区：日本

资料来源：笔者根据文献归纳整理。

发展维度方向 1 展现了我国家庭农场发展路径选择中的多元化发展趋势，也体现了家庭农场主其自身对于环境、现代化以及生态化等要素的理解程度。如果家庭农场特别看重其投入产出比，即家庭农场的短期利润目标是首要关注因素，那么，此类发展方式一般会更加关注对于家庭农场新技术、新设备等现代化要素的投入或改造，使得家庭农场的单位产出达到最大化；如果家庭农场主始终关注环境的友好性、注重农业生产不破坏生态环境，那么，此类家庭农场自然会选择更加可持续、生态化的发展方向，诸如坚持使用有机肥、不使用或少使用农药等化肥；如果家庭农场主是纯粹的有机生产倡导者，可能会尊重家庭农场所在土地的肥力情况，来合理平衡家庭农场用地安排，如休耕、轮种等采用尊重土地肥力条件的休养生息的农业生产理念，如古玛雅人在生产玉米时，往往平整出一块土地，一般只在其上耕种三年，然后，再开垦其他新土地来进行玉米种植，使得玉米保持较高的产出。

发展维度方向 2，注重家庭农场经营规模大小，主要考察是家庭农场主的经营能力以及其全身心投入家庭农场经营决心的大小。当前条件下，家庭农场经营规模与其家族成员的数量大小不产生必然的关联，即使是在远古时候的危地马拉西部的玛雅文明部落，通过美国考古学者的研究发现，家庭成员多少不必然同其种植玉米面积大小产生关联，因为玉米产量在其 190 天左右（12 英亩，即 72.84 亩左右）的农业生产就可以足够供应一家约六口人一年所需。本文选择规模大小的维度方向，也是主要用以分析我国家庭农场在发展规模选择上目的、动机，并讨论这些动力和目的背后的内在影响机理；分析规模与现代化、生态化间的互动作用关系，是否难以二者兼顾？抑或是可以做到多方面要素和谐共存？

依据世界农业生产发展的基本阶段，根据雷等（Lei et al.，2021）的研究，可以将其总体划分为如下几个阶段：农业 1.0 阶段（1784～1870 年）——传统农业时期，农业生产主要由人和动物资源主导开展，主要特征：低运营效率；农业 2.0 阶段（20 世纪 50 年代）——机械农业时期，主要特征：资源利用缺乏效率；农业 3.0 阶段（1992～2017年）——自动化农业高速发展时期，主要特征：低水平智能；农业 4.0 阶段（2017 年至今）——智慧农业时代，主要特征：无人运营（智慧农场、无人农场），现代信息技术，服务农业和发展农业智能。家庭农场特别是处于不同发展阶段的国家，其会依据自身技术条件、自然禀赋以及地理特征等约束，参照上述四个农业发展阶段呈现出不同的发展路径选择。

一、"大规模、生态化"可能发展路径

欧洲国家依据欧盟新一轮"共同农业政策"（CAP）主张家庭农场收入增长应兼顾农业环保发展，坚持农村与生态并重发展，推崇农场种植作物的生物多样性（Guth et al.，2022）。技术和环保理念相对发达的欧洲国家依据 2021 年 10 月 31～11 月 12 日的《格拉斯哥气候公约》（COP26）约定，全球气温平均温度升幅应控制在工业化前水平的1.5 摄氏度；《联合国生物多样性公约》等重要全球性文件，鼓励欧洲等大部分农业基础相对较好，技术相对发达的国家，应当致力于农业生态化发展，并将家庭农场的规模化与生态化发展的两个维度相互结合予以推动。根据图 3-12 可知，自 20 世纪 80 年代开始，以荷兰为

代表（1980～2019 年）的欧洲家庭农场规模在不断扩大，特别是单位农场中的奶牛、羊群等规模在不断增加，但家庭农场数量在相对缩小，在 2000 年左右形成明显的分水岭（见图 3－12）。由上述数据可知，以荷兰为代表的欧洲发达国家农场倾向于"大规模、生态化"发展之路。

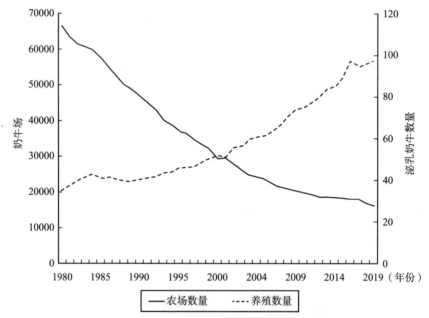

图 3－12　荷兰养殖家庭农场数量和羊群及奶牛规模关系时序

注：左纵轴代表奶牛农场数量；右纵轴代表单位农场平均的羊群和奶牛数量。
资料来源：Giller et al.，2021；Data source：Centraal Bureau voor de Statistiek，www.cbs.nl。

二、"大规模、智慧化"可能发展路径

以美国为首的发达北美洲国家基于家庭农场已有规模，并利用现代智慧农业的发展手段，采用规模化与智慧化相结合手段推动家庭农场发展的转型升级。家庭农场的大规模、智慧化前提是农业和农村的相关交通运输、电力、通信等基础设施的建设需突破瓶颈，并足以支

撑农业的现代化与工业化（张培刚，2019)[①]，依重上述现代化和工业化农业基础设施来进一步拓展家庭农场或农业生产的智慧化。显然，以美国为首的北美、日韩等发达国家已经具备上述实力。美国等发达国家的交通运输业等占国民经济的比重在全球处于领先位置，近 20 年来一直维持在 10% 左右（详见图 3 – 13）。

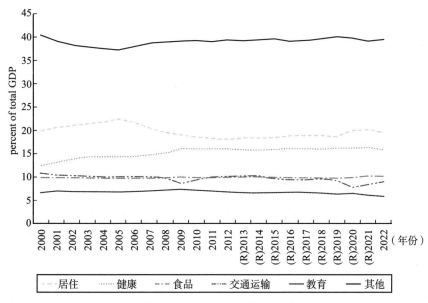

图 3 – 13　美国交通运输业等占其国民经济（GDP）的比重

注：纵轴为美国社会五大产业及其他产业分别占全国 GDP 的比重；横轴为年份；其中，Transportation 曲线代表交通产业。

资料来源：https：//www.bts.gov/content/gross – domestic – product – gdp – major – social – function。

　　显然，我国农村新基建的建设近 10 年来得到了较好的发展，根据《中国数字乡村发展报告（2022)》显示，农村电商公共服务基础设施建设不断加强，截至 2022 年 7 月电子商务进农村综合示范项目累计支持 1489 个县，支持建设县级电子商务公共服务中心和物流配送中心超

---

① 张培刚. 农业与工业化 [M]. 北京：商务印书馆，2019.

2600个。快递服务不断向乡村基层延伸，"快递进村"比例超过80%，2021年农村地区收投快递包裹总量达370亿件。通过网络销售的农产品占比达到14.8%，2022年全国农村网络零售额达2.17万亿元，比上年增长3.6%；传统农业设备和科技发展有长足的发展，以湖北为例，到2025年，全省农业科技贡献率提高到63%以上，主要农作物耕种收综合机械化水平达到75%以上。根据上述数据可以知，我国部分农业传统基础和新基建等条件较好的省份，其可以选择大规模、智慧化的家庭农场发展之路。

三、"中等规模、生态现代化"可能发展路径

借鉴张培刚教授在其《农业与工业化》一书中，对于"工业化"（industrialization）概念的界定，即是，一系列重要的"生产函数"（production function）连续发生变化的过程，这一过程是从低级向高级演变的过程。这种变化可能最先发生于某一个生产单位的生产函数（基要生产函数，strategic production function），然后，再以一种支配的形态构成一种社会的生产函数（诱导生产函数，induced production function）而遍及社会。该书对于工业与农业之间的依存关系进行了开创性的论述，并得出结论：我国包括众多发展中国家的现代化之路，一定要走农业工业化或现代化之路，换言之，一个国家如果一味关注城市工业化，而不关注农业的工业化与现代化，则是不平衡的或不完整的现代化。如苏联的发展过于重视国家重工业的发展，而缺乏对于农村与农业现代化的关注，导致了该国虽然坐拥全球最大国土面积，却没有充分利用土地、人口和生产资料等要素来发挥基要生产函数（限制因素）的支撑作用，也没有发挥好诱导生产函数，如企业创新精神，这也造成该国的工业化进程和先进程度不尽如人意（如其强调国防等重工业，却未对该国轻工业、农业予以足够重视，国民经济发展一直处于跛足前行状态）；社会制度等因素则既可以视为推动作用因素，也可以视为限制因素，原因在于好的社会制度能够发挥重要的推

动作用，而不利社会制度可能会限制创新的推动作用，例如，目前，美国政府对于中国后起、新兴国家采取技术围堵制度，限制对于中国GPU芯片、AI人工智能等技术的输出，实际也造成本国芯片产业、软件产业的市场萎缩，这些产业的最大应用场景实际上在中国。

很明显，追求最大利润的动机与追求最大满足的动机相连接，就形成合理的"经济人"（Economic Man），并构成经济理论中一条最基本的假设。企业创业精神则更为广泛，因为在"为利润而经营企业"以外，它还包括最重要的"为企业本身的发展而经营企业"的精神或志向，以及如何为企业所在社区乃至整个社会带来正的外部收益。以此为借鉴，我国家庭农场的绿色创业发展，可界定为作为农业生产组织家庭农场依赖于一系列的绿色基要生产函数可持续发生变化的过程，农业的生产呈现可持续、生态化发展过程，家庭农场由单一规模化向多元化、有机化与绿色化发展。发展中国家的农业发展存在两个富有争议的不同路径：路径之一，纯粹的有机农业发展之路，完全不使用化肥、农药等农业生产之路，在20世纪30年代的中国就倡导的"乡建"运动，以及当前部分学者诸如温铁军教授所倡导的"新乡建"运动，该完全有机农业发展之路可能对这些发展中国家的农业生产带来冲击和影响。如美国《纽约时报》的报道显示，斯里兰卡农民在2021年时，受疫情的消极影响致使该国政府的外汇储备锐减，不得已政府推动了有机农业发展计划，根据联合国的统计数据显示，该国的农业产量锐减50%，导致灾难性后果，令该国的经济发展雪上加霜。路径之二，张培刚教授所提出的农业工业化之路。该路径的发展强调农业生产组织，包括农场应该尽量采用当时先进的农业机械化生产、英国和日本所倡导的化肥使用来提升单位面积产量，以应对人口的快速增长，正如黄宗智所提出的观点：只有当粮食的增长率高于人口增长率时，该国的农业现代化才有相应的基础和实力。这说明，对于像中国这样的发展中国家，其地理特征的多样化、发展的不平衡等特点，决定了其必须选择多元化、适度规模化的发展之路，即家庭农场需选择"中等规模、生态现代化"的路径。

四、"小而精、生态化"可能发展路径

随着农村居民收入普遍增长，以及同城镇居民收入差距的进一步缩小，我国城乡居民的消费水准、消费偏好逐步呈现趋同化的特征。中国老百姓对于农产品的消费在不断转型升级。从近年来农村居民的八大类消费结构对比来看，经历疫情之后，我国农村居民的消费结构变化呈现三个特征：一是食品类消费疫情后的增长幅度大于疫情之前（根据2021年的《湖北统计年鉴》显示，2019年为4304.48元；2022年为5630.51元）；二是教育文化娱乐疫情前后的变化幅度较大（2019年为1807.64元；2021年为2032.29元）；三是农村居民食品消费产品结构比例发生了较大变化，如粮食消费量：蔬菜和水果消费量：肉食消费量，2019年三者比例为147∶152∶24，2021年的比例则为144∶181∶42，这说明农村居民生活消费品质有所提升，更加注重饮食结构的健康搭配，饮食结构逐渐趋同城市居民食品消费结构比例。基于以上变化，我国家庭农场的发展路径不能一味模仿欧美的大规模化，而应该回应老百姓餐桌的食品消费结构、消费偏好、需求收入弹性的变化走"小而精、生态化"的发展之路以满足百姓消费的转型升级。

五、"小而精、智慧化"可能发展路径

亚洲地区，日本是率先进行农业现代化探索的先驱者，特别是明治维新之后，日本一直在探索提升农业产能的现代化之路，既从英国学习相关工业化知识，还向欧洲大陆国家德国学习借鉴其工厂生产技术，并通过上述国家的现代化知识的学习转化为农业的生产投入。日本在控制基本人口的规模情形下，不断提升农业单位产出比，特别是通过引进化肥、农药技术，使得单位面积的土地产出成倍增加，以满足日本高密度的人口对于农产品等的增量需求。但随着日本近20年以来出现人口老龄化的加剧，日本能够长期从事农业生产的务农人力资

源逐步萎缩；同时，受限于日本可耕种土地面积缺乏弹性调整空间，为了保持其在农业生产中的高效率，该国对于农业高效生产技术的投入、高资本性投入则成为其不二选择。基于其土地私有制的特点，日本是东亚地区发达国家中最先在"小而精"的家庭农场中推广智慧农业、设施农业等的代表性国家。

随着生产要素中土地、资本以及劳动的要素成本的持续攀升，农业生产，特别是家庭农场的生产对于部分国土面积有限的国家来说，将会越来越紧张，那么，这类家庭农场的生产活动将更加趋于资本密集化和机械化。这类国家或地区倾向于"小而精、智慧化"的发展路径。

六、"中等规模、生态化"可能发展路径

气候是影响农业生产的重要因素，日本学者田家康通过对人类历史与气候变迁的互动关系中了解到，人类文明的演进过程中，气候由冷到热，再由热到冷的周期性变化发挥着重要作用，其在《气候文明史》一书中对人类开始原始农耕活动至今，所经历的九个气候阶段[①]，九个阶段的气候塑造了当前世界各地的农业形态各具本地特色：北方以游牧民族为主，主要农作物是粟作，以及放牧牛羊、马匹；南方则主要以中国的水稻等作物为主。农业在全球各地各自独自发展其符合在地化地理特征的农作物，如南美人学会栽种马铃薯、驯化羊驼，中美洲人种植玉米和豆类，中东、中亚一带学会了种植小麦和豌豆；南亚一带的原住民种植甘蔗和香蕉；非洲则驯化了高粱和小麦等。赫拉利（Harari，2023）在其《人类简史》中指出，人类在公元1世纪时，全世界绝大部分人类都在开展农业生产活动。[②] 这说明，无论何地的家庭农场发展，其均具有生态化生产和发展的自然基因，特别是，如果

[①] ［日］田家康著，范春飙译. 气候文明史 [M]. 北京：东方出版社，2012.

[②] ［以色列］尤瓦尔. 赫拉利. 人类简史：从动物到上帝 [M]. 北京：中信出版社，2023，6：70-79.

所处地理环境允许，气候条件充分，则可以采取符合当地特色的中等规模的、生态化的家庭农场发展，以满足当地人们对于农产品中等及以上规模的需求。

部分学者，如戴蒙德、温铁军等认为，农业生产最初开始于1.2万～1.3万年前的中东新月沃地及两河流域以及非洲埃及一带，并且在同一纬度上的传播速度高于纵向传播速度；赫拉利则认为，近期的学者研究认为，农业生产的发展是在世界不同角落野蛮发展，彼此并不关联和联系，后世随着人口迁移向外逐步传播；黄宗智和彭玉生通过《全国农业普查资料：农业卷》（2009：表2-7-1）中"设施农业"的数据指出，随着设施农业数量的逐步增加，这会逐步提升我国农业就业比率，并预测到2030年以我国家庭农场（新农业与传统农业模式适当搭配）为代表的适度规模新农业占总农户的比重将超过50%。故而，我国合适地区可以选择"中等规模、生态化"发展路径。

七、"大规模、生态现代化"可能发展路径

适合此种路径的家庭农场所处的地理位置一般比较平坦、接近水源地，也需要有较好的农业机械化的基础和条件。以中美洲的尤卡坦北部现代玛雅人居住地为例，该地一般土壤较浅，岩石较多，从远古时的玛雅到现代玛雅，居民种植具有当地特色农作物——玉米的方法，经过几千年的演变，变化不大，主要受限于地理位置和传统玉米的种植方式。该地已形成较为体系化、规模化的玉米种植模式，且经过学者的长期研究和观察，现代农具和机械化并不适合当地玛雅地理特征（莫利，2021）①。故而，玛雅玉米农业种植体系一般分为11个不同的步骤和阶段，即：（1）确定玉米种植地；（2）砍伐部分森林；（3）焚烧干燥的灌木；（4）为玉米围挡篱笆；（5）种植玉米；（6）除草；

---

① ［美］西尔韦纳斯·莫利. 玛雅三千年［M］. 成都：天地出版社，2021，11：170-180.

（7）折弯玉米；（8）收割玉米；（9）储存玉米；（10）剥玉米；（11）把玉米运回村里，可以看到该地区的农业生产体系依然呈现生态化、原始化特征，没有发生太大变化。根据前文莫利的研究可以看出，大规模化、生态现代化的家庭农场成长，对于家庭农场的生产提出了较高的要求，既需要家庭农场的农业生产场所要有较为平坦的地势，同时，还需要所采用的作物适合规模化、生态化的种养，以玉米为例，如果采用生态化的种植，则务必遵循从古至今所采用的种植方式，同时，需要辅之以现代生产手段和工具，以提升其生态化种植的效率。换而言之，现代化生态种植，既要兼顾传统的种植策略，也要采用现代性的生产手段，以此达到现代与生态的平衡。故而，适合上述条件国家或地区的家庭农场可以选择"大规模、生态现代化"发展路径。

八、"小而精、生态现代化"可能发展路径

对处于发达的农业现代化情境中，一些国家的家庭农场为何依然选择小而精的规模？显然，一方面，是因为土地禀赋资源限制，无法大规模使用土地；另一方面，可能是人口规模过大，从而导致人均土地面积过小。两个方向的影响均可能导致处于这两种状态的国家的家庭农场选择"小而精、生态现代化"的发展路径。以色列在农业生产上，率先采用"小而精、生态现代化"的农业生产方式，诸如智慧农业、大型温室种养以及设施农业在以色列加以采用，该国是小而精、现代化生产程度高的发达国家；与此同时，对于人口众多，地形地貌相对复杂的中国，因为人口众多，可耕地面积的硬性条件限制，引导我国部分地区家庭农场选择"小而精、生态现代化"的发展之路。

斯塔夫里阿诺斯在其《全球通史》[①] 中讨论世界农业起源时指出，

---

① 斯塔夫里阿诺斯. 全球通史：从史前史到 21 世纪（第七版修订版）（上册/下册）[M]. 北京：北京大学出版社，2006：23－40.

世界农业分别在世界多个地方独立发展和起源，特别是从中东、中美洲两个初具规模的农业发源地、从中国北部黄河流域等地向其他不同区域进行传递。在农业向全球各地传播过程中形成了三大谷类植物区：东亚、东南亚稻米区；中美洲玉米区（玛雅、危地马拉北部山区、秘鲁等地）；欧洲、中东、北非、中亚、印度河流域以及中国黄河流域的小麦。同时，这些在这些区域形成了具有代表性的农耕技术：第一种技术是"刀耕火种"，这种技术用来开垦森林等地，土壤肥力不足就休耕，休耕与新垦土地的比例一般保持在 5∶1～10∶1；第二种技术是至今在部分大陆地区沿用至今的梯田农业，山区农民为了应对洪水，采用梯田保护庄稼不被洪水冲走，并留住泥土，我国梯田主要分布在云南、贵州、广西以及黄土高原，代表性梯田有龙脊梯田、哈尼梯田、元阳梯田、加榜梯田等，国外代表性梯田有瑞士的拉沃梯田、菲律宾依富高梯田以及秘鲁古印加梯田；第三种农耕技术是块状根植物的种植，这一技术在热带地区应用广泛。主要种植芋头、薯类等块茎类植物，这类食物是东亚、东南亚地区人们主要膳食结构；第四种农耕技术是曾在几百年前消失的"培高田地农业技术"（raised field agriculture）（该技术主要采用渠道间隔大小基本均等的几块泥质平台，作物就种在长 33～330 英尺、宽 13～33 英尺、高约 3 英尺的泥质平台上），作为一种在秘鲁地区大约三千年前存在的农业技术，一度失传，经过科学家恢复使用在秘鲁进行重新启用，发现通过对照"培高田"技术种植土豆产出大约是平地对照田产出量的四倍。目前，该技术被美国、印度尼西亚等国家积极推广。

九、"中等规模、智慧化"可能发展路径

以家庭农场为代表的新型经营主体已成长为我国现代化农业、智慧农业的重要力量。家庭农场在推动实现现代农业、智慧农业政策新目标上既有政策外推力，也有其内驱力。蔡颖萍等（2016）科研团队通过全国抽样检测的 1322 个样本家庭农场数据分析可知，不同经营规

模下，家庭农场会采取相对来说不同的生产方式和行为。当种植面积居于 200～500 亩（1322 个样本家庭农场根据其规模划分为了五个组，中等规模的家庭农场则处于上述范畴之内）时，在更少使用农药比率（30.7%）和秸秆机械化还田比率（61.9%）上，在同其他四组对照组比较中，明显倾向于更加现代化、生态化；测土配方施肥（64.8%）等相对智慧化的种植方式所占比率相对于小规模来讲，有更大的提升空间。中等规模的家庭农场，在保证相对高效生产、较高投入下，更倾向于采用新型信息技术、智慧农业技术应用于家庭农场。以山东兰陵、浙江台州等地的智慧农场案例来判断，其规模基本保持在 200～500 亩，这样更容易采用适中的设备、资金投入来开展智慧化农业生产（智慧农业、设施农业平均每亩地的投入在 500 万元/亩左右），因此，规模将决定投入费用的大小，一般而言，200～500 亩是比较经济、高效的生产规模。故而，满足上述条件和要求的家庭农场可选择"中等规模、智慧化"发展之路。

综上所述，家庭农场发展路径选择是否存在"不可能三角"或"三元悖论"说？在前文中，本书拟出了家庭农场如何选择既保证适度规模，又坚持生态化，还要实现现代化的三个约束条件。"不可能三角"或"三元悖论"说，主要是借鉴国际金融领域知名的"Mundell - Fleming Model 模型"（简称 M－F 模型），即无法做到三个约束条件同时满足和兼顾：资本自由流动、固定汇率以及独立自主的货币政策。同理，如果这一问题转换到"家庭农场"发展模式和路径选择的研究情境下，我们或许也会发现一个"现代化—生态化—规模化"的"不可能三角"现象。这种不可能影响早在英国工业革命时期就有体现，如法国学者孟都（Mantoux Paul）在总结英国工业革命前的圈地运动和农场合并时就指出，为了使得大量农村剩余劳动力转移到工业生产领域，当时的英国当权者主要通过圈地运动手段来实现，而广大农民失地之后，英国农村必然形成可以合并的农业土地，这为英国的农场发展提供了另一条发展之路：用硬性强力的行政手段来推动农场的现代

化发展 (Mantoux Paul, 1961)①。合并之后的英国家庭农场需要产生效益,必须采用农业现代化、规模化的生产技术,其中,相关生产技术可初步划分为三个类别:节省人力的技术、节省财力的技术和同时节省人力与财力的技术,因圈地运动形成的剩余劳动力转移到城市,使得英国农场生产必定采用节省人力、节省时间的农业生产方式,以往采用的人力、蓄力以及人畜有机肥的生产方式,必然会被推动机械化、肥料的大规模使用所替代。那么,显然这种模式会落入对环境和生态产生破坏的负面影响的不可能怪圈:"现代化—生态化—规模化"不可能三角现象。那么,该如何规避"不可能三角",并推动我国家庭农场在以上三个方向上兼顾发展,本书以为可以探讨的方式是:因地制宜,在三个方向上给予不同发展偏重或权重系数,合理分配发展权重后,兼顾其他两个方向的差异化发展,而不是全国一套标准或模式,换句话说,某一地区的家庭农场发展模式无法被异地其他家庭农场完全模仿或照搬!

---

① Mantoux P. The Industrial Revolution in the Eighteenth Century: An Outline of the Beginnings of the Modern Factory System in England [M]. MacMillan, 1961.

第四章

我国家庭农场绿色创业的多案例比较分析：基于创业叙事视角

第一节 引 言

近 20 年以来，我国家庭农场在经历了从最初的国家政策激励创设，到中期的规模扩张，再到近期家庭农场发展结构和模式的调整，正处于转型升级的关键时期。农业"绿色发展"战略号召，促使我国家庭农场等这类新型经营主体，开始思索自身的可持续、再次创业新方向。从创业层面出发，绿色创业脚步已经迈开，这将影响我国家庭农场下一个发展周期的最终成就与效果。2022 年《中国农村统计年鉴》的统计数据显示：我国农村居民 2021 年的第一产业经营净收入（农林渔牧）占农村居民可支配收入（%）占比为 22.7%，近五年来呈现下降趋势，2021 年相对于 2013 年的 30.1% 和 2015 年 27.6% 分别下降 24.5% 和 17.7%。这也同农村经济在国民经济中地位持续下降相符，近五年我国农村经济占 GDP 比重仅为 7% 左右。但相对应的，我国乡村地区 2020 年的第一产业中的总耕地面积增加到 69160.5 千公顷（2015 年为 65872.6 千公顷），2019 年农村用电量为 9482.9 亿千瓦时（2015 年为 9026.9 亿千瓦）；以粮食亩均生产投入费用为例，2021 年的费用为 400 元，其中，化肥投入费用亩均为 150 元，比上年增加 9.4%，而未扣除人工、土地和固定资产折旧的粮食亩均收益仅有 800 元。上述统计数据显示，我国农业的经营投入虽然在持续增加，但没有转化为农村居民第一产业实际可支配收入占比的提升上，这也表明其投入与产出不够匹配，投入多，实际产出不够理想，我国乡村经济的绿色、高质量发展依然任重而道远。

从家庭农场的家庭层面出发，作为家庭农场有别于其他新型农业经营主体诸如农业合作社、龙头农业企业等，其发展过程中有家庭要素卷入，使其具有一定的家族企业特征，而家族类企业处于转型发展时期或者关键发展时期时，往往表现出较强的生命力，哈密尔顿（Hamilton，2017）研究认为，家族类企业在创业过程中会形成社会文化模式、家族道德价值以及叙事故事等内容，并传承到下一代。上述内容对形成家族企业认同、创业决策模式以及家族经营理念冲突处理范式等形成有重要的影响作用，这些因素会对家族内的代际传承和学习有促进作用，协助其产生新的创业认知与知识，也可以形成家族企业集体所有归属认同（Kleve et al.，2020；Parada and Dawson，2017）。从创业叙事的视角出发，创业叙事会被传统创业投资者所关注，一方面通过创业叙事了解创业者身份特征（特质）识别、创业者智谋与资源的判断，这是形成"伯乐"主体意识的过程（Navis and Glynn，2011）[1]；另一方面，通过创业叙事帮助投资者了解创业项目机会，这是辨识"千里马"的必要步骤（Garud and Giuliani，2013）[2]。总体而言，对于创业投资而言，如果缺乏上述主要创业叙事流程，会让潜在投资者缺乏对于创业项目的相关情境决策信息的了解。与此同时，如果创业叙事中过于强调失败因素或以往创业失败经历，也会给潜在投资者带来投资疑虑，认为是否会产生创业失败惯性，当然，这还取决于创业投资者个体的偏好和期望，如果是风险偏好投资人，可能倾向于听一听创业者创业失败故事，能够对创业者形成相对全面认识；反

---

① Navis C. , Glynn M. A. Legitimate distinctiveness and the entrepreneurial identity: Influence on investor judgments of new venture plausibility [J]. Academy of Management Review, 2011, 36 (3): 479 – 499.

② Garud R. , Giuliani A. P. A narrative perspective on entrepreneurial opportunities [J]. Academy of Management Review, 2013, 38 (1), 157 – 160.

之，若是风险规避型创业投资人，则创业失败叙事可能对创业投资决策带来消极影响（Fisher et al.，2017）[①]。总体而言，在创业过程中，有效的涉农创业叙事能形成意义、吸引听众，甚至是潜在投资人。

基于此，本部分的研究目的将是通过家庭农场主及其家族成员的绿色创业叙事的多案例研究，分析家庭农场不同于其他新型经营主体的绿色创业特征、绿色创业模式以及绿色创业实际成效，以及与创业叙事之间的差异，并提出基于创业叙事与实际体验展示的互动建构框架。本部分还将重点选取具有网络示范性、地方代表性（已访谈家庭农场样本）的主张开展绿色创业的家庭农场作为案例对象。本部分理论贡献为：首先，本部分将主要基于创业叙事视角，分析具有家族特征的家庭农场绿色创业实际表现；其次，本部分将揭示家庭农场在绿色创业的过程中，在产生经济效益过程中，非经济导向的家族或家庭在绿色创业产出中所发挥出的实际作用；再次，本部分没有采用传统的量化文本形式，而是通过文本挖掘形式，获取了创业叙事中的高频表达，以获得绿色创业的普适性模式；最后，通过创业叙事与实际体验展示来建构具有中国本土特色的家庭农场绿色创业概念框架。上述理论贡献将有利于协助我国家庭农场经营者以及地方主管政府部门，采取针对性的绿色经营策略以及政府扶持政策。

第二节　文献综述

一、创业叙事研究

案例研究等质性类研究需要克服的难题是：用于论证的证据信息

[①] Fisher G., Kuratko D. F., Bloodgood J. M., & Hornsby J. S. Legitimate to whom? The challenge of audience diversity and new venture legitimacy [J]. Journal of Business Venturing, 2017, 32 (1): 52 – 71.

和资料过多、过杂，而不是相反：信息太少，但洞见和智慧往往发生在信息过载之中。① 如果创业现象仅限定在定量分析与解读时，可能由于太过于关注少数几个特殊变量，使得创业研究失去深度和广度，特别是当前将创业研究聚焦于少数几个核心观察变量的实证研究。已有的实证分析试图通过样本中选取变量的均值来验证假设，可能会掩盖创业现象多样性和差异化特征（Gartner，1988）。现实中，创业往往不存在遵循配适一般化、普适性原则，故而，对于创业研究就不存在固定范式，因为创业自身就具有极强情境性，任何创业所面临的各类问题，从来不可能有固定的、理想化的解决之道。加特纳（Gartner）② 认为，绝大部分创业学者都面临着"叙事赤字"问题，换言之，创业研究学者们过于关注创业的概念、理论、数据和模型，却忽视了创业的实在性、故事性，缺乏对于创业故事的认知、讨论和解读。

创业研究者能够为创业行为开展有逻辑科学的描述、解释、分类、概念界定和假设提出，但总体而言，理论研究者普遍缺乏创业叙事能力，且难以说服和打动读者或者创业利益相关者。不过，现有研究中有关创业叙事三个主要洞见如下：（1）创业故事自身从来都不会完整，因为故事发生有其独特的情境、特殊的倾听者以及特殊的目的；（2）创业故事是在其他故事和观念的大环境下的一种"大声音"：通过听和读故事，能够在叙述者与听者之间形成互动，从而对故事进行有价值的、创新性解读；（3）创业叙述方法别具一格，建立在创业叙述主体的认识论、世界观和方法论的基础之上，叙述方法在创业研究中未来将发挥独特、更加重要的作用（Gartner，2010）③。显然，无论是其他类型的创业，还是家庭农场的创业，过程中不乏具有代表性的、特征鲜明的创业故事，这些故事需要采用合适的方式进行创业叙事，

---

① Yin R K. 周海涛等译. 案例研究方法的应用 [M]. 重庆：重庆大学出版社，2009.

② Gartner W. B. Entrepreneurial narrative and a science of the imagination [J]. Journal of Business Venturing，2007（22）：613 – 627.

③ Gartner W. B. A new path to the waterfall：A narrative on a use of entrepreneurial narrative [J]. International Small Business Journal，2010，28（1）：6 – 19.

通过不同于定量分析的叙事手段，达到家庭农场创业叙事传播的目的，以促进家庭农场高质量发展。

二、家庭农场研究

有关家庭农场创业研究中，多集中于讨论其发展规模、发展支持政策以及家庭农场发展模式。其主要原因在于，世界农业贸易格局的演变以及农业技术的革新基本发生在近百年时间之内，世界农业贸易基于各国不同农产品的比较优势，以及农业自身机械化与现代化生产还在不断革新与演进。作为联合国粮农组织（FAO）"农业和发展经济部"的经济学家如萨拉等（Lowder et al.，2016）主要从全球家庭农场的数量、规模以及分布等来探讨家庭农场的发展趋势，他们的研究认为在 20 世纪 30 年代到 21 世纪初，世界家庭农场的中位数和均值是呈现下降趋势，但近 20 年的发展现状数据并未有效呈现；樊帆和赵翠萍（2019）的研究认为，诸如德国、法国以及日本等西方发达国家的家庭农场在发展过程中，获得了来自政府土地交易补贴与健全的社会保障政策支持，如加大中小家庭农场补贴力度、鼓励剩余劳动力转出农业产业，并为转出者提供健全的社会保障体系等方式来鼓励家庭农场的可持续经营与成长。

家庭农场在获得来自外部政策红利支持时，仅能缓解短期内发展中的困难，其根本出路还需要找准各自发展定位和市场生存模式，因影响其存活的根本因素还需从市场需求上获得回应，故而，无论是政府公布的示范性家庭农场，还是一般家庭农场都需要在市场竞争中获得最合适的发展模式，我国农业农村部以及部分学者通过追踪全国各地不同的家庭农场发展规律，总结了诸如湖北武汉模式、浙江宁波模式、上海松江模式、吉林延边模式以及安徽郎溪模式（郭熙保和冷成英，2018），当然，这些发展模式基本展示了其区域经济特点对于家庭农场发展模式的辐射作用，明显打上了空间经济结构烙印。不过，近年来，由于涉农电子商务、传感技术、物联网技术等在农业生产领域的推广与应用，为未来家庭农场发展路径提供了新的方向：通过智慧农业赋能家庭农场，提升家庭农场生产的标准化、低碳化与高质量水平，使得家庭农场生产更加精准，也可以根据农产品市场的交易市场信息、数据分析获得精准农产品价格、交易等信息，利于家庭农场生产经营者科学、合理化决策（罗千峰、赵奇锋和胡雯，2023）。新技术的引入，赋予了家庭农场在生态化发展过程中面对挑战时，敢于提出新思路、新方案。

三、绿色创业研究

农业绿色生产概念与行为的研究，西方已有较为成熟的研究，近年来随着我国政府日益强调"生态文明"战略带来的全局性影响，已将其列为我国农业经济高质量发展、乡村振兴的题中应有之义（李杨涵冰、刘强和唐利群，2023）。那么，采取绿色生产或绿色创业行为，是否会对家庭农场的成长和回报有利呢？部分学者通过分析来自中国的样本信息发现，绿色生产方式能够为不同类型农业生产带来效益的提升（Li et al.，2021）；李杨涵冰等（2023）基于全国 892 个家庭农场调研数据的检验发现绿色创业（生产）更能促进中小规模、种养类家庭农场的效益提升；同时，家庭农场的绿色创业行为还会形成带动示范作用，对于其周边的小农户产生积极影响，龙云等（2023）基于中国乡村振兴综合调查数据，利用 PSM 模型进行了研究假设的验证，验证了家庭农场等新型经营主体对于周边小农户绿色生产转型的带动作用。当然，如果仅从家庭农场产量、短期经济收益和降低生产成本角度出发，家庭农场采取绿色生产的产出和生产效率可能没有规模化、产业化等大型农场高（熊鹰和何鹏，2020），但从社会总体收益和可持续发展角度来讲，家庭农场的绿色创业发展路径是未来农业发展的必然选择。

综合前述研究文献梳理可知，有关创业叙事、家庭农场以及绿色创业的研究，已逐步呈现可以相互借鉴、融入的趋势：典型案例以一种较为特殊的叙事方式在阐释家庭农场的不同创业模式；随着市场需求升级，百姓对于农业生产主体的资质、环保诉求水准更高，家庭农场的创业成长如果不顺应这一发展态势，也会面临市场竞争和替代的压力。尽管三种视角的研究呈现出相互融入的趋势，但有关家庭农场的研究还存在三点不足：一是缺乏家庭农场创业叙事的规范化研究框架与理路；二是绿色创业的叙事与实际体验是否存在一定的偏差，现有研究缺乏检验，同时，什么因素和机制会影响绿色创业叙事，现有研究还缺乏深入讨论；三是家庭农场的绿色创业与创业叙事的互动建构框架呈现何种特征，目前研究中尚缺从家族企业、心理所有权等不同视角、层面的多元解释。

第三节　研究方法与设计

一、研究方法

（一）案例研究方法选用依据

本部分研究将采用多案例比较分析法，主要基于本部分论证的对象和主题是有关我国家庭农场及其绿色创业故事及其规律解释，且通过多案例分析可以获得普适性的理论建构（毛基业和陈诚，2017）。针对讨论的对象来说，家庭农场这一我国近十多年有关农业发展研究关注的新型经营主体，无论国家政府还是学术界均给予了较多的关注，其绿色创业叙事实际是通过家庭农场创业者自身体验和经验的阐释，来呈现我国家庭农场独特的、有别于国外家庭农场的差异化模式。因此，开展多个案例的饱和度分析，来确定我国家庭农场绿色创业的独特性模式，饱和度亦是说，如果再额外增加一个典型案例，已无法归纳或归类其他新的成长模式，增加多的案例也仅是重复相同表述内容。故而，通过多案例比较归纳、因果关系揭示，来获得研究结论的外部效应和可推广性（Eisenhardt et al.，2016）。

（二）案例对象选取与基本情况介绍

本部分案例对象主要聚焦于尝试和坚持绿色发展理念，并开展绿色创业实践的家庭农场主及其家人。案例家庭农场中，部分访谈家庭农场来自本书作者参与课题实地调研数据，从 2017～2023 年在湖南益阳、常德等地以及湖北孝感、鄂州的实地访谈对象（第一阶段来自2017～2019 年湖南的集中调研和访谈；第二阶段 2021 年湖北孝感、鄂州、宜昌以及荆州的调研），其他部分家庭农场来自各地媒体宣传并公布的示范有机、绿色家庭农场，以及部分来自有一定社会知名度、并拥有公众号的头部有机农场经营者（其公众号中发布的推文、培训视频以及采访视频等信息资料）；实地访谈一般采用由主访谈者按照半结构化形式，访谈家庭农场创始人及其家人，学生助理协助录音，并后期整理访谈对话资料，形成文本后归类；在线和媒体报道资料，采用报道资料文本收集与归类，公众号自行发布采访视频的观看和视频资料的文本转换，形成可归类文本资料，保持文本资料编码与视频一一对应，并采用三角验证方法确保文本资料可靠、可追溯性。

为了回应部分前述的研究问题，同时，顺利构建本部分的理论建构目标，案例筛选的主要标准为：一是案例家庭农场须具备一定地域代表性。如本部分的案例对象筛选中选取了北方、中部、东部、南部以及西部的家庭农场，并筛选了线上公众号运营良好的家庭农场作为直播和短视频时代的典型；二是案例家庭农场要符合家族企业的特征，家庭农场成长中需要家族成员的参与，并支持家庭农场的长远发展；三是案例对象积极主张绿色发展或绿色创业理念，以契合部分研究的核心主张，体现案例对象可检验性。当然，案例对象家庭农场的视频、文本等资料要具有较好的完整度，以便后续的文本编码与词频分析。依据以上三个标准，本部分选取了总计 6 个代表性家庭农场，并另外通过 3 个家庭农场信息进行饱和度检验。选定的 6 个代表性家庭农场基本案例编码为 CA1－6，补充饱和度检验访谈案例家庭农场 3 家，编码为 CX1－3，案例家庭农场详细信息，见表 4－1。选择的家庭农场分

表4-1　案例对象和基本概况

案例编码	CA-1	CA-2	CA-3	CA-4	CA-5	CA-6	CX-1	CX-2	CX-3
农场创办时间	2015年	2014年	2013年	2012年	2008年	2014年	2015年	2014年	2017年
创办地点	浙江省衢州黄口乡	湖南省益阳市赫山区沧水铺镇	湖北省孝感市陡岗镇	北京市通州区西集镇+顺义区龙湾镇+五常稻米基地	山东日照市东港区南湖镇	广东省韶关市乳源瑶族自治县	陕西省汉中市宁强县巴山镇	湖南省常德市汉寿沧港镇	河北省邢台市宁晋县东汪镇
家庭农场面积	60余亩	2000亩	1000余亩	510亩	102亩	200亩	100余亩+40座标配大棚	3000亩	400亩（大棚100亩）
经营理念	有机农法、生物菌技术、生物酵素，"五零"生产方式	农资店+农机合作社+农业公司（减少化肥、农药使用）	绿色生产、标准化生产、制定有机香稻、有机香米生产技术规范。企业+订单、电商平台+直播网红	该农场倡导社会生态农业，推广生态绿色农业、产销互信为使命的社会企业。企业+新农人实习生项目	生态有机绿茶选育、种植、采摘、加工+生态休闲观光；2019年获得无公害产品证书	"绿色、健康、生态、环保"的发展理念，坚持适度规模经营、按照集约化、标准化、专业化方式生产	"山里娃山里货"打造巴山"绿珍"系列农产品金木耳、猴头菇、香菇、土蜂蜜等	珍珠养殖；鱼、蚌混养，保持蚌混养生态平衡	种植绿色、有机富硒农产品（羊肚菌、有机果蔬）
案例资料收集方式	公账号推文、采访视频等信息收集（2021年）	实地访谈（访谈时间2017年8月）	实地访谈（时间2023年4月）及新闻报道	公司官网、农场官方App及媒体采访	媒体报道、网络	农业农村部官网及新闻媒体报道	媒体报道、网络	实地访谈（2018年7月）	中国农民合作社期刊及网站报道

续表

案例编码	CA-1	CA-2	CA-3	CA-4	CA-5	CA-6	CX-1	CX-2	CX-3
社会影响力	短短三年时间，网络粉丝120万人，有机农法志学员超300人，线上报名人数1万	农机社会化服务；固定雇员10多个人；临时雇员100人	国家现代农业示范区示范基地，被中华全国供销合作总社授予农民专业合作社示范社；湖北省脱贫攻坚先进个人	创始人是中国社区支持农业和可持续农业的重要推动者，并接受包括新华社、CCTV、北京电视台等数百家海内外媒体的报道	创始人评为第十八届东港区人大代表，东港区"五一劳动模范"，东港区"乡村之星"，日照市"乡村之星"，山东省"齐鲁之星"等称号	创始人带动下，12名村民走上富裕之路；该农场2021年被评为韶关市示范家庭农场，2022年被评为广东省示范家庭农场	2020年创始人被人社部认定为"创业脱贫"典型；4名养蜂场工人；50多位贫困户到食用菌基地务工	创始人任汉寿珍珠产业协会会长；汉寿是珍珠之乡，从业人员6万多人，珍珠占全县产值的50%	富硒有机农产品销往北京、天津等各大中城市；带动周边发展处12家家庭农场

注：CA-代表案例家庭农场；CX-代表补充案例家庭农场，后文编码字母标识来源于本表。
资料来源：本书笔者调研、官方网站、个人视频号、公众号等收集。

别有来自浙江省、湖南省、湖北省、北京市、山东省以及广东省的典型案例；案例对象农场在成立年份上早的有 2008 年，近期的有 2015年，从访谈家庭农场的创始人的背景特征来分析有离退休的老教授，有只有中专文化程度的退伍军人，还有知名高校博士后，也有少数民族地区的女性创业者；家庭农场的经营面积少的有低于 100 亩，多的有 2000 亩；从家庭农场的经营理念来说，基本倡导有机化、绿色化发展路径；从家庭农场的社会影响来说，有的家庭农场仅仅辐射所在地的村民，发挥扶贫创收的作用，影响较大的家庭农场则获得全国性示范作用，并接受中央主流媒体的报道和宣传。

通过对上述案例对象基本情况介绍可知，本部分所选取的案例家庭农场基本可以从区域、规模、模式等方面满足前文所设定的三个主要筛选标准。后文将进一步介绍本部分的案例文本资料的编码方法及分析步骤。

二、数据编码与分析步骤

本部分针对我国家庭农场的绿色创业行为、创业叙事等方面的研究将依据科宾和施特劳斯（Corbin and Strauss，2015）等扎根理论分析程序，主要按照三个核心步骤：（1）开放性编码（一级编码）；（2）主轴性编码（二级编码）；（3）选择性编码（三级编码）；（4）多案例比较（形成整合模型）。其他辅助性步骤主要是开展案例文本的收集与分类，形成访谈数据、视频转文本数据、新闻媒体报道文本数据以及公众号报道图片与文本数据等；依据前期三个主要核心步骤的编码资料间的关联度来进行质询，最后形成本部分的理论整合模型。下面将通过示例等方式来详解四个分析步骤：

第一步，一级编码（开放式编码）。本部分通过尊重原始表达原则，对访谈文本数据进行分词词频等初步分析，并将高频出现词语作为基本初始概念，进行语句编码，本书笔者及其开展课题研究的成员参与独立语句编码，以消除选择性偏差等负面影响，在基本语句编码之后，并进行语句的相似性检验，以此来获得较高的 K 系数，确保文本分析的可信度；随后，对于编码的初始概念进行进一步的概念抽象和归纳；接着，再进行范畴化。详见表 4 – 2 编码示范。通过初步编码分析，获得了 84 个初始概念，通过概念表达意涵以及类别，将其进行进一步归纳，并形成 20 个核心概念，再通过核心概念的一般化抽象提炼，归为 10 个范畴（详见表 4 – 2），后续还将根据范畴意涵进一步界定其含义。本步骤主要基于案例文本资料进行了开放式编码，形成了核心概念、主要范畴，这将为后续更高一阶的概念的归纳、选择性编码，以及为家庭农场创业叙事、绿色创业行为及其创业产出的作用机制的揭示打下初步基础。

表 4 – 2 编码结构示范（开放式编码）

初始概念	核心概念	范畴
"五零"农业生产方式 g11；循环利用 g12；绿色生态种植 g13	可持续性 G1	绿色发展 GG
老种子保护计划 g21；有机农法 g22；有机堆肥 g23；生态农业 g24；有机香米 g25	生态化 G2	
了解水果市场行情 e11；根据实际需求生产水果 e12；联农带农共享发展 e13；茶园生态化建设 e14；通过创业改变现状 e15	创业动机 E1	绿色创业 GE
集约化、标注化、专业化生产 e21；省级示范 e22；秉承"绿色、健康、生态、环保"发展理念 e23；创业困难 e24；"搞有机成本高"e25	创业模式 E2	
土地贫瘠 m11；品种老化 m12；无序管理 m13；缺技术 m14；农业发展经验 m15	传统模式 M1	差异化模式 DM
村集体产业结构调整 m21；特色产业闯新路 m22；通信网络 m23；农用机械设备 m24；实现适度规模效应 m25	创新模式 M2	
会员家庭配送 d11；产消互信 d12；遵循国际有机生产标准 d13；带动其他 CSA 农场 d14	会员模式 D1	高质量发展模式 DM
数据管理 d21；降低农场人工成本 d22；减少五常稻米基地面积 d23	适度规模 D2	

续表

初始概念	核心概念	范畴
律师转型农民 n11；告别繁华 n12；重装出发 n13	叙事自我 N1	创业叙事 EN
"黄毛粘"的故事 n21；选择有机农业 n22；复原珍惜稻种 n23；会讲"三农"故事的人 n24；##讲孝感"新农民"故事 n25	创业故事 N2	
七旬台胞免费教学 s11；二十年有机农业经验 s12；推广有机农法 s13；降低有机农业成本 s14	创业经验 S1	创业体验 EN
生物菌肥配方 s21；实践摸索 s22；多次试错 s23；敬畏土地 s24	连续创业 S2	
夫妻共同创办农场 f11；"爸爸妈妈、舅舅"是农场合伙人 f12；法人是妻子 f13	家庭卷入 F1	家族支持 FS
"爸妈搞农资"f21；"带着亲戚老表做"f22；"双抢"招人难 f23；夫妻共同翻译有机农业专著 f24	家族共创 F2	
"粘虫板、太阳能等病虫害绿色防控技术"t11；"与韶关学院、县农业技术推广中心合作"t12；"与水稻技术专家汤**合作，提纯复壮"t13；"生物菌肥配方"t14；"春茶秋防技术"t15；"蔬菜轮作技术"t16	绿色技术 T1	技术支持 TS
"农田装监控，做溯源"t21；"农场完善通信网等设施"t22；"田间地头做直播、玩抖音"t23；"通过技术研发，匠心造好米"t24	软硬技术 T2	
获得湖北"万企兴万村"行动实验项目 p11；"2016 年拿补贴 120 万（省级示范种植大户）"p12；"有了规模，政府会给一定补贴"p13；"育秧大棚去年补贴 180 万，今年 60 万"p14	财政补贴 P1	政策支持 PS
"县妇联和镇政府扶持 10 万贴息贷款"p21；"财政贴息 40%"p22；"新型职业农业培训"p23；"组织到国外参观"p24	担保培训 P2	
"为村民增收 30 万元/年"o11；吸纳劳动力 50 余人 o12；人均增收 2500 余元 o13	经济绩效 O1	绿色创业 效果 EO
推进农村可持续发展 o21；实现"社会、生态和经济"综合目标 o22；创办大地之子学园 o23；学习基地 o24；培养新农人、参与公益 o25	绿色绩效 O2	

注：初始概念用 g11/12 等来标识；核心概念用 G1/2 等来标识；范畴用 GG 等来标识。
资料来源：笔者根据调研及文本收集资料编码而制作。

第二步，二级编码（主轴编码）。该步骤中将依据一级编码结果，通过进一步的临近聚类分析，初步解释开放式编码中的内在联结关系，从而构建不同范畴间的内在作用关系。主轴式编码将依据不同案例资料中开放式编码形成的范畴，将依据"条件→行动/互动策略→结果"逻辑关系，再次将各个范畴进行组合，并推演出新的主范畴，而"条件"和"行动/互动策略"则形成了对主范畴进行解读的"副范畴"（详见表4-3主轴编码结果）。通过上述范畴间的关系构建，形成了本部分三条主要的逻辑主线：（1）家庭农场差异化模式产生的基本机理：绿色发展、高质量发展模式以及绿色创业行为催生了家庭农场差异化发展模式；（2）绿色创业与差异化模式给家庭农场主带来创业体验、形成独特的家庭农场绿色创业叙事；（3）创业体验、创业叙事等方式对外传递的核心信息，可以促成家庭农场主更好获得来自政府创业补贴、贷款贴息优惠和免费技术培训政策支持、家庭或家族成员的经济与情感支持，这将进一步优化绿色创业效果，达到家庭农场自身与家族、政府以及社会共生共长，并最终获得可持续发展动力。

表4-3   主轴编码结果

内在逻辑主线（副范畴）			主范畴
条件	行动/互动策略	结果	
绿色发展 GG1；高质量发展模式 DM2	绿色创业 GE2	差异化模式 DM1	家庭农场差异化发展模式
绿色创业 GE2；绿色发展 GG1；差异化模式 DM1	创业体验 EN2	创业叙事 EN1	家庭农场绿色创业叙事
创业体验 EN2；创业叙事 EN1	家族支持 FS1 技术支持 TS 政策支持 PS	绿色创业效果 EO1	家庭农场可持续发展

注：编码解释同表4-2。
资料来源：笔者根据调研及文本收集资料编码而制作。

第三步，三级编码（选择性编码）。通过前两步的条件、行动策略以及结果的逻辑质询关联，进而形成初步的理论模型，同时，再通过案例访谈文本中的"故事"基本要素检验并形成作用机制模型。本部分模型中的核心范畴还将通过典型引用语句举例方式来进行进一步检验。详细检验内容与相关表格信息将在下一节进行展示和呈现。

第四步，模型建构及多案例比较分析。本部分将基于第三步形成的初步理论模型及逻辑关系，通过多案例中的条件、行动和结果比较，同相关理论进行对话，并继续坚持通过文本数据来阐释其理论机制（王扬眉等，2020）。

第四节　多案例分析研究发现

一、家庭农场坚持绿色创业塑造差异化发展模式

家庭农场经营者开展农场创设过程中，往往会受到来自外部激励因素的驱动，诸如社会和市场需求（绿色、有机农场产品更受中高消费群体追捧）、政策鼓励等，往往会采取较为积极的绿色生产技术（林黎等，2021）。如 CA－1 案例家庭农场创始人来自台湾高雄，二十多年前从台湾来大陆定居，心怀"有机农法"（CA－1－g22）实践梦想，以及让民众真正吃到健康、绿色和有机蔬菜和粮食（CA－1－e16），2015 年来到浙江衢州黄口乡采用"五零"农业生产方式（"零化学农药、零化学肥料、零生物激素、零添加剂、零转基因种"）（CA－1－g11）；制定"老种子"保护计划，向参与"有机农法"粉丝网友共同分享农场的老种子，保护老种子；CA－1 家庭农场在坚持有机发展过程中，没有盲目扩张农场规模，坚持绿色、有机发展理念，并收获社会群体（2021 年开始，已有超过百余名学员前来做志愿者，实地学习有机农法）、网络粉丝（CA－1 案例家庭农场的网络粉丝 40 余万人）、市场积极的正向反馈（CA－1－EO1）。由案例农场创始人所坚持的绿色、有机的农场经营模式使得其显著同其他家庭农场形成差别，也为

未来我国不同地区的家庭农场发展提供了另一种可供选择方案，也可以回应我国政府所倡导的"生态文明"战略（李杨涵冰等，2023）。

CA－6案例家庭农场作为农业农村部第四批全国新型农业经营主体典型案例之一，之所以受到推介在于该农场创始人坚持"绿色生态发展"理念（CA－6－g13），同农场所在地的广东韶关学院以及县农技推广中心积极合作，采用腐熟有机肥作为基肥，实施"循环种养模式"（CA－6－t12），坚持适度规模经营（CA－6－m25），其产出的绿色"蜜香橙和沃柑"在一线城市拥有相对稳定消费群体（CA－6－m26），即使在疫情防控期间，农场水果销量与价格也没有受大的影响（由此形成的作用关系范畴和典型引用语举例详见表4－4）。CA－6案例家庭农场在竞争相对激烈的市场中之所以能够获得相对的竞争优势，显然，在于采取了不同于其他果农的生产方式，注重绿色技术的应用，并积极主动同政府农技部门联系合作，适度控制家庭农场规模，并没有为了创造更高经济利润，去一味扩展农场规模，遵循了绿色农产品生产的标准化、精细化生产规律，创造了更加长远的、可持续收益（Li et al.，2021）。基于上述案例分析以及故事逻辑线，本部分提出如下研究命题：

命题4－1：部分家庭农场在外部市场、政策推动下，形成了绿色发展意识并转化为绿色创业行动，这有利于我国家庭农场形成差异化发展模式。

二、家庭农场绿色创业体验与叙事的凸性作用关系

面临风险态度的差异，创业体验和创业叙事与其创业产出之间往往呈现出动态的作用关系，在风险偏好情境下，创业体验、叙事均与产出有正向作用关系；风险规避情境下，创业体验和创业叙事之间可能呈现错配，即创业体验很好，但却担心后续动态创业过程中存在的创业失败风险，创业叙事上却表现较为消极，从而对后续创业产出产生负向作用关系（张学平等，2019）。这说明，无论是一般创业决策，

还是本研究所探讨的绿色创业决策，需要考察创业主体的体验与叙事等因素的影响作用，某些情况可能产生作用往往是相反的。

案例家庭农场 CA－2 在选择是否完全有机种养创业决策中，充分比较和考察了有机成本等因素，如其创始人在访谈中直言"完全有机搞不了，成本太高，要求太高"（CA－2－e25），农场搞的特色稻米即再生稻"一季之后，随其发展，不施化肥，不打农药，自生自灭，再生稻可以做到 10 元一斤，一般是在镇上就销售完了"（CA－2－e16）。从案例企业 CA－2 可以看出，家庭农场主在对待绿色、有机农产品的生产，保持着较为矛盾的心态，一方面，在创业实践中认识到纯有机、绿色农场经营，投入成本、维护成本过高，难以支撑大规模家庭农场；另一方面，采用相对绿色种植手段的再生稻在市场上供不应求，卖价相比普通规模化种植水稻价格贵出很多，显然，家庭农场主在选择何种发展模式时，自行进行了传统家庭农场创业收益与绿色创业收益的比较（更详细而言，家庭农场主要开展绿色创业收益与机会成本、传统创业收益的比较），其往往倾向于在确保基本的创业收益情形下，小规模尝试绿色种植方式，这样也可以较小规模收获高额收益回报。

案例家庭农场 CA－3 作为返乡创业典范，自创立之初便主张进行"有机香稻种植""绿色生产、标准化生产"（CA－3－e21），尽管创业初期经历了"马铃薯失败""2020 年前还处于投入阶段"（CA－3－s23），"因为搞农业不是一锤子买卖"，创始人自称要做一个会讲"三农"故事的人（CA－3－n21/n24），其发挥个人 IP，开抖音，田间地头搞直播，通过流量增强了自身公司及品牌的影响力（CA－3－t23）（由此形成的作用关系范畴和典型引用语举例详见表 4－4）。从案例家庭农场 CA－3 的访谈资料可以看到，该家庭农场与 CA－2 不同，其在创办之初就具备较强的生态、可持续发展意识，这部分同该创始人自身先前创业经验有一定的关联度（创始人曾在北京从事执业律师工作，怀揣回报家乡的目标，选择富有市场竞争力的农业项目，且坚持走生态种养之道；尽管创业之初也遭受了马铃薯种植的多次失败经验教训）。

由上述案例资料可以看到，创业经验以及初期的创业体验等同创业叙事之间会形成不同的相互作用关系，绿色创业或可持续创业意志相对坚定者，可能会通过创业体验获得更加富有韧性的创业叙事结果（即愿意继续讲有机、绿色等方面创业故事，形成良好的创业产出效果），"会讲故事"成为绿色创业者在可持续创业实践中所坚持的重要特质，如案例 CA - 3 的创始人，坚持将绿色、有机等概念赋能给自身农场产出的农产品，再通过抖音、社交媒体平台继续传播其复壮"黄毛粘"有机香稻的故事，消费群体会进一步接纳该创始人所宣传绿色、有机农产品，形成口碑营销，并最终树立高端有机农产品品牌形象。那么，显然，创业体验与创业叙事形成良性互动，并转而提升其绿色创业效果；当然，通过 CA - 2 的访谈案例可以看到，其创始人指出完全有机、绿色种植代价很高，如还需要加装监控，做溯源（CA - 2 - t21），一些庄稼关键成长期还是需要做"一喷三防"等病虫害的防治工作，要不大规模庄稼难以在关键节点做好植保；但在一些再生稻少量庄稼的种植中，则选择了相对绿色的种植方法，其前提是确保了基本种植收益的回收。因此，案例 CA - 2 与 CA - 3 在展示绿色创业体验与创业叙事之间的互动关系时，展示了其凸性效应，该效应显示，如果开展绿色种养规模过大，可能带来过大的创业失败成本（犯错成本）（负凸效应），则会促使其选择相对风险回避式的创业决策，如传统创业方式，而不是选择绿色创业模式；而如果初期有部分的创业失败体验（一定的试错支出），但随后，采用正确的规避手段，良好的创业叙事效果，可能使得绿色创业收益高于初期损失（正凸效应）。

基于上述分析，本部分提出如下研究命题：

命题 4 - 2a：若家庭农场创业者初期有较好的创业失败体验，创业叙事所产生积极效应促进绿色创业决策，使得绿色创业收益高于创业失败带来损失，故而，家庭农场绿色创业体验、叙事与创业产出间形成正凸效应。

命题 4 - 2b：若家庭农场创业规模较大，家庭农场创始人属于风险规避型，家庭农场选择绿色创业失败损失远高于创业收益，前期创业体验与创业叙事会产生负面效应，那么，家庭农场绿色创业体验、叙事与创业产出间形成了负凸性效应。

表 4 – 4　　　　家庭农场创业支持、绿色创业、创业叙事
及差异化发展模式引用举例及相关范畴

范畴	概念	典型案例证据示例（开放编码）	案例对象
家族支持 FS	家庭卷入 F1	**访谈证据（F1）** "我的舅子，我的弟弟，因为我的每个基地都有管理人员，我让他们帮我管理"（f18） **媒体及公众号等证据（F1）** "向约 1000 个家庭进行配送，很多会员家庭已经跟随 CA – 4 农场创始人夫妇吃菜长达四五年时间"（f16）	CA – 2/4/5/6； CX – 1/2/3
	家族共创 F2	**访谈证据（F2）** "自己是 2000 多亩，也不能全说是我自己的，我带着自己的亲戚老表呀一起做……田都是我承包的，然后他们在下面做事，我负责管理，然后就分股给他们"（f22） **媒体及公众号等证据（F1）** "我常年在外打工解决不了根本问题，一家人还需要我照顾……妻子还要照顾两个年幼的孩子，母亲又常年疾病缠身……和妻子通过创业发展产业来彻底改变现状"（f29）	CA – 1/2/3/4/5/6； CX – 1/2/3
绿色创业 GE	创业动机 E1	**访谈证据（E1）** "我家一直是搞农业方面的，我爸妈之前是搞农资的……以前工作单位无法养活自己……"（e15）"……收入和田里的产量是直接挂钩……田里的收益越高，土地的成本越低，那么他们的收益就越好……"（e19） **新闻及公众号证据（E1）** "有机农业不仅是理想，也是把这份放心和美好带给更多的人"（e18） "黄毛黏水稻是孝感古老珍稀品种，因产量低，20 世纪 60 年代后被高产水稻品种替代，与水稻专家合作对其提纯复壮，通过农场基地试种，最终使其重回百姓餐桌"（e17）	CA – 1/2/3/4/5/6； CX – 1/2/3
	创业模式 E2	**实地调研证据（E2）** "我们现在和大学水生动物学院合作，建一个生态环保示范养殖基地，让我们全县里面都来学习……我们现在是鱼蚌混养的模式，我们草鱼是吃饲料，草鱼的排泄物在水里还可以被河蚌来消化……"（e29） **公众号视频证据（E2）** 修复自然生态："收集鸡鸭粪，再加入 E 菌等来进行再次发酵，使得形成真正的安全有机肥堆肥，通过施有机肥之后，土地里蚯蚓再次产生蚯蚓粪便，使得土壤里的菌群更加多样化；采用有机堆肥技术："坚持每 12 小时进行翻堆，确保堆肥不会因为温度高于 65 摄氏度而使其有机质碳化，成功的有机肥颜色应该是黑色，并无臭味。"（e23）	CA – 1/2/3/4/5/6； CX – 2/3

续表

范畴	概念	典型案例证据示例（开放编码）	案例对象
创业叙事 EN	叙事自我 N1	**实地调研证据（N1）** "我第一次养蚌就失败了，我们镇里面很多人笑话我……我现在回想起来，因为我以前不懂……我认为来年捞起来再插蚌，但是这是不行，因为水里的上层和中层的细菌不是很多，真正的细菌就在池底，因为池底氧气也低，严重缺氧免疫力就低了，细菌就侵入到蚌里面去了……边插就边死，死了一半"（n15） **新闻及公众号等媒体证据（N2）** "CA－4 农场希望可以传承中国农耕文明，建立新老农人之间连接和交流，不断建立农业生产技术档案，推动更多农耕的适用性生产技术"（n17）	CA－1//3/4/5/6；CX－1/2
	创业故事 N2	**实地调研证据（N2）** "CA－3 创始人打造成超级 IP 形象，通过技术研发、产品包装、品牌设计、文化价值赋能，挖掘黄毛粘等代表性农产品的文化内涵，讲好故事，说真道理！"（n21，n24，n25） **新闻及公众号等媒体证据（N2）** "我一生没能养育孩子……有机农法就是（我的孩子）。所以我就在安心做这一件事，我的余生也只能做这件事……"（n28）	CA－1/2/3/4/5/6；CX－1/2
差异化模式 DM	传统模式 M1	**实地调研证据（M1）** "我现在就是在慢慢地转型，从最开始的种植到服务再到休闲观光……因为做单一的种植收入还是太低了，风险也比较大，完全就是看天吃饭……但是如果变成了休闲观光的话，土地的收入可以翻一倍。"（m12/13） **新闻媒体数据（M1）** "中标后的 CA－5 创始人满怀热情，开始着手山场整治……没有茶场发展经验的他还是低估了实际困难，光是基础设施建设就让他吃尽了苦头……"（m11/17）	CA－1/2/4/5/6；CX－1/3
	创新模式 M2	**实地调研证据（M1）** CA－3 创始人说"……不应仅将农产品单纯放在电商平台售卖，那样关注度低。还应该发挥个人 IP 品牌影响力，通过社交平台，自带流量，发挥号召力，吸引大众视线……" CX－2 创始人说"……现在珍珠产值高了，以前我们的珍珠 200 元一斤，现在好的我们可以卖到 700～800 元，甚至 1000 元，成本比以前要高了一些，但养殖模式现在都是采取生物调理的方式……更加注重环保、规范养殖……" **新闻媒体数据（M1）** CA－6 秉承"绿色、健康、生态、环保"发展理念，坚持走适度规模经营，按照集约化、标准化、专业化发展模式。（m25） CX－3 创新性开办"一分地"市民菜园，300 名左右城市居民认领果蔬种类，农场免费提供种子、技术和管理，认领所有人利用空闲时间带家人体验劳作采摘乐趣。（m29）	CA－1/2/3/4/6；CX－1/3

注：表中 CA－1－6/CX－1－3 等代表 6 个初步典型案例和 3 个补充典型案例，相关案例括号为开放式编码的初始概念，F/E/M/N 代表概念，FS/GE/EN/DM 代表范畴。

资料来源：笔者根据调研及文本收集资料编码而制作。

三、家庭和政策要素组成的支持系统与家庭农场可持续成长的作用关系

通过前文的分析可以看到，家庭农场作为带有明显"家族"特征的家族类企业，创业过程中会产生丰富多彩创业叙事故事，这些创业体验及其所衍生而出的创业叙事故事，通过适合的途径形成传播效应（Lockwood and Soublière，2022），若处理得当则反过来对家庭农场创业产出形成正向作用效果。正如皮尔斯和约斯拉（Pierce and Jussila，2009）所提出的集体心理所有权（CPO）概念所揭示的那样：如果在企业内部形成了较强的集体认同感，其成员之间会相互信任、团结，并努力为集体、共同目标去不断努力。家庭农场的创业叙事所形成的社会认同感、家庭认同感会进一步形成其集体心理所有权，使得家庭农场能够从家庭或家族中获得创业支持，这显然会进一步提升创业可持续成长；家庭农场的绿色创业叙事所形成的良好社会形象，同样会在社会、政府环境中形成良好的正向反馈，获得更多的社区认同、政策支持，甚至技术支持。

由案例家庭农场 CA-4 的新闻、网络宣传资料可知，该类家庭农场在发展过程中，坚持保证了农场与城市社区目标消费群体的"互动、互信"关系，树立了良好的"社会化有机家庭农场"的社会品牌形象，并通过进一步新闻媒体的叙事宣传，对其绿色、可持续性创业活动形成了正向强化；CA-4 创始人及其丈夫二人同是高学历、研究型人才（CA-4-f11），二人还共同翻译了国外有关有机农业的著作（CA-4-f24），通过多年不断的绿色创业实践、创业故事叙事传播，进一步强化了其正向的社会品牌形象，其主要创始人先后获得北京电视台、中央电视台主流媒体报道、生态农场调研获得联合国粮农组织 FAO 全球典型案例、创始人还当选为国际 CSA 农业联盟联合主席（CA-4-n26/27）。

案例家庭农场 CA-5 的文本信息显示了技术支持系统的作用。在

家庭农场绿色创业过程中，农业技术发挥着至关重要作用，特别是农场要形成特色，更要注重绿色技术比如"春茶秋防"技术（CA－5－t15），这也是基于初次种茶，茶树大量死掉后的经验教训（CA－5－s25）。同时，案例家庭农场 CA－2 也展示了家庭因素在家庭农场创业过程中的作用，其创始人访谈中多次探讨家人在家庭农场发展中发挥的作用，如创始人父亲在老家是做农资销售、母亲是管农场种植技术，农场合伙人有妻子、舅舅（CA－2－f12）。有关农场的经营管理也会发生冲突和争吵，在争吵中达成共识，想出应对最好方案（CA－2－f25）（由此形成的作用关系范畴和典型引用语举例详见表4）。案例家庭农场中绝大部分都获得过来自政府的相关政策扶持，如 CA－2 家庭农场曾获得了政府180万的补贴（CA－2－p14），案例家庭农场 CA－6 获得了当地政府的贴息贷款10万元（CA－6－p21），案例家庭农场 CA－5 也获得了政府农业部门外派到山东日照及外地参加"高素质农民培训班"的免费培训与参观学习（CA－5－p25）。

综合上述案例资料分析，本部分提出如下研究命题。

命题4－3：家庭农场创业成长过程中，家庭或家族因素会为家庭农场的差异化发展、绿色创业提供内部支撑；政府政策以及绿色技术要素等会为家庭农场绿色创业提供外部支持。

为了开展典型案例分析的饱和度检验，本部分还将通过补充的三个案例企业访谈及文本资料进行前述研究基本命题中相关核心范畴和概念的再检验。对于命题1所提出的作用模型与机制，补充案例家庭农场 CX－2，位于湖南省常德市汉寿，该地是全国知名的珍珠养殖大县，被称为"中国珍珠之乡"，珍珠养殖成为本地的特色产业（CX－2－m27），在国家环保政策约束下，现在尝试珍珠的生态养殖，如CX－2 珍珠养殖家庭农场创始人，介绍其创业经验时说"以往养殖方式不可持续，易造成水体富营养化，现在的养殖池同时种植白莲和马莲，这两种植物和寄养珍珠河蚌一样吃水里的浮游生物，这样可以平衡水体生态，保证珍珠养殖水体环境健康，能提升珍珠成活率"（CX－2－g14）、"与湖南农大合作建生态环保示范养殖基地"（CX－2－

t17）、"采用鱼蚌混养生态循环模式"（CX－2－g12），因为珍珠养殖回收周期长，需要3~4年，通过鱼蚌混养中产出的鱼来保证流转土地租金支付，珍珠后期的利润很高（CX－2－o15）（由此形成的作用关系范畴和典型引用语举例详见表4）。CX－2案例家庭农场还注重尊重家族成员、家庭农场内部员工（CX－2－f15），认为要保护他们的身体健康，不在天气恶劣情形下督促员工去工作，因为他认为"员工也是上帝"（CX－2－f27），这种理念的影响下，CX－2家庭农场有很好的工作氛围，工作也很团结。该案例进一步检验了命题1所提出的主张，在外部市场、政府政策影响下，家庭农场更加注重绿色环保，并在实际创业活动中利用绿色技术，这利于推动我国家庭农场的差异化发展；该案例还同时进一步检验了命题3所提出的主张，即CX－2家庭农场通过政府政策以及绿色技术支撑为其采取绿色创业提供了显著的外部支持；内部员工及家人积极支持也为其差异化发展提供了内在动力。

补充案例CX－1家庭农场创始人，2015年之前还是被群众民主评议的建档立卡贫困户，创始人说，"为了摘掉不算光荣的贫困户帽子，自己认为需要通过创业来改变现状"（CX－1－e15），"在巴山镇及帮扶部门的帮助下，参与了政府的中蜂养殖技术、食用菌种植技术培训"（CX－1－p26），"2015年在政府贴息贷款帮扶下，贷款5万创建了现在的家庭农场"（CX－1－p27），通过近5年的努力，不仅自己脱贫致富，还带动贫困户乡亲们到农场务工增加其收入，农场创始人被汉中市评为"十佳脱贫明星"（CX－1－p27），"干出了一番事业，活出了人样，实现了脱贫致富梦"进行了自我创业叙事（CX－1－n15）。CX－1家庭农场创业过程中还积极采用"网络监控系统"等来提升食用菌大棚的"智能化、智慧化"水平（CX－1－t25），借用先进技术手段、坚持"原生态种植"，打造"绿珍"系列农产品（CX－1－m26），受到了消费者广泛好评（CX－1－o22）。该补充案例家庭农场的创始人是贫困群众，通过创业改变了"被生活压得喘不过气"现状，翻转人生成为获得"创业明星"荣誉的脱贫代表，本身的创业叙事具有很强的故事性，也形成了良好的示范效应，带动了周边村民的积极加入食用菌种植行列。这说明创业体验、创业叙事对于家庭农场绿色创业产生了凸性效应；相反，如果创业体验不佳，失败经验多于成功，则对其绿色创业产生负凸性效应。正如案例对象 CX - 2 创始人所说，"如果不赚钱，后续则越来越没劲"（CX - 2 - n18）。显然，通过本部分补充案例的分析，我们可以进一步检验命题 2a/b 所阐述的影响机制。

补充案例 CX - 3 案例对象利用其所在地宁晋县当地"富硒元素"的特色，创立了包含两位家庭成员在内的特色家庭农场（CX - 3 - f16），农场主要利用"酵素堆肥""八月高温闷棚"等绿色生态种植技术（CX - 3 - t14/16），开展绿色创业活动，并利用"云种菜""一份地"等互联网（抖音、快手等平台）加农业模式（线下认领菜园）的创新型模式（CX - 3 - t29），开展家庭农场多方式融合发展，走出了一条差异化特色之路。由案例 CX - 3 也可以看到家庭农场在绿色创业过程中获得了来自绿色技术、互联网社区等外部因素的支持，使得家庭农场愈发具有特色与差异化特征，故而命题 3 获得了补充案例的进一步支持。

第五节　研究结论与讨论

基于国内外有关家庭农场、绿色创业以及创业叙事的研究文献，本部分初步通过 6 个典型案例、3 个补充案例资料的收集、整理以及分类，形成了典型的多案例文本库，通过程序化扎根理论分析，本研究揭示了创业叙事背景下，家庭农场开展绿色创业过程中如何探寻差异化发展路径的内在作用关系与机制。本部分的主要研究结论与讨论如下：

一、市场与政策双重因素促进家庭农场通过绿色创业形成差异化发展模式

近十多年来，家庭农场作为我国政府鼓励建设的新型经营主体，在不断探索适合家庭农场所在地市场、环境和政府政策要求的发展路径。毋庸置疑，除却政府的初期补贴激励政策外，随着我国农产品市场的逐步成熟和完善，以及消费者对于农产品消费要求逐步提档升级，家庭农场经营者已经普遍感受到了来自外部市场竞争的压力（Walker and Preuss，2008；余威震等，2019）。当前，由于我国农村地区的新基建在逐步完善，城乡之间的数字鸿沟已逐步破局，农业生产已逐步融入到农业全产业链条之中，越来越容易接受来自需求端的监督（卫佳静等，2024）。上述这些变化促使我国家庭农场在发展过程中，积极学习先进的农业技术诸如智慧农业、数字技术、环保技术等手段来促进农场发展方式的转变。

通过前文对我国代表型地区的家庭农场的案例分析，我们已可以清晰地看到，在外部市场激发、政策引导之下，我国部分地区的家庭农场经营者观念已潜移默化地发生转变，纷纷尝试采用适合自身农产品生产特征的绿色创业方式，诸如"有机农法""鱼蚌混养""规范养殖""生态平衡法"等。由此可知，在外部市场需求明显变化、国家环保政策等的双重影响下，我国家庭农场要获得长远发展，并在市场竞争中获得领先的优势，需要积极、主动探索绿色创业的基本方法和技术手段，走一条能形成具有明显区域特征、产品特色的差异化发展之路。

二、家庭农场绿色创业体验、叙事与产出之间呈现凸性效应机制

创业者的叙事或自我定位能力将有利于提升利益相关者的信任度，并通过创业叙事塑造企业家精神，以作为避免创业失败的行动指南，

故而，创业体验与叙事对后续创业决策具有较强的借鉴作用（Steyaert，2007）。相对于传统创业，家庭农场绿色创业要承担更高的风险和成本。正如前文案例分析中，家庭农场 CA - 2 以及 CA - 6 创始人创业叙事内容中，前者在再生稻上采用完全不施化肥、农药的策略，后者采用适度规模、标准化的策略，其核心原因在于，完全或纯粹的有机种植方式，需要付出太高的物资、技术及人工等成本；相反地，CA - 3 家庭农场创始人，则有较强的创业自我效能感，展示出了加强创业叙事能力，这些对其持续绿色创业及其产出有很好的促进作用。显然，面对同样的绿色创业活动，创业体验、创业叙事对其产出产生了不同作用关系。相对矛盾的现象，可以用凸性效应进行解释，无论是创业还是其他风险管理活动，要认识其脆弱性，脆弱性就是源于凸性效应（如高速车流量增多，会进一步增加拥堵，延长行车时间，呈现负凸性效应）。董晓林等（2019）的研究认为，人力资本水平高低、融资规模大小与农户创业决策的凸性作用机制，即 $y_e(K, A) - y_w(K, A) > 0$（Evans and Jovanovic，1989）通过创业产出与机会成本大小比较来判断是否开展进一步创业决策[1]。基于上述案例的发现，本部分通过拓展依凡和伊凡诺维卡（Evans and Jovanovic，1989）、董晓林等（2019）[2] 研究模型，将公式推广到家庭农场绿色创业选择决策，家庭农场创始人除去绿色创业还有传统创业、就业（工资性收入）另外两项选择，故公式拓展为：$y_{ge}(E, W) > \tau_{te}(E) > \omega(E)$ 或者通过 A3 > A2 > A1 的大小比较来进行就业、传统创业和绿色创业选择决策，如图 4 - 1 所示，其中，纵轴 y 代表家庭农场主就业、传统创业或绿色创业所产生的总收益，y_{ge} 代表绿色创业净收益，τ_{te} 代表传统创业所产生的净收益，ω 代表就业所带来的工资性收益。

---

① Evans, D. S., B. Jovanovic. An Estimated Model of Entrepreneurial Choice under Liquidity Constraints [J]. Journal of Political Economy, 1989, 97 (4): 808 - 827.

② 董晓林，孙楠，吴文琪. 人力资本、家庭融资与农户创业决策——基于 CFPS7981 个有效样本的实证分析 [J]. 中国农村观察，2019 (3): 15: 109 - 123.

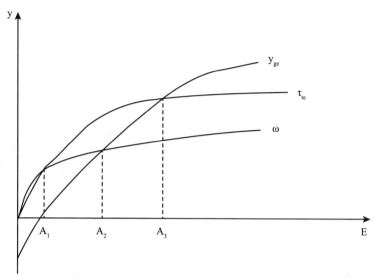

图 4 - 1　工资性收入、传统创业与绿色创业决策作用关系凸性效应

资料来源：基于董晓林等（2019）研究而绘制。

如图 4 - 1 所示，家庭农场有选择就业、传统创业抑或绿色创业三种选择，可以依据图中绿色创业收益与工资性收益、传统创业收益三个交点（A1/2/3）来予以判断，如传统创业绩效与工资性收益相交于均衡点 A1 点，当 $\tau_{te}(E) > \omega(E)$ 时，家庭农场会偏向于传统创业选择，而不是工资性收入；当绿色创业净收益与工资性收益相交于 A2 点时，尽管在小于 A2 区间时，绿色创业的收益相较于就业与传统收益要低，甚至从净收益为负开始，但一旦 $y_{ge}(E, W) > \omega(E)$，农户绿色创业的意愿则会进一步提升，随着绿色创业净收益逐步提升，当 $y_{ge}(E, W) > \tau_{te}(E)$ 时，即 A3 交点之后，绿色创业意向会达到更高水平。由图 4 - 1 简要分析可知，绿色创业是长期实现过程而非短期性，且具有积累性，创业实践与体验和绿色创业绩效的作用方向从最初的负向转化为正向。这说明绿色创业产出的选择机制具有明显的凸性效应，典型案例中所展示的家庭农场绿色创业体验、叙事与产出之间也呈现凸性作用关系。

三、家庭和技术要素组成的支持系统能促进家庭农场的可持续成长

家庭农场因为"家庭"与"农场"两种属性的交织,使得我们对于家庭农场这一独特经济组织的理解,不能停留在其是单纯的农业生产和家庭或家族单位的简单组合。显然,家庭农场在运营与成长过程中便具有独特的经济与社会意涵,既要依托家庭作为经营主体单位,还要依赖家庭成员共同经营,又要达到盈利目的以供养家庭生活,同时,利用结余来进行农场再投资或扩展农场规模(关付新,2018;郭熙保等,2022)。显然,对于前者要素,家庭农场要运行顺畅,务必依赖于家庭或家族要素发挥积极作用,从家族企业的众多研究发现可知,需要积极调动其集体心理所有权、社会情感财富(李新春等,2020)等优势,以提升家庭要素对于家庭农场的积极正向作用,换句话说,发挥创业的家族嵌入作用(Zellweger et al., 2008);同时,也要关注如何激发农场的经济功能,这更多从外部要素寻求支持,诸如外部技术、政府政策等,通过双向,多要素发力以促进家庭农场的可持续成长。

通过前文的多案例分析可知,家庭农场要获得可持续成长的动力,就需要从两个方向上去发力,一方面需要调动家庭或家族成员的积极性,诸如前文分析中的案例企业 CA-2 其农场规模超过 2000亩,单靠创始人无法有效管理农场,需要积极调动家族成员如舅舅、表亲、父母等孝亲成员,以协助其提升农场管理效率,另一方面还要主动和准确解读来自政府政策精神,并正确采用适合的绿色生产技术,如补充案例企业 CX-2 在珍珠养殖过程中需要及时关注国家有关环境的保护政策,不能盲目扩展规模,或无序养殖,而是应该采取规范养殖、平衡生态养殖或生物调理方式养殖技术,因为上述种养技术符合国家的环保政策。故而上述案例企业在兼顾好家庭与技术等支持系统的作用,促使案例家庭农场取得了较好的经营效益,也获得了

相对可持续发展前景。有关家庭或家族要素的影响机制，本书将在第五章和第六章继续讨论与家庭或家族相关的集体心理所有权、社会情感财富等主题。

综上所述，通过多案例的比较分析，本部分可以获得"家庭农场绿色创业体验及叙事促进差异化发展"作用关系理论框架见图 4 - 2。该理论框图将进一步揭示从创业叙事的视角出发，我国家庭农场在创业成长中所形成的特色成长路径：一是从创业体验端出发，家庭农场在创业实践或体验中，会从国家政策、家庭或家族、绿色技术等支持系统中均衡绿色创业决策的长期产出与投入之间的凸性效应，以协助是否开展绿色创业决策；二是从创业叙事端出发，家庭农场主要创始人，通过叙事强化个体身份认同、创业精神塑造，并以此为后续创业提供参照和借鉴，尽管创业体验与叙事存在一定的差异，但创业叙事赋予了家庭农场明显不同于一般家庭农场的特色，通过创始人的创业故事、挫折经历赋予了家庭农场明显异于他人的差异化特征，这反过来对外部客户、利益相关者形成吸引力。如案例家庭农场中 CA - 3、CA - 4 以及 CX - 2 的主要创始人的故事叙事足以打造家庭农场绿色发展 IP 形象，这反过来进一步促进这些家庭农场通过"CSA""创业明星""珍珠协会会长"等品牌影响力来巩固提升家庭农场盈利能力、可持续发展能力。

图 4 - 2 模型还展示了从创业体验端和创业叙事端出发，我国家庭农场如何选择走差异化道路的互动作用机制。该机制可以为现实中的家庭农场发展提供以下实践启示：（1）要注重家庭要素对于家庭农场的支持作用，做好家庭农场家庭有效、合理参与的治理安排，利于提升家庭农场竞争力；（2）家庭农场要注意通过新媒体、社交媒体等叙事手段来向外宣传推广其创业故事，以增强和打造适合新时代的 IP 形象，从而增强与利益相关者的黏度；（3）家庭农场坚持走绿色创业之道，通过健康、绿色、有机等农产品促进家庭农场的可持续成长和发展。

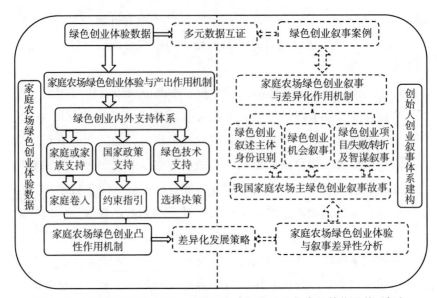

图 4 - 2　家庭农场绿色创业、体验及叙事促进差异化发展的作用关系框架

资料来源：笔者依据前文研究结论自行绘制。

第五章

家庭农场集体心理所有权对环境绩效的影响机制分析：基于自我效能感与社会情感财富视角

第一节 引 言

企业可持续性发展模式和创业行为不应该同外部环境形成冲突，同时，发起商业行为组织中个体的心理结构应与外在环境和谐相匹配（Mei – Fang Chen，2015）。中国情境下的集体或家族类企业所引申而出的心理所有权现象可能另具特色，皮尔斯和居斯拉（Pierce and Jussila，2020）认为，家族集体心理所有权（Collective Psychological Ownership，CPO）是指："家族成员所拥有共同所有感受，即对所有权目标（或者目标的一部分），具有'我们'共同所有之感"①（李燕萍和梁燕，2018）。CPO 概念主要基于以工作内容为导向的集体心理所有权，其包含有个体层面承诺和群体效能等要素。具有家庭背景企业，从所有权结构、治理模式以及代际传承上无疑将烙上家族或家庭表征：如家族背景下的农民创业，同村庄集体所有土地等自然资源，以及依附于土地等自然资源所形成的血缘和家族产生关联，并会基于这种强关联形成农业创业企业的（家庭）集体心理所有权特征（Family Collec-

① 李燕萍，梁燕. 集体心理所有权的生成机制与作用机理——基于多层次整合的理论模型构建 [J]. 浙江工商大学学报，2018（4）：90 – 98.

tive Psychological Ownership，F – CPO)①。

具有家庭集体心理所有权的涉农企业在开展商业性活动时，将权衡家族或集体利益与个体利益取舍，特别是在家庭或家族利益、荣誉可能会因为企业过于追逐利润或经济利益而有所破坏时，涉农家族企业则会选择其他备选方案来获取更高的社会情感财富（Socioemotional Wealth，SEW)（Berrone et al.，2012；张承龙和易朝辉，2023)，而不是纯粹的经济财富。同理，涉农家族企业在进行农业商业化发展过程中，必然会面临家族环境绩效与经济绩效间的优先选择问题（Roscoe et al.，2019)，如农业企业坚持绿色有机发展会受限于农药、化肥的使用，农作物易遭受病虫害、产量降低带来的负面冲击，难以形成规模效应，尽管有机农产品可定价较高，但产量及品牌缺乏竞争力，使坚持有机农业生产之路的企业陷于生存困境，特别是面临自发达国家进口农产品可替代的压力。

本部分尝试从资源保存理论（conservative of resources theory，COR）出发，分析在集体主义情境下，检验集体心理所有权在核心创业者自我效能感的调节作用下，如何通过社会情感财富的中介传导作用，并最终对家族类企业（家庭农场）环境（绿色）绩效（Family Farms' Environmental Performance，FEP）和经济绩效（FFP）产生影响的条件过程。本部分的边际贡献如下：首先，本部分研究尝试揭示我国乡村涉农商业组织的创业过程中所表征出的环境保护倾向；其次，在资源保存理论下，本部分检验了自我效能感在家庭农场集体心理所有权、社会情感财富与创业经济和环境绩效选择过程中的调节效应；再次，本部分还探讨了乡村创业企业中所凸显的社会情感财富及其中介效应；最后，本部分还检验了涉农家族企业动态创业过程中，家族或家庭要素所发挥出的影响，以及在面临自然环境变化压力下，家庭农场等所展示出的珍惜非经济、自然环境以及家庭传统的非商业

① Rantanen N.，& Jussila I. F – CPO：A collective psychological ownership approach to capturing realized family influence on business［J］. Journal of Family Business Strategy，2011，2（3）：139 – 150.

化导向：对家族与自然和谐珍视度远高于家族企业所获得高利润或
回报。

第二节　理论基础与假设提出

一、资源保持理论与绩效提升机制

组织与个体有追求成功以及基于成功之上快乐的倾向。当组织和
个体在追求令人愉悦目标的过程中遭遇到已有、潜在以及未来资源损
失威胁时会产生组织和个体压力。这种压力首先对个体产生负面影响，
个体一般会采取合适的方法和手段来应对此类压力，在组织行为学、
心理学研究中，资源保持理论（Conservative of Resources Theory，COR）
则是应对此类压力的重要工具。显然，COR 对组织应对来自不同来源
的压力上同样适用。[①] 资源保存理论还认为，个体均有追求有价值资源
保存与获取的动机，该动机会受制于个体对于资源投入产出比较，如
果投入产出比较高，个体对于资源的持续投入意向更高；反之，个体
受规避风险倾向影响，产生心理压力而选择保存现有价值资源并及时
止损。[②] 当组织中个体面临两难目标选择、冲突和矛盾调节与问题解决
时 COR 可以提供充分的理论指导。处于乡村背景下的涉农家族企业，
它们在开展创业过程中要面临企业中家族性和商业性矛盾目标的维护、
家族企业的社会情感财富追求、商业利润与企业环境绩效目标的两难
决策等。毋庸置疑，COR 理论能够为上述情境下决策提供理论和实践

---

① Hobfoll S. E. , Halbesleben J. , Neveu J. P. , & Westman M. Conservation of resources in the organizational context: The reality of resources and their consequences [J]. Annual Review of Organizational Psychology and Organizational Behavior, 2018 (5): 103 – 128.

② Hobfoll S. E. Conservation of resources: A new attempt at conceptualizing stress [J]. American Psychologist, 1989, 44 (3): 513 – 524.

解决路径和方向：家庭集体心理所有权对农村创业企业社会情感财富的作用效果；家庭集体心理所有权对企业经济绩效、环境绩效的作用机制；高自我效能感和低自我效能感的农村家庭农场等企业主会对上述作用机制产生何种调节效应。上述议题的探讨可为我国乡村家族企业、乡村创业研究以及绿色可持续发展等议题提供理论贡献。

二、假设提出

1. 家族集体心里所有权与企业绩效关系

家庭作为所有社会中最为传统、原始、自然的生产单位，具有重要的风险规避功能，商业活动若有家庭所参与能形成较为稳定价值配置和所有权安排（Powell and Eddleston，2017；Fan and Leung，2020）。大多数已有研究较为关注个体对于目标物部分或全部的占有感，集体心理所有权则侧重从群体或组织层面分析群体或组织意识，即共事者内心对于目标对象拥有"我们的、共同拥有的"感受与心理（Pierce and Jussila，2010）。显然，集体心理所有权表明群体或组织中的个体拥有较强集体意识，从而更有动力采取积极的态度来应对其所面临的挑战和危机，不顾及个人利益的损失（Pierce et al.，2020）。集体所有权作为连接个体与组织的心理纽带，学者们尝试从组织层面的"心理共同拥有""共有身份认同""影响共同决策""未来发展共有"等四个维度来分析组织中的集体心理所有权在应对困难与危机时所发挥的作用程度（Pierce et al.，2018）。现有研究认为，在集体情境下，个体通过参与组织的控制，知识的共享，在面临不确定性外部因素冲击下，组织中成员的集体心理所有权会相对增强，并利于在挑战中提升企业绩效，特别是家族式企业中因家族因素卷入，集体心理所有权赋能家族类企业有效战略制定。

从资源保存理论视角出发，家庭或家族作为一个特殊集体组织，亲缘关系要素接入使得集体心理所有权的解释富有家族特点，使得家族资源共有或家族集体所有的感知、认知程度更高，例如一旦家族中的成员感知到外部威胁家族企业绩效的提升会倾向采用集体导向，甚至以部分个体利益的损失来换取家庭组织利益补偿措施，从而保持家族企业绩效不受损失或者有所提升；与此同时，随着国际社会普遍对环境保护重视，各类商业性组织逐渐意识到企业要想获得长期持久的发展，需要兼顾环境的优化而不是以短期的经济利润来换取企业短期繁荣（Kallmuenzer et al.，2018）。同理，基于资源保存理论思想，家族性创业企业的集体心理所有权也有利于提升企业的环保意识，而倾向采取能提升环境绩效水平的行动。由此，本书提出以下研究假设：

假设 5 - 1a：集体心理所有权有利于提升涉农家族企业经济绩效；

假设 5 - 1b：集体心理所有权有利于提升涉农家族企业环境绩效。

2. 社会情感财富的中介效应

社会情感财富（SEW）作为区分家族企业与非家族企业标志性理论，已被学者所广泛应用于管理研究领域。家族性企业因家族要素卷入，使该类企业发展目标具有双重乃至多重性。戈麦斯—麦加等（Gomez - Mejia et al.，2011）系列研究指出，家族企业受到非经济价值目标诸如家庭地位、身份、情感以及传承等因素影响，使得家族性企业发展模式同其他类型企业有较大的区别。为了进一步揭示该类企业独特性，部分学者如科雷等（Klein et al.，2005）尝试从权力（power）、经验（experience）和文化（culture）等维度来探讨家族性企业的发展特点。社会情感财富的引入，使得人们能够更好理解家族性企业在发展目标、组织行为、代际传承以及家族系统等因素对于该类企业发展决策中的影响作用，并为家族类企业的分析与研究提供了全新的研究视角，也能够较好地解释家族企业在发展过程中采取许多不同于一般企业发展策略的内在原因（Rau et al.，2018）。然而，现有研究多倾向将社会情感财富作为家族企业成长结果变量，较少探讨家族企业注重情感禀赋目标诉求的前置影响因素，换言之，为何家族性企业会因为社会情感财富而愿意牺牲部分短期经济利益并维护之？是否存在内在个体或组织相对独特的心理发生机制？基于此，本书将社会情感财富作为中介变量予以讨论，故而，本书提出以下假设：

假设 5 - 2a：社会情感财富在集体心理所有权与家庭农场经济绩效间有中介作用。

家庭农场等涉农类家族企业，不仅深度嵌入村庄自然资源、村庄社会资源等有稀缺性，还需接受国家和地方绿色、有机以及高质量发展政策刚性约束，使得该类涉农家族企业更具有地域特色、非经济目标特点。家庭集体心理所有权强调对组织共同拥有的心理认同；对目标物的共有身份认同；参与所在组织的集体决策；共同面对组织的未来和艰难，这些特征毫无违和地契合家族性企业，而家族类企业显著特征又具有情感诉求禀赋，故而，家庭集体心理所有权水平会对家族类企业社会情感财富水平产生影响。特别是涉农家族企业如家庭农场所在地，往往是创办人及其家族成员世代成长的农村地区，它们的发展不仅要注重自身，也要注重对于农业社区的反哺功能，从而致力于提升该地区环境保护水平或环境绩效（Haldorai et al.，2022）。马等（Ma et al.，2021）认为，当给予雇员绿色培训后，将会提升他们的技巧、能力、知识、承诺以及对于环境管理的态度。涉农家族类企业在整体上倡导环保理念或可持续发展导向，会从长远角度来对组织内成员进行相关文化或理念引导。因此，家庭集体心理所有权对社会情感财富以及涉农家族企业的经济绩效和环境绩效间作用机制需充分讨论。基于上述分析，本书提出以下研究假设：

假设 5 - 2b：社会情感财富在集体心理所有权与家庭农场环境绩效间有中介作用。

3. 自我效能感的调节效应

近 20 年来，创业领域学者逐渐将自我效能感应用到创业研究中来，并开展了系列开拓性研究，分析其对于创业决策、意向等的作用机制（Chen et al.，1998；Krueger et al.，2000）。心理学研究领域众多研究印证了个体意愿对于计划行为的强预测作用，同理，具有较强自我效能感者其采取创业行动可能性愈强（Baum and Locke，2004）。然而，不同情境下自我效能感水平会受到外部环境和个体特征影响，如创业者对于低容错导向个体在经过创业实践培训后，反而会降低自我效能感，并可能负面影响创业效果（Bohlayer and Gielnik，2023）。推论之，相比单独影响，创业者自我效能感在同其他因素交互作用下，可能会对创业产出产生不一样的作用机制：如家庭农场主具有极高的自我效能感，可能会更加倾向于相信个人的判断，往往在做重要创业决策时，所做决策不太受家族集体因素的影响，即该家庭农场主会在家族集体和个体之间进行利益均衡选择。特别是遭遇创业危机和挑战时，如果家庭农场主拥有非常充分自信，换而言之，更强的自我效能感，此类家庭农场倾向于家庭农场主自主判断，而愿意选择独自面对挑战，而不是抱团取暖并分摊风险。过于自信的家庭农场主显然会有降低家庭集体心理所有权对于社会情感财富值的正向作用程度，换言之，家庭农场主的自我效能感负向调节集体心理所有权对家庭农场的社会情感财富水平。基于此，本书提出以下假设：

假设 5 - 3a：家庭农场主自我效能感负向调节涉农家族企业集体心理所有权与社会情感财富的作用关系

由资源保存理论可知，若组织中主要成员感知到企业发展过程中对于外部环境有较大的破坏，会产生因片面追逐经济利益带来伦理与道德上的心理压力，从而重新评估和调整企业发展目标，甚至采取牺牲部分经济利润措施来提升家族企业的非经济目标的诉求。[①] 特别是，如果家族创业团队具备较强的集体感，会强化集体心理所有权、社会情感财富与企业环境绩效的影响力度，泓博格和斯图尔伯格（Homburg and Stolberg，2006）的研究也发现当面对环境带来的企业发展压力之时，集体组织会因为环境风险而采取积极应对行动。反之，一旦创业集体中主要负责人太过自信，创业过程中仅关注个体意志执行，即家庭农场主富有自我效能感，可能会对集体心理所有权和社会情感财富带来负面影响。换言之，乡村情境下创业家族类企业，如果企业只顾

---

① Hobfoll S. E. The influence of culture, community, and the nested-self in the stress process: Advancing conservation of resources theory [J]. Applied Psychology, 2001, 50 (3): 337-421.

自身成长与生存，而不懂与环境和谐共生，一味向自然资源索取效益，而不顾企业所处生态脆弱性，认为企业利益高于环境，大自然或者企业所在社区会以另一种方式来挑战企业的可持续发展。学者们认为出于生态环境保护考虑，部分生产和贸易活动将重新回归自然与本地。[①]显然，这类创业企业自身需要调整发展策略重视对于本地环境的适应度。故而，本书提出如下假设：

假设 5 - 3b：家庭农场主自我效能感负向调节涉农家族企业社会情感财富与企业经济绩效的关系；

假设 5 - 3c：家庭农场主自我效能感负向调节涉农家族企业社会情感财富与企业环境绩效的关系。

4. 自我效能感与社会情感财富的条件过程分析

创业研究领域中基于社会认知理论的自我效能感有广泛应用场景（Mcgee et al.，2009）。创业者个体与外部环境、创业者内在行为呈现动态建构过程，这一过程会对创业者能力、身份及角色在其内心形成"自我效能感"投射。[②] 创业个体基于已有创业经验会增加其自身创业信心、期望和控制欲，已有研究表明，自我效能感强的创业者，往往倾向于在不确定性环境下挑战自我，自我监控力较高（Newman et al.，2019）；集体导向组织内，高集体心理所有权组织会发挥其团队协作精神来助推组织获取较高绩效水平（Giordano et al.，2019）。作为家族类企业，有创始人家族成员参与，使得该类企业的群体或集体认同感增强，从心理认知、行动方向以及共同决策等方面，表现出主人翁精神，使得家庭集体心理所有权特征更加明显。此类家族类企业成员因天然具有企业是"我们的"心理感知，使得成员所在家族企业有更高水平社会情感财富，以保持家族企业士气，并最终提升企业的经济绩效水平（Nijs et al.，2021）。那么，在具有集体特征家庭农场中，核心创业

① Day A. F. A century of rural self-governance reforms：Reimagining rural Chinese society in the post-taxation era ［J］. Journal of Peasant Studies，2013，40（6）：929 - 954.

② Koellinger P.，Minniti M.，& Schade C. "I think I can，I think I can"：Overconfidence and entrepreneurial behavior ［J］. Journal of Economic Psychology，2007，28（4）：502 - 527.

者自我效能感将对经济和环境产出产生何种影响？已有研究缺乏深入分析。故而，本书提出如下研究假设：

假设 5 - 4a：家庭农场主自我效能感负向调节集体心理所有权通过社会情感财富对经济绩效的影响，即若自我效能感强则三者的作用关系越弱，反之，三者间的中介关系则强；

假设 5 - 4b：家庭农场主自我效能感负向调节集体心理所有权通过社会情感财富对企业环境绩效的影响，即若自我效能感强则三者的作用关系越弱，反之，三者间的中介关系则强。

本章研究框架如图 5 - 1：

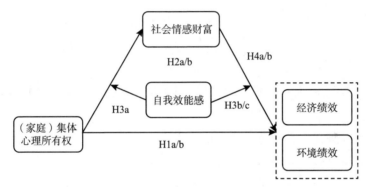

图 5 - 1　本章研究模型（SE，F - CPO，FEP 和 FFP）

资料来源：笔者根据前文理论假设自行绘制。

第三节　研究设计

一、数据收集

本章研究数据主要收集了来自湖南与湖北地区的家庭农场问卷调研数据。研究对象主要选取了家庭农场创业主体中的家庭农场主及其主要家庭或家族成员，为了控制同源性方差造成的不利影响，同一问卷还会同时发放给家庭农场企业的家庭主要成员,如夫妻、父(母)子(女)或者家族内有亲缘关系的家族成员,并进行配对问卷填写。家庭农场创办成员的构成相对较为简单,一般由夫妻、父母和子女、家族成员或者家族成员加外部投资人,家庭农场创办人的人口特征信息、家庭成员信息、受教育程度、创办年限等信息一般由家庭农场主及其家庭成员来提供信息,由抽样的247家家庭农场的基础信息可以看到,被调研家庭农场的创办年限均值为接近7年,创办5~9年的家庭农场样本占比达78%,家庭成员4人,家庭规模2~6人的样本占比达88%,家庭农场主的平均年龄集中在45岁,受教育程度绝大部分集中于初中、高中学历,调研对象样本占比分别为31.98%和31.58%;家族集体心理所有权、集体效能感、社会情感财富、家庭农场绩效(经济绩效和环境绩效)的信息由家庭农场主及主要创始成员提供,调研过程中,因不涉及敏感信息,对被调研对象进行了调研结果作学术研究之用目的解释,以确保调研对象无顾虑地填写调研问卷。

本章研究问卷共分三个时间段收集:第一阶段是2017~2018年主要向家庭农场主发放了247份,向其家人发放了420份,第一阶段家庭农场主问卷回收了198份,家庭成员问卷回收了367份,该阶段总计回收558份,第一阶段问卷回收率为83.6%;第二阶段是2019~2020年受疫情影响,247位家庭农场主回收了115份,家庭成员发放了350份回收210份,该阶段总计回收325份,第二阶段回收率为54.43%;第三个阶段是2022份,受下半年疫情影响,该阶段家庭农场主问卷回收23份,家庭成员回收52份,总计回收75份。其中2021年受新冠疫情影响未做问卷调研。三个阶段总计获得了958份有效问卷。被调研家庭农场实体总计有247家,其中,平均创办年限为6.9年(5~9年的创办年限的家庭农场占调研样本的78%),投资规模均值为277万元,投资规模介于20万~500万元的家庭农场超过70%,家庭规模平均值为4人(4~6人家庭规模占比超过64%),家庭农场主的平均年龄为46岁(35~55岁的家庭农场主占比超过 70%）（详见表 5－1）。

表 5－1　　　　　　　　被访谈家庭农场基本信息描述统计

投资规模（单位：万元）	统计类别		家庭成员规模（人）	统计类别		创办年限（2022）	统计类别	
	频数	比例（%）		频数	比例（%）		频数	比例（%）
≥5＆<20	17	7	≥2＆<4	60	24	≥1＆<3	6	2
≥20＆<100	79	35	≥4＆<6	158	64	≥3＆<5	6	2
≥100＆<500	85	37	≥6＆<8	20	8	≥5＆<7	90	37
≥500＆<1000	27	12	≥8＆<10	8	3	≥7＆<9	100	41
≥1000	21	9	≥10	1	1	≥9＆<11	42	17
总计	247	100	总计	247	100	≥11	3	1
家庭农场主年龄	统计类别		受教育程度	统计类别		总计	247	100
	频数	比例（%）		频数	比例（%）	性别分布	统计类别	
							频数	比例（%）
≥25 岁＆<35 岁	22	9	小学	23	9.31	男	207	83.81
≥35 岁＆<45 岁	83	33	初中	79	31.98	女	40	16.19
≥45 岁＆<55 岁	103	42	职高	26	10.53	总计	247	100
≥55 岁＆<65 岁	37	15	高中	78	31.58			
≥65 岁	2	1	大学	39	15.79			
总计	247	100	总计	247	100			

资料来源：调研问卷数据。

二、变量与测量

本部分研究所采用的核心概念测度量表，来自国外学者的成熟测度量表，所有量表的测度题项内容进行了双向翻译获取，并通过本学院外籍专业老师进行审核修订，所有题项均采用 5－Likert 点量表进行测量，"1"代表"完全不认同"，"5"代表"完全认同"。集体心理所有权，采用皮尔斯和居斯拉等的 F – CPO 量表（Pierce et al.，2018），总计 4 个题项，代表性题项如"我们（创业家族成员和我）集体同意那是我们的工作"，通过组内相关系数（ICC1）的双向随机效应分析与评判间信度（ICC2）来分析家庭或集体中的个体打分是否可以推广到团队层面得分值，通过双向随机与一致性类型统计所得到 ICC1 和 ICC2 的值分别为 0.507 和 0.804，内部一致性检验结果为 0.824；集体效能感则借鉴 Chen（2015）[1] 量表，剔除因子载荷地域 0.50 的题项，保留了 3 个测度题项，代表性问题项为"我可以确定的是我们能够获得进步，因为我们在向同一个方向努力"，通过双向随机与一致性类型统计所得到 ICC1 和 ICC2 的值分别为 0.491 和 0.744，内部一致性检验结果为 0.760；社会情感财富借鉴博内（Berrone，2012）等①测量量表 5 个维度即度量"家族控制和影响力；家族企业成员身份识别；家族企业社会关联度；家族成员的情感依托；通过企业传承来更新家族纽带"，代表题项如"我家族业务在社区层面促进社会活动上富有活力"，删除第五个维度（因子载荷值低于 0.50），其中，双向随机与一致性类型统计所得到 ICC1 和 ICC2 的值分别为 0.424 和 0.747，内部一致性检验结果为 0.756；经济绩效量表借鉴维特（Velte，2017）的方法等，主要询问家庭农场主要负责人是否同意过去三年内农场以下经营状况是否有明显改善（农场的投资回报、资产回报以及市场价值），其内部一致性系数为 0.852；环境绩效量表则主要借鉴哈多若等（Haldorai et al.，2022）的量表设计，该概念包含有 7 个核心题项测量涉农家族企业环境绩效，代表性测度题项如"家庭农场中的环境管理中主要采取减少不可回收材料、化工产品以及成分的采购"，通过数据验证时，发现第 6 和 7 个题项值的因子载荷值较低，予以删除。最终五个题项内部一致性系数为 0.857。

---

① Berrone P.，Cruz C.，& Gomez – Mejia L. R. Socioemotional Wealth in Family Firms：Theoretical Dimensions，Assessment Approaches，and Agenda for Future Research [J]. Family Business Review，2012，25（3）：258 – 279.

第四节　实证结果分析

一、描述统计与效度检验

为了检验本部分所采用的量表的可靠性、各个主要构念区分效度，本书利用 Amos 软件以及回收样本数据对本书所采用的测量构念以及模型进行了相关分析以及验证性因子分析。由表 5 - 2 的相关分析结果可以了解到，集体心理所有权（F - CPO）变量同自我效能感（r = 0.69，p < 0.01）、社会情感财富（r = 0.35，p < 0.01）、企业环境绩效（r = 0.44，p < 0.01）以及财务绩效（r = 0.21，p < 0.01）等变量具有较为显著的相关关系，上述相关关系结果为本文的部分假设提供了初步支持。效度检验，通过单因子模型到五因子模型的拟合指标逐步比较结果表 5 - 3 可以看到，五因素模型的拟合指标（$\chi^2/df = 6.722$；CFI = 0.904；RMSEA = 0.077），并比其他竞争模型拟合值要更好，说明五因子模型中核心构念的区分效度较好，并适合后续的进一步模型分析。

表 5 - 2　　　　核心变量的描述性统计及相关性分析（N = 958）

Variables	Mean	SD	1	2	3	4	5	6	7	8	9
1. Age	47.10	8.47	—								
2. Family - Size	4.29	1.24	0.01	—							
3. Education	5.59	2.84	0.01	0.08*	—						
4. Gender	1.95	0.21	0.13*	0.07*	-0.04	—					
5. Self-efficacy	3.86	0.48	-0.06*	0.05*	0.01	-0.01	0.83				
6. FCPOs	3.89	0.49	-0.08*	0.03	0.08*	-0.04	0.69*	0.81			
7. SEWs	3.67	0.60	-0.01	0.00	-0.03	-0.02	0.35*	0.39*	0.75		

续表

Variables	Mean	SD	1	2	3	4	5	6	7	8	9
8. FEPs	3.68	0.61	− 0.08*	− 0.01	0.00	− 0.07*	0.44*	0.40*	0.52*	0.78	
9. FFPs	3.70	0.56	− 0.02	0.04	− 0.03	− 0.02	0.21*	0.24*	0.29*	0.22*	0.85

注：1. 对角线加粗及倾斜数字为 AVE 平方根值；2. FEP，为家庭农场环境绩效缩写；FFP，为家庭农场经济绩效缩写；F – CPO，为（家庭）集体心理所有权缩写；SE，为自我效能感缩写；SEW，为社会情感财富缩写；3. *** p < 0.01，** p < 0.05，* p < 0.1。

资料来源：笔者根据调研问卷数据计算整理而得。

表 5 – 3   验证性因素分析结果 （N = 958）

Models	Factors	χ^2	df	χ^2/df	TLI	CFI	RMSEA
五因子模型	FCPO/SE/SEW/FFP/FEP	968.01	144	6.722	0.901	0.904	0.077
四因子模型	FCPO + SE/SEW/FFP/FEP	2219.20	152	14.60	0.728	0.758	0.119
三因子模型	FCPO + SE/SEW + FFP/FEP	2776.56	152	18.26	0.655	0.693	0.134
二因子模型	FCPO + SE + SEW + FFP/FEP	2908.00	152	19.13	0.595	0.677	0.138
单因子模型	FCPO + SE + SEW + FFP + FEP	2568.07	152	16.89	0.646	0.717	0.129

注：1. +代表两个因子合并为一个；2. TLI，Tucker – Lewis 指数；3. CFI，相对拟合指数；4. RMSEA，近似误差均方根。

资料来源：根据调研问卷数据计算后整理而得。

二、共同方法偏差检验

为了规避变量的测度存在的共同方法偏差问题，本书采用了如下措施：首先，配对问卷分发给不同的对象进行填写，有关家族集体内容则主要提供给家庭农场的家庭成员、雇员来填写，包含有个体层面内容问卷由家庭农场主进行填写，主观与客观题项相结合并随机设置；其次，为了避免严重的同源方差问题，问卷的发展主要分为三个阶段发放，且间隔时间较长，可以较好地规避被访者的心态和情绪变化因素干扰；最后，本书还采取 Harman 单因子未旋转提取法，对五个核心构念所有题项进行因子分析，得到的第一个因子方差贡献率为 38.78%（低于40%的门限值），这说明本书所采用数据不存在严重的共同方法偏差。

三、假设检验

本书借用 Amos28.0，Spss28.0 及 Process3.5 插件等统计分析软件对预设研究模型进行检验，通过结构模型的路径分析、多元回归分析以及插件的 Bootstrapping 分析，检验了所设定的中介作用模型、有调节的中介作用模型。由表 5 – 4 的多元分析模型 M6/M7 （$\beta = 0.39$，$p < 0.001$；$\beta = 0.22$，$p < 0.001$）结果显示，家庭农场背后的家族集体心理所有权对提升该类企业的环境绩效有显著的正向作用关系，对其经济绩效的作用关系不显著，故而假设 5 – 1b 获得支持，而假设 5 – 1a 暂未获得多元回归分析结果的支持；模型 M2/M3/M4 （$\beta = 0.40$，$p < 0.001$；$\beta = 0.31$，$p < 0.001$；$\beta = 0.28$，$p < 0.001$）则显示家族企业集体心理所有权对社会情感财富的提升也有正向作用效果。

表 5 – 4 中模型 M4 交互项 F – CPO × SE 的系数值 （$\beta = -0.049$，$p < 0.001$）显示，自我效能感 （SE） 对家庭集体心理所有权与社会情感财富 （SEW） 的作用关系呈负向调节作用，且作用效果是统计显著的；模型 M3 中 F – CPO 的系数值 （$\beta = 0.308$，$p < 0.001$），在加入家庭农场主的自我效能感后，相对于 M2 中 F – CPO 系数值 （$\beta = 0.401$，$p < 0.001$）有显著的下降，且集体心理所有权与自我效能感的交互项 （F – CPO × SE） 对社会情感财富 （SEW） 的作用系数为负 （$\beta = -0.049$，$p < 0.01$）。故而，假设 5 – 3a 获得了支持；但自我效能感 （SE） 与社会情感财富 （SEW） 的交互项同家庭农场经济绩效 （FFP） 和环境绩效 （FEP） 的作用系数均不显著 （$\beta = -0.015$，n.s；$\beta = 0.018$，n.s），假设 5 – 3b/c 均未获得支持。为了进一步验证自我效能感同家庭集体心理所有权的交互效应负向作用效果，本文还采用简单斜率图进行检验，由图 5 – 2 可知，在自我效能感较高情形下，家庭集体所有权与社会情感财富的作用关系越低 （变量值均进行标准化处理）；相反，在自我效能感低情形下，家庭集体所有权与社会情感的作用关系越高。

通过条件间接效果分析（the conditional indirect effect），以及5000次bootstrap抽样获得的样本数据分析结果，表5-5显示，家庭集体心理所有权对于家庭农场经济绩效的作用效果（F-CPO→SEW→FFP），通过中介变量社会情感财富在调节变量自我效能感的三个不同水平上（自我效能感均值上分别加减一个标准差）均是显著的（Toothaker et al.，1994)[①]，例如，在自我效能感均值水平上，其系数值为（β = 0.063，CI = [0.034，0.100]），在自我效能感高水平上（加一个标准差情形下），其系数值为（β = 0.056，CI = [0.018，0.101]），在自我效能感高水平上（减一个标准差情形下），其系数值为（β = 0.068，CI = [0.034，0.114]），因此，通过自举抽样样本数据检验结果显示，社会情感财富（SEW）的中介作用在统计上是显著的，故而，假设5-2a获得支持；同时，为了检验自我效能感和家庭集体心理所有权的调节中介效应是否明显，由表5-5结果显示，通过三对高低自我效能感（SE）比较效应值：effect1 - effect2：- 0.0054 [- 0.033，- 0.017]，- 0.0125 [- 0.062，0.0302]，- 0.0072 [- 0.029，0.0136]区间含0，可知，自我效能感对于家庭集体所有权（F-CPO）通过社会情感财富（SEW）间接影响家庭农场经济绩效（FFP）调节中介作用效应的假设5-4a未获得支持；如上同理，表5-5结果还显示，家庭集体心理所有权对于家庭农场环境绩效的作用效果（FCPO→SEW→FEP），通过中介变量社会情感财富在调节变量自我效能感的三个不同水平上（自我效能感均值上分别加减一个标准差）也是显著的，故而假设5-2b成立；同时，通过三对高低自我效能感（SE）比较效应值（effect1 - effect2：- 0.025 [- 0.0569，- 0.0036]，- 0.048 [- 0.1091，- 0.0087]，- 0.023 [- 0.0533，0.0047]区间不含0）可知，集体心理所有权、社会情感财富以及自我效能感对家庭农场环境绩效的调节中介效应是显著的，假设5-4b获得了本书数据支持。

[①]　Toothaker L. E.，Aiken L. S.，West S. G. Multiple Regression：Testing and Interpreting Interactions [J]. The Journal of the Operational Research Society，1994，45（1）：119 - 120.

表 5 - 4　　多元回归结果表（N = 958）

	Socioemotional Wealth (SEW)				FEP				FFP			
	M1	M2	M3	M4	M5	M6	M7	M8	M9	M10	M11	M12
Age	-0.007	0.024	0.024	0.022	-0.077**	-0.046	-0.057**	-0.057*	-0.014	0.004	-0.001	-0.001
Size	0.004	-0.006	-0.011	-0.009	0.001	-0.009	-0.006	-0.008	0.044	0.038	0.039	0.040
Edu -	-0.009	-0.019	-0.017	-0.016	0.001	-0.01	-0.001	-0.001	-0.012	-0.018	-0.014	-0.014
Gen -	-0.106	-0.054	-0.060	-0.033	-0.273*	-0.222	-0.199	-0.193	-0.108	-0.077	-0.065	-0.067
F - CPO		0.401***	0.308***	0.041***		0.395***	0.222***	0.057		0.237	0.145	0.114*
SE			0.134**	0.120**				0.246***				0.058
F - CPO × SE				-0.049**								
SEW							0.431***	0.408***			0.230	0.228***
SEW × SE								-0.015				0.018
F	0.286	36.292	32.328	29.453	2.47	37.381	74.566	64.703	0.824	11.949	18.326	15.743
R^2	0.001	0.16	0.169	0.178	0.01	0.164	0.32	0.323	0.003	0.059	0.104	0.104
ΔR^2	—	0.159	0.168	0.177	—	0.154	0.310	0.312	—	0.055	0.099	0.098

注：1. 表格中值为标准化后回归参数数值；2. FEP，为家庭农场环境绩效缩写；FFP，为家庭农场经济绩效；F - CPO，为（家庭）集体心理所有权；SE，为自我效能感；SEW，为社会情感财富；3. ΔR^2 为卡方改变值；4. * $p < 0.05$；** $p < 0.01$；*** $p < 0.001$。
资料来源：笔者根据调研问卷数据计算整理而得。

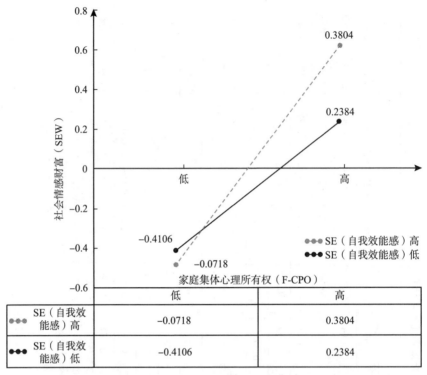

图 5 - 2　自我效能感（SE）对家庭集体心理所有权（F - CPO）

与社会情感财富（SE）间关系的调节效应

资料来源：笔者根据调研问卷数据自行绘制。

表 5 - 5　　　　　中介效应及具有调节中介效应检验结果一览表

Self-efficacy	Boot indirect effects	Boot SE	Boot LLCI（95%）	Boot ULCI（95%）
以 FFP 为因变量的间接影响效果（Indirect effects on FFP，FCPO→SEW→FFP）				
－ 1 SD	0.068	0.020	0.034	0.114
Mean（SE）	0.063	0.017	0.034	0.100
＋ 1 SD	0.056	0.021	0.018	0.101
有调节中介效应检验（SE/SEW 条件中介效果比较 Pairwise contrast）				
SE 高低（effect1 - 2）		Contrast	Boot SE	Boot LLCI（95%）| Boot ULCI（95%）

SE 高	SE 低	Contrast	Boot SE	Boot LLCI（95%）	Boot ULCI（95%）
0.063	0.068	－ 0.005	0.013	－ 0.033	0.017
0.056	0.068	－ 0.013	0.024	－ 0.062	0.030
0.056	0.063	－ 0.007	0.011	－ 0.029	0.014

续表

Self-efficacy	Boot indirect effects	Boot SE	Boot LLCI（95%）	Boot ULCI（95%）
以 FEP 为因变量的间接影响效果（Indirect effects on FEP, FCPO→SEW→FEP）				
- 1 SD	0.137	0.025	0.0923	0.189
Mean（SE）	0.113	0.021	0.0729	0.153
+ 1 SD	0.089	0.024	0.0388	0.133
有调节中介效应检验（SE/SEW 条件中介效果比较 Pairwise contrast）				
SE 高低（effect1 - 2）		Contrast	Boot SE	Boot LLCI（95%）	Boot ULCI（95%）
0.113	0.137	- 0.025	0.014	- 0.0569	- 0.004
0.089	0.137	- 0.048	0.026	- 0.1091	- 0.008
0.089	0.113	- 0.023	0.013	- 0.0533	- 0.005

资料来源：笔者根据调研问卷数据计算后整理而得。

第五节　研究结论

本书从集体心理所有权的视角出发，利用资源保持理论（COR），以湖北和湖南两地家庭农场为对象，分析了家庭农场主自我效能如何对集体心理所有权和家庭农场社会情感财富作用关系产生调节作用，并进一步验证了模型的调节中介作用效应，研究发现：

第一，家庭农场集体心理所有权利于提升家庭农场的环境绩效（或绿色创业绩效）。资源保持理论认为，当个体所在家庭集体中感受到家庭和集体的资源更珍贵时，会采取积极行动来维护家族或家庭资源的保有，而不是内耗；同理，当家庭农场具有较高的集体所有权意识时，一旦其成长存在对环境有负外部性影响时，会采用资源保持行动，而不是资源损耗行为来维护较高经济绩效。

第二，家庭农场的社会情感财富水平在（家庭）集体心理所有权同家庭农场经济绩效和环境绩效（或绿色创业绩效）间有明显的中介作用。家族类企业为了维护自身企业家族成员紧密关系、亲情情感需要、维护家族正面形象以及基于血缘的利他主义诉求等，往往会采取异于非家族企业创业行为，特别是在家庭集体心理所有权较高的水平下，为了照顾家族成员凝聚力，保持家族成员的企业认同感，企业一般倾向于选择保持较高社会情感财富水平的发展目标，并最终传导到企业经济绩效的提升；同时，如果家族企业一旦具有较强的环境保护意识，如果家族企业的主要创始人的自由裁量权或自我效能感不高，则在较高水平的家庭集体心理所有权水平下，涉农家族类企业往往会选择环境保护的创业行为，同理，社会情感财富在家庭集体心理所有权选择下，会产生较高的社会情感财富值，并倾向选择有利于环境保护水平提升的创业行为。

第三，家庭农场主自我效能感负向调节家庭集体心理所有权与社会情感财富的作用水平。家族企业中，如果其主要创始人拥有较高的自我效能感，则经营决策中依赖于家庭或家族集体的倾向性会相对减弱；若创始人的自我效能感较低，这倾向于依靠家庭集体心理所有权来寻求集体决策和战略行为以规避创业过程中不确定性和风险。家庭集体心理所有权可以帮助家族企业获得以下三个好处：一是通过其他家庭成员获得财务、知识和决策帮助；二是增强家族企业的领地意识，换而言之，集体所有意识或家族认同；三是规避家庭内部可能因实际所有权而产生冲突。具有集体心理所有权的家族企业易形成较强的心理归属纽带，并产生较强的合力和创新动力，从而进一步提升家族企业的社会情感财富水平，相反，如果家族企业的主要创始人因为富有较强的领导力、主导力及创新精神，则可能对家族企业的集体心理所有权带来一定负向影响。

第四，家庭农场主的自我效能感负向调节集体心理所有权通过社会情感财富对企业环境绩效（或绿色创业绩效）间的影响，即若自我效能感强则三者的作用关系越弱，反之，三者间的中介关系则强。家庭农场的创业活动异于其他城市环境中的一般创业活动，家庭农场的创业往往更需要平衡创业实体与家庭、农业社区以及环境和谐与进步。作为涉农家族主要创业者如果过于自信或个人能力推崇，容易对家庭与家族的集体心理所有权和社会情感财富等非经济要素产生冲击，那么，集体心理所有权、社会情感财富与环境绩效（经济绩效）的正向作用关系也会带来负面影响。

　　基于上述研究结论，通过对我国家庭农场的调查分析，得出以下政策启示：

　　第一，涉农家族类创业企业如家庭农场等需要注重培养家族的集体意识，并在创业过程中主动嵌入家族网络，从情感纽带、家庭经济资源等多个维度来获取创业成长支持，在成长一定的程度后，获得更好家族企业内部有形治理秩序和集体心理所有权配置态势，这利于提升此类涉农企业的创业经济绩效和环境绩效（或绿色创业绩效）。

　　第二，涉农家族类创业企业如家庭农场等新型农业经营主体应在追求企业商业效用时，同时兼顾家庭社会情感财富水平的提升。居于乡村社区环境中的家庭农场等商业性组织，在取得一定商业成就的同时，为了维护区域内正面社会形象，往往需要投入较多的时间、精力甚至资金来开展社区公益、社区治理等活动，以获取更多的社会和社区认可，争取较高的社区地位和形象，这些方面的努力会反哺涉农家族类创业企业的持续成长。

　　第三，涉农家族类创业企业如家庭农场等新型农业经营主体的核心骨干创业者，应该协调好个人决策与家族集体决策间的平衡关系。家庭农场等涉农家族企业在需要发挥家庭集体作用时则应该在重大决策过程中充分调动家族集体的积极因素，而适度放低主要创业骨干的主导性作用；需要个体发挥重要带领作用时，则应该调动其自我效能感。尽量避免因个人过于自信，而对于涉农家族企业的创业成长以及社会情感财富水平（或家族形象、村庄地位）带来负面影响。

　　第四，涉农家族类创业企业如家庭农场等新型农业经营主体，应该积极主动提升环境保护意识，以实际行动来响应国家农业强国战略，推行绿色、有机发展。涉农家族类企业因其行业特征决定了其成长方式和路径异于其他商业类创业企业，在与环境和谐和互动中取得持续成长，而不要追逐成长速度和经济效益上的短期回报，而应该将发展的目标和思维锁定在长远与可持续性上，这类企业的成长能获得更高的社会情感财富水平、环境绩效（或绿色创业绩效）以及社会认可度。

第六章
集体心理所有权对家庭农场环境绩效的作用机制：中介效应比较分析

第一节 引 言

2024 年中央一号文件继续聚焦于乡村振兴，并鼓励社会资本实际参与乡村发展。社会资本融入乡村发展则需要重视创业要素的有效组合，采取可持续化成长路径，实现以乡村创业助推乡村振兴。社会资本进入乡村直接对乡村经济诸多参与主体产生影响，诸如家庭农场，其使用的土地、劳动和资本三种生产要素中的资本将首当其冲受到重要的影响。家庭农场作为乡村创业主体之一，是新型农业经营主体也属于典型家族企业，其在推动我国乡村经济振兴中发挥着重要的作用。然而，无论是一般情境下的创业，还是家族企业创业，创业团队因为目标指向一致性、创业任务相依性，以及创业过程中团队成员对于创业时间、心理、财务等资源的持续共同投入，会使创业团队成员产生共同"控制、关注"特征的"集体心理所有权"意识（collective psychological ownership, CPO）拥有集体心理所有权的创业团队，往往表现出不同于一般创业人群或个体的资源保护性倾向，如创业团队在追求经济利益的同时，展现出更加亲近家庭亲情、社会和环境的行为。特别是在创业团队成员所注重的健康、家庭、情感财富等价值和意义在遭受损失时，会产生资源保护压力，使得创业团队更加注重家庭亲情、社会情感、环境友好的创业导向,主张公开的环境保护承诺:环境创业绩效。然而,已有文献尚缺乏对于集体心理所有权与环境创业绩效之间内在作用机理的分析与探讨。因此,本章将着重从实证分析途径来揭示集体心理所有权同环境绩效(绿色发展等)的内在作用机制。

创业团队卷入家族因素,创业主体可称为创业家族企业。针对家族企业的研究和讨论自 20 世纪 80 年代开始经过了代理理论、管家理论、社会资本理论等不同层面的探讨,并于 21 世纪初建构了富有家族企业特色的"社会情感财富理论"(socioemotional-wealth theory,SEW)(Gómez – Mejía et al.,2007),该理论的诞生对于后续有关家族企业的研究赋予了全新视角。作为我国民营经济的主体,家族类企业在面临外部压力和挑战时,往往表现出异于非家族企业的社会情感财富倾向,即维系企业代际传承、维持家族企业形象与声誉及利他主义等集体心理所有权特性(Christensen – Salem et al.,2021)。由于社会情感财富(SEW)是一个多维度概念(其包含个体、家族与企业不同层面诉求),各维度之间利益诉求会相互叠加,也可能相互冲突,具体而言,是指该类企业一方面要为维护家族企业内部代际情感财富与非经济财富的累积;另一方面需要寻求更高的经济财富与社会财富来维护其市场地位和社会声誉(Nason et al.,2019)。在看似矛盾的两类目标诉求中,如何达到家族企业发展决策的协调统一?那么,需要家族企业拿出相对科学合理的集体决策机制,从而引导该类企业取得可持续竞争优势。鉴于集体心理所有权(CPO)可激发家族成员的企业共享所有权意识,特别是在创业决策过程中会形成"我们"的思维模式(Lumpkin et al.,2011)。那么,家族因素的卷入是促进企业的绩效发展还是阻碍其绩效水平提升呢?因此,本研究需要探讨社会情感财富在集体心理所有权与企业不同维度绩效间的中介作用关系。

由家庭所有或运营的商业组织,因为有家庭因素的卷入,为企业发展提供了高信任、默会知识，往往呈现出较高的竞争优势[1]。已有研究认为，即使在经济和科技最为发达的美国，90%中小微企业是属于家族企业（Astrachan and Shanker，2003），其中，接近1/3的财富500强企业在受着家族因素的影响。家族企业作为我国民营企业中的特殊类型，分析和探讨该类企业的发展规律和特征，利于提升该类企业在我国的经营绩效水平，并为此类企业的日常管理和决策提供相应的理论指导和支持。在资金和情感等方面支持上，家族因素在企业创业成长过程中发挥着至关重要的支撑作用（Sharma，2004）。由于家族类企业既需要通过正确的商业决策获得较好的经济绩效水平（financial performance）[2]，还需要借助家族企业内部长期动态平衡所形成的社会情感财富来维持其较高的、亲社会、亲环境的环境（绿色）绩效水平（environmental performance）（Gray et al.，2020；Berrone et al.，2010）。那么，家族类涉农企业是否因较高家庭控制水平而倾向开展少污染环境或者选择绿色发展目标呢？换言之，作为家族企业其创业成长决策，如何受到来自集体心理所有权以及家庭情感财富的共同影响，需要进一步予以探讨。

基于以上讨论，本研究尝试从社会情感财富的视角出发，实证分析集体心理所有权对于家族企业的经济绩效和环境（绿色）绩效的作用机制，故而，本研究的主要研究可能理论贡献为：（1）展示了家族企业集体层面心理所有权因素对经济和环境绩效产生影响；（2）揭示了社会情感财富在集体心理所有权和家族企业不同绩效间中介机制，并比较了不同中介效应的差别；（3）讨论了社会情感财富理论背景下，家族类涉农企业如家庭农场对于绿色发展的重视程度。以上问题的探讨将有助于学界加深对于家族企业特征以及其在经济绩效与环境绩效（绿色发展等）均衡决策选择机制的认知。

---

① Sharma P. An Overview of the Field of Family Business Studies: Current Status and Directions for the Future [J]. Family Business Review, 2004, 17 (1): 1 –36.

② Leitterstorf M. P., Rau S. B. Socioemotional wealth and IPO underpricing of family firms [J]. Strategic Management Journal, 2014, 35 (5): 751 –760.

第二节　理论基础与假设提出

一、集体心理所有权对经济绩效与环境绩效的影响

家族类企业，因天然同家庭的关联而具有明显的集体特征，在进行创业的过程中会呈现出相互帮扶、协助以及共同维护家族企业声誉的管家行为特质（Stewardship），从而促使家族企业更易形成"集体共有"的感知。人们对于外在事物一般拥有两类感知："我的"和"我们的"团队或集体所有的感觉，而"我们的"心理感知则被学者们标榜为"集体心理所有权（CPO）"（Pierce and Jussila，2011；Verkuyten and Martinovic，2017）。相对于非拥有体验或经验的事物对象，人们对于事物对象拥有的经验或体验会显然增加对其更高的估值，从而形成禀赋效应（endowment effect）①。

但是，集体心理所有权对于创业团队或组织绩效而言其作用具有两面性，积极的方面是它可以促成创业团队有力合作、团结、管家行为以及团队成员相互预防有损团队出格行为等；不足的一面是可能产生团队排他行为、团队间紧张关系、领地纷争和冲突等，上述情形会对团队或组织发展带来不利影响②。那么，家族企业的集体心理所有权到底为该类企业的绩效带来什么影响？积极的影响更多还是消极影响更多呢？正如前文所述，家族企业因其特殊性，在成长发展过程中，会因为共同拥有的感知从而产生更高的集体荣誉感，进而通过其管家

---

① Gelman S. A., Manczak E. M., Noles N. S. The nonobvious basis of ownership: Preschool children trace the history and value of owned objects [J]. Child Development, 2012, 83 (5): 1732 – 1747.

② Martinović B., Verkuyten M. Collective psychological ownership as a new angle for understanding group dynamics [J]. European Review of Social Psychology, 2024, 35 (1): 123 – 161.

行为、团队合作和更高的凝聚力来推动家族企业经济绩效水平；同时，因为家族企业在集体心理所有权的作用下，具有更高的组织公开承诺去保护环境，从而展现出较高的亲社会、亲环境行为，关注环境绩效（environmental performance）或绿色发展绩效（green performance）水平（Gray et al.，2020）。故而，本书提出如下研究假设：

假设6-1a：集体心理所有权对于家族企业经济绩效有积极影响作用；

假设6-1b：集体心理所有权对于家族企业环境绩效有积极影响作用。

二、社会情感财富与经济绩效的中介作用

社会情感财富（SEW）作为衡量家族企业经营得失的重要参照点，自2007年被家族企业研究的西班牙学者首次提出以来，被众多学者加以阐述和拓展，并被视为规避家族企业中家族控制力、社会地位、家族声望等水平下降的有力工具（Gómez - Mejía et al.，2007）。将社会情感财富作为中介变量进行考察主要考虑到了家族企业普遍具有的二元特性（李新春和宋丽红，2013）：首先，众多学者们将其视为家族企业获取正能量或正向效应的来源，一旦家族企业主要创业成员意识到可能因为过于追求财务绩效指标等经济目标的诉求，导致社会情感财富的损失，往往会在损失规避战略导向下，即选择牺牲部分经济指标或目标手段，诸如减少多元化或并购策略，减少社会环境破坏行为等措施，来维持家族企业较高水平的社会情感财富（Zellweger，2008）。显然，上述措施的采取将会提升该类企业针对环境保护的环境绩效水平。

其次，其他学者也通过针对社会情感财富的实证研究发现，如果家族类企业太过于追求较高水平的社会情感财富水平，如增强家族成员控制、增强家族成员对企业认同、强调代际传承等措施手段，却对企业中其他家族成员或非家族成员，无形中形成心理负荷、组织排斥

等负面影响，反噬了家族企业整体的团结意识，从而对于家族企业的经济绩效等带来负面影响（Kellermanns et al.，2012；Debicki et al.，2009）；若家族企业过于关注企业的经济绩效水平，而采取相对激进且带有环境破坏性的成长方式，显然，又会对社会环境带来较大冲击和负面影响。基于以上分析，我们需要对社会情感财富以及经济绩效在集体心理所有权和家族企业绩效之间的作用机制予以厘清。

家族类企业一般会有三种绩效目标选择：方式一，坚持产品质量和家族企业荣誉至上，不会为了单纯的利润和销量，而降低产品质量求；方式二，纯粹追求利润和规模，尽快满足市场有效需求；方式三，追求家族企业生存，尝试从家族和外部获得关键资源以维持家族企业基本成长。由此可知，家族企业发展的绩效目标维度也是多元的，即含有经济绩效（财务绩效）、创新绩效、成长绩效等，还有近年来学界普遍关注的环境绩效。但现有研究中，只是简单地划分为经济目标和非经济目标予以讨论，对于家族企业在追寻目标过程中，社会情感财富因素发挥了什么作用？不同发展目标（绩效的不同维度）间到底又如何相互作用，以及存在什么样的影响机理，现有研究中很少予以分析与探讨，正如得彼科等以及克瑞斯曼等（Debicki et al.，2009；Chrisman et al.，2012）在研究中也曾提出，家族企业在追寻企业目标过程中明显呈现多元化趋势，这些目标间的作用关系以及作用机制还需予以深入探讨。

基于以上分析，本章提出如下研究假设；

假设6-2a：社会情感财富中介集体心理所有权与环境绩效之间的关系；

假设6-2b：企业经济绩效中介集体心理所有权与环境绩效之间的关系；

假设6-2c：社会情感财富中介集体心理所有权与经济绩效之间的关系；

假设6-2d：社会情感财富与经济绩效在集体心理所有权与家族企业环境绩效间有链式中介效应。

三、社会情感财富与家族经济绩效中介效应的比较分析

具有较高水平的社会情感财富的家族企业往往表现出更强的亲环境和社会的特征，但社会情感财富也是一个不断演进和发展的概念，其拥有多元维度。从戈麦斯—麦加等（Gómez - Mejía et al. , 2011）最初提出的"情感、文化和利他主义"三维度概念，到贝内罗等（Berrone et al. , 2012）提出的"家族控制与影响、家族成员高度认同感、高关联社会关系、家族企业成员情感依赖以及家族企业代际传承意向等"五维度概念；另外一些学者从家族企业发展目标的长期与短期导向出发，又将社会情感财富划分为"约束类社会情感财富和延伸类社会情感财富"两种类型（Miller and Le, 2014），以上研究充分说明社会情感财富是一个拥有内涵丰富、创新性的概念。同时，社会情感财富理论作为针对家族企业研究的参照点理论，对于家族类企业来说，是有效规避企业家族影响力下降、家族文化传承损失等非经济绩效损失的有效途径。那么，对于家族企业来说，保持家族对于企业的适度控制权临界值是其长期坚持的原则，显然，家族企业创业团队中保持较高水平的集体心理所有权可能有利于提升其社会情感财富值，从而让家族企业能够以更加主动、积极和亲环境的姿态来提升其环境绩效水平。

然而，对于家族企业来说，若一味追求短期经济效益、"小富即安"企业成长策略，可能使得该类企业缺乏进一步扩张规模、积极开发新的创业机会的动力。与此同时，部分家族企业中，为了保持较高水平的家族控制力，或者高水平的集体心理所有权感知，往往会设计特殊性的治理制度安排，使得代理家族治理家族企业的管理者薪酬同家族企业经济绩效水平脱钩，甚至低于非家族成员薪酬水平，以此培养家族企业的家族成员的利他精神。显然，这种制度设计会降低集体心理所有权经过家族企业经济绩效向家族企业环境绩效的传导力度，使得家族企业管理者的相关经营和发展决策同环境经济绩效脱钩，从

而导致对家族企业环境绩效水平提升的负面作用。这些负面结果与情形是否相对于社会情感财富作为中介变量时，有所不同或者负向效应更大？基于此，我们提出如下研究假设：

假设 6-3：社会情感财富在集体心理所有权与家族经济环境绩效之间的中介效应要弱于社会情感财富在集体心理所有权与家族企业环境绩效之间的中介效应。

基于上述研究分析和假设，本章提出以下研究概念框架，见图 6-1。

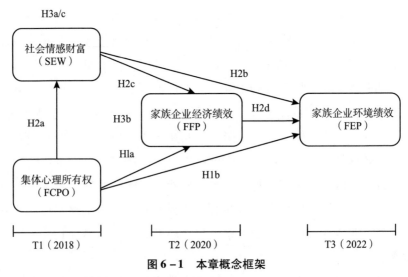

图 6-1　本章概念框架

资料来源：笔者根据前文理论假设自行绘制。

第三节　研究方法

一、数据收集

本章研究问卷共分三个时间段收集：第一阶段是 2018 年（T1）

主要向湖南省岳阳市、株洲市等和湖北孝感市、宜昌市等两省市
（区）的 247 个家庭农场主及其家庭成员收集了家庭农场集体心理所
有权、社会情感财富以及被调研对象人口特征问卷信息，第一阶段总
计发放问卷 1235 份，回收 950 份，剔除不完整信息问卷后剩余有效
问卷 941 份，第一阶段有效回收率为 76.2%；第二阶段是 2020 年
（T2），向第一阶段家庭农场主及其家庭成员发放问卷 1200 份，收集
了家庭农场经济绩效水平问卷信息，回收有效问卷 956 份，有效回收
率为 79.6%；第三个阶段是 2022 年（T3），向家庭农场主及其家庭
成员问卷总计 1128 份，主要收集家庭农场的环境绩效信息，回收有
效问卷 937 份，有效回收率为 83.1%。其间，因 2021 年受新冠疫情
影响未做问卷调研。其中，被调研对象家庭农场家庭成员规模大于等
于 4 和小于 6 的占比为 64%；家庭农场主及其成员的平均受教育程
度为初中及高中学历程度的占比为 63.4%；被调研者的男女性别分
布为男性 83.8%，女性 16.2%；被调研者平均年龄分布是大于 35
岁，小于 5 岁的占比为 75%。

二、核心变量测度

本章所采用的四个核心测度变量主要借鉴了国内外研究中比较成
熟的量表，其中，FCPO（集体心理所有权）主要借鉴皮尔斯等
（Pierce et al.，2018）四题项量表；SEW（社会情感财富）主要借鉴内
贝罗等（Berrone et al.，2012）的五题项量表（预调研后删除载荷值不
高第 3 个题项）；FFP（家族企业经济绩效）主要参考了 Velte 关于家
族企业经济绩效的测度量表；FEP（家族企业环境绩效）测度量表则
主要参考韦（Wei，2022）、哈多若等（Haldorai et al.，2022）的测度
量表。所有量表均采取李克特打分法，"1 代表非常不同意"，"5 代表
非常同意"。所有详细测度题项内容详见表 6-1 四个核心变量的验证
性因素分析结果。

表 6 – 1 四个核心变量的验证性因素分析结果

变量	测项	因子载荷值	t 值	AVE	CR
集体心理所有权（FCPO）	我们家庭成员集体认为这是我们的工作（FCPO1）	0.72	18.56	0.55	0.83
	我们家庭成员集体感知到这些工作属于我们（FCPO2）	0.76	19.77		
	我们家庭成员对于当前工作有高度共有权感知（FCPO3）	0.78	20.29		
	我们企业中所有家庭成员共同认为我们共同拥有这份工作（FCPO4）	0.68	18.56		
社会情感财富（SEW）	本家庭农场中的家族成员控制了绝大部分股份（SEW1）	0.57	15.28	0.43	0.75
	本家庭农场中的成员在企业里有非常强的家族认同感（SEW2）	0.61	15.79		
	本家庭农场中家族成员对企业有很强的情感关联（SEW4）	0.73	18.51		
	本家庭农场中家族成员有继承产业并维护家族业务传统的动力（SEW5）	0.69	15.13		
家庭农场环境绩效（FEP）	我们家庭农场内的环境管理工作包含如何减少生产废弃物（FEP1）	0.72	16.60	0.55	0.86
	我们家庭农场内的环境管理工作包含有对于水源节约（FEP2）	0.80	23.37		
	我们家庭农场内的环境管理工作包含有对于能源使用的节约（FEP3）	0.77	21.75		
	我们家庭农场内的环境管理工作包含有减少购买危及环境的生产资料（FEP4）	0.82	23.14		
	我们家庭农场内的环境管理工作包含有减少农场总体成本（FEP5）	0.58	16.61		

变量	测项	因子载荷值	t 值	AVE	CR
家庭农场经济绩效（FFP）	我们家庭农场相对于过去三年，总的投资回报率有所改善（FFP1）	0.87	19.22	0.61	0.82
	我们家庭农场相对于过去三年，总资产报酬率有所改善（FFP2）	0.81	24.30		
	我们家庭农场相对于过去三年，所有成员的出资报酬率有所改善（FFP3）	0.64	19.23		

资料来源：笔者根据前文问卷回收数据计算整理而得。

第四节　结果与分析

一、同源性方法偏差分析

为了预防和检验可能存在的同源性方法偏差，本章通过如下三种方式来进行规避和检验。首先，通过不同时间段的问卷收集法。如前文问卷样本收集方法所述，本次问卷调研对象的人口特征信息以及四个核心变量调研信息收集共分为三波。其次，根据被调研对象家庭农场主、家庭成员填写的四个变量的问卷数据，进行哈曼（Harman）检验。通过将集体心理所有权、社会情感财富、家族企业经济绩效、环境绩效四个变量的所有测度项进行探索性因子分析（非旋转），未旋转第一个因子的解释方差为 39.63%，未超过 40%。根据珀德萨可孚等（Podsakoff et al., 2003）的建议，表明本次所收集的数据不存在同源性方法偏差问题。最后，本章还通过不同因素间合并，来比较四因素测量模型的拟合指数同其他不同个数因子的拟合指数差异进行判断，例如，单因素拟合模型与四因子模型差异比较可知：$\Delta\chi^2/\mathrm{df} = 15.34$；

ΔGFI = -0.194；ΔAGFI = -0.252；ΔCFI = -0.238；ΔRMSEA = 0.08，四因素测量模型的验证性拟合指数要优于单因素模型的拟合指数（详见表 6-2）。上述措施和检验结果说明本章研究的同源性方法偏差问题得到了有效控制。

表 6-2   区分效度分析结果

模型	因子	$\Delta\chi^2$/df	GFI	AGFI	CFI	RMSEA
四因子模型	CPO，SEW，FFP，FEP	4.601	0.944	0.922	0.948	0.062
三因子模型	CPO + SEW，FFP，FEP	8.277	0.881	0.839	0.892	0.088
三因子模型	SEW，CPO + FEP，FFP	11.602	0.830	0.768	0.842	0.106
三因子模型	SEW，FEP，FFP + CPO	11.862	0.856	0.804	0.838	0.108
二因子模型	CPO + SEW + FFP，FEP	14.929	0.813	0.750	0.789	0.122
二因子模型	CPO + SEW + FFP，FEP	12.775	0.814	0.753	0.821	0.112
单因子模型	CPO + SEW + FFP + FEP	19.941	0.750	0.670	0.710	0.142

注：1. + 代表两个因子合并为一个；2. χ^2/df 为卡方值比自由度；3. GFI 为拟合指数；4. AGFI 为修正拟合指数；5. CFI 为相对拟合指数；6. RMSEA 为近似误差均方根。
资料来源：笔者根据前文问卷回收数据计算整理而得。

二、信度和效度检验

本章研究对所涉及的四个核心因素（变量）进行了验证性因子分析，由表 6-1 可知，所有预测变量的平均抽取方差（AVE）及组合信度值（CR）分别都高于 0.50，仅社会情感财富（SEW）的 AVE 值稍低，根据佛雷尔和拉克（Fornell and Larcker，1981）的建议，尽管该变量的 AVE 值稍低，但其组合信度满足大于 0.60 条件，即可表明该变量的聚合效度是符合研究要求的[①]。其中，主要四个核心变量的验证性分析结果表明（$\chi2$ = 446.34，df = 97，$\chi2$/df = 4.60；GFI = 0.94；AGFI = 0.92；CFI = 0.95；RMSEA = 0.06；SRMR = 0.05）本章研究的模型与

---

① Fornell C.，Larcker D. F. Evaluating Structural Equation Models with Unobservable Variables and Measurement Error [J]. Journal of Marketing Research，1981，18（1）：375-381.

样本数据拟合程度较好。同时，由表 6 - 3 可知，本章研究的主要核心概念的 AVE 值的平方根值均低于其左侧和下侧的两两相关系数值，说明本章研究核心概念之间有较好的区分效度。

表 6 - 3					描述性统计、信度及区分效度分析					
Variables	Mean	S. D.	1	2	3	4	5	6	7	8
1. Age – T1	47. 07	8. 46	—							
2. Gen – T1	1. 95	0. 21	0. 13 *	—						
3. Edu – T1	5. 60	2. 84	0. 01	− 0. 04	—					
4. Fsize – T1	4. 28	1. 25	0. 01	0. 07 *	0. 09 *	—				
5. FCPO – T1	3. 90	0. 48	− 0. 08 *	− 0. 03	0. 07 *	0. 03	0. 74			
6. SEW – T1	3. 68	0. 59	− 0. 01	− 0. 02	− 0. 03	0. 01	0. 39 *	0. 66		
7. FEP – T3	3. 69	0. 60	− 0. 09 *	− 0. 06 *	0. 01	− 0. 01	0. 38 *	0. 51 *	0. 74	
8. FFP – T2	3. 69	0. 56	− 0. 03	− 0. 02	− 0. 03	0. 04	0. 24 *	0. 30 *	0. 23 *	0. 78

注：1. * $p < 0.1$；2. 对角线数字为 AVE 平方根值；3. Age = 年龄，Gen = 性别，Edu = 受教育程度，Fsize = 家庭农场家族成员数，FCPO = 家族集体心理所有权，SEW = 社会情感财富，FFP = 家庭农场经济绩效，FEP = 家庭农场环境绩效。
资料来源：笔者根据前文问卷回收数据计算整理而得。

三、假设检验结果

（一）主效应检验

假设 6 - 1a/b 提出集体心理所有权对于家族企业经济绩效和环境绩效存在正向作用效果，通过 AMOS25. 0 软件的路径模型以及其自重复抽样法（Bootstrapping Method）5000 次设定后所得到的直接效应结果可知，表 6 - 4 的路径模型估计结果显示，FCPO 对于家庭农场的经济绩效和环境绩效都呈现正向的作用关系，对于经济绩效的非标准化路径系数分别为 0. 260（点估计值为 2. 31，$p < 0.05$）；对于环境绩效的非标准化路径系数为 0. 205（点估计值为 2. 181，$p < 0.05$），其他不

同变量的测度题项均对本章提出的四个核心变量的路径系数呈现显著
作用效果，在路径系数中集体心理所有权对社会情感财富有显著的正
向作用效果，也进一步证实了格雷（Gray）等学者的结论；家族企业
的经济绩效对于其环境绩效的作用关系不显著，且作用系数为负值
（点估计值 Z = -0.239，N. S）。同时，根据表 6-5 的直接效应自重
复抽样所获得的主效应结果可知，其系数值所在 Boot 重复抽样 95%
置信区间中均不含 0，说明本章所提出的假设 6-1a/b 均获得了本章
样本数据支持。

表 6-4　　　　　　　　路径模型估计（Model Estimates）

Latent variables	Estimate	S. E.	Z	p		LLCI ULCI	Beta
SEW ← FCPO	0.658	(0.049)	9.970	<0.001	***	[0.499 0.708]	0.666
FFP ← SEW	0.405	(0.085)	3.462	<0.001	***	[0.261 0.687]	0.317
FFP ← FCPO	0.260	(0.073)	2.321	<0.05	*	[0.065 0.431]	0.198
FEP ← FFP	-0.011	(0.026)	-0.239	—	N. S.	[-0.06 0.05]	-0.012
FEP ← SEW	0.960	(0.069)	8.000	<0.001	***	[0.61 0.92]	0.698
FEP ← FCPO	0.205	(0.047)	2.181	<0.05	*	[0.02 0.24]	0.133
FCPO4 ← FCPO	1.000	(0.000)	Inf	<0.001	***	1 1	0.683
FCPO3 ← FCPO	1.012	(0.050)	19.843	<0.001	***	[0.94 1.10]	0.783
FCPO2 ← FCPO	1.252	(0.063)	17.389	<0.001	***	[1.15 1.39]	0.766
FCPO1 ← FCPO	0.898	(0.048)	15.220	<0.001	***	[0.81 1.00]	0.720
SEW1 ← SEW	1.000	(0.000)	Inf	<0.001	***	1 1	0.573
SEW2 ← SEW	1.232	(0.098)	11.623	<0.001	***	[1.18 1.59]	0.612
SEW3 ← SEW	1.190	(0.086)	12.935	<0.001	***	[1.14 1.51]	0.727
SEW4 ← SEW	1.134	(0.083)	14.354	<0.001	***	[1.14 1.46]	0.685
FEP5 ← FEP	1	(0.000)	Inf	<0.001	***	1 1	0.580
FEP4 ← FEP	1.369	(0.080)	18.330	<0.001	***	[1.28 1.59]	0.820
FEP3 ← FEP	0.963	(0.078)	24.075	<0.001	***	[1.21 1.53]	0.771
FEP2 ← FEP	0.911	(0.074)	21.186	<0.001	***	[1.17 1.47]	0.802

续表

Latent variables	Estimate	S. E.	Z	p		LLCI ULCI		Beta
FEP1 ← FEP	0.802	(0.069)	20.564	<0.001	***	[1.03	1.29]	0.719
FFP1 ← FFP	1.000	(0.000)	Inf	<0.001	***	1	1	0.872
FFP2 ← FFP	1.028	(0.042)	24.476	<0.001	***	[0.96	1.10]	0.809
FFP3 ← FFP	0.563	(0.029)	14.075	<0.001	***	[0.50	0.63]	0.635

注：1. * p < 0.05，*** p < 0.001；2. S. E. 标准误，t = t-statistic，p = p-value，LLCI = 置信区间上限值，ULCI = 置信区间下限值；3. Inf = （回归权重 = 1，无限），LLCI = 偏差矫正后置信区间最低值，ULCI = 偏差矫正后置信区间最高值。

资料来源：笔者根据前文问卷回收数据计算整理而得。

（二）中介效应检验

本章通过 Amos 软件自重复抽样法（Bootstrapping Method），重复抽样 5000 次，采用极大似然估计法（ML）对本文提出的假设进行检验。结果如表 6 - 5 所示，根据判断置信区间是否包含 0 的标准，社会情感财富在集体心理所有权与家庭农场环境绩效间（FCPO→SEW→FEP）的中介效应是显著的（Boot 95% CI = [0.361，0.577]），这说明 SEW 中介 FCPO 与 FEP 之间的作用关系，因此，假设 6 - 2a 获得验证；同理，根据上述办法可判断，因为置信区间中含有 0，故而，经济绩效在集体心理所有权与家庭农场环境绩效间的中介效应不显著（Boot 95% CI = [- 0.018，0.010]）（FCPO→FFP→FEP），假设 6 - 2b 未获得本章数据验证；社会情感财富（SEW）在集体心理所有权与家庭农场经济绩效间的中介效应是显著的（FCPO→SEW→FFP）（Boot 95% CI = [0.157，0.415]），故而，假设 6 - 2c 获得本章样本数据的支持；由置信区间判断可知，远程中介效应假设 6 - 2d 未获得本章样本数据验证（FCPO→SEW→FFP→FEP）（Boot 95% CI = [- 0.019，0.012]）。

（三）中介效应比较分析检验

通过前文中介效应分析结果可知，②④的中介作用效果不明显，

159

故而,仅需比较③与①的中介效果强度。本章利用 AMOS 中介效应分析中 Estimand VB 自行命令设定功能,设定不同中介路径的比较分析,以此判断社会情感财富在集体心理所有权、家庭农场环境绩效与经济绩效之间的中介效应强弱进行比较分析,通过 v. Parameter Value 的路径系数值相乘之后进行两两相减,如 FCPO→SEW→FEP 与 FCPO→SEW→FFP 中介效应的比较,其中,FCPO→SEW 作用参数值为 b,SEW→FEP 作用参数为 c,则两个系数值相乘:v. Parameter. Value (b)× v. Parameter. Value (c),并与 FCPO→SEW→FFP 中介效应参数相乘值两两相减后进行样本数据检验,由表 6 - 5 可知,社会情感财富在集体心理所有权与环境绩效之间的中介效应要强于其在集体心理所有权与经济绩效之间的中介效应,(FCPO→SEW→FFP)③vs①(FCPO→SEW→FEP)(Boot 95% CI = [-0. 419, -0. 157]),故而,假设 6 - 3 获得样本数据支持。

表 6 - 5 直接效应与间接效应分析结果

Relationship	Boot effects	Boot SE	Boot 95% CI		Test results
Direct effects on FFP/FEP (直接效应)					
FCPO→FFP	0. 198	0. 087	[0. 048	0. 332]	H1a support
FCPO→FEP	0. 133	0. 069	[0. 018	0. 243]	H1b support
Indirect effects on FFP/FEP (中介效应)					
①FCPO→SEW→FEP	0. 457	0. 065	[0. 361	0. 577]	H2a Support
②FCPO→FFP→FEP	- 0. 002	0. 009	[-0. 018	0. 010]	H2b Not support
③FCPO→SEW→FFP	0. 272	0. 079	[0. 157	0. 415]	H2c Support
④FCPO→SEW→FFP→FEP	- 0. 002	0. 010	[-0. 019	0. 012]	H2d Not support
Contrast (中介效应比较)					
③VS①	- 0. 274	0. 080	[-0. 419	-0. 157]	H3 support

注:LLCI = 偏差矫正后置信区间最低值;ULCI = 偏差矫正后置信区间最高值(自举抽样 = 5000)。

资料来源:笔者根据前文问卷回收数据计算整理而得。

第五节 结论分析与管理启示

一、研究结论与讨论

通过前文的实证检验，本章考察了集体心理所有权对家族类企业诸如家庭农场的社会情感财富、经济绩效以及环境绩效的中介作用机制，并验证了其中部分相关假设，由此，本章获得如下研究结论：

（一）集体心理所有权对家族类企业的经济绩效和环境绩效有正向作用效果

SEW 理论认为，家族类企业在风险类决策过程中，偏好代理理论中风险偏好一致原则，特别是在预期产出方案与 SEW 损益进行参照比较过程中，会根据外部环境进行灵活调整创业决策，而不是一味的风险厌恶（Christman et al.，2012）。基于 SEW 理论，从本章的数据验证结果可知，作为具有明显家族特征的家庭农场，其创业过程中时刻同家庭因素强关联，家庭因素的卷入，使得其更容易产生集体心理所有权感知，从而对其企业长期的经济发展带来积极影响；同时，不容忽视的是，家庭农场因天然同其所嵌入的村社网络以及自然资源有高度的相互依赖性，使得其发展中既要关注其强关联的家族企业经济成长，也会根据外部因素的变化给予环境可持续发展关注。显然，这部分的研究结论同克瑞斯特曼等以及格雷等（Christman et al.，2012；Gray et al.，2020）的研究结论是一致的。

（二）社会情感财富在集体心理所有权与家族企业的环境绩效和财务绩效间有显著的中介作用

SEW 理论认为，家族企业会在追求经济目标和非经济目标过程中，引入家族价值观、利他主义、情感价值以及维系家族控制等方面的概念维度，使得家族类企业在创业过程中，产生较为复杂的心理—产出作用机制（卫利华等，2019）。换言之，家族类企业在集体心理所有权的影响下，会对其非经济目标即社会情感财富产生积极影响，前文中的主效应分析也已提供了比较明显的支持。集体心理所有权能促使家族类企业形成较强的团结氛围，为达到企业较强的经济效益目标，家族企业会集中优势资源和社会资本来促成经济绩效目标的实现，并在此过程中获得家族企业的家族认同感和家族集体荣誉感；同时，家族企业诸如家庭农场因为集体心理所有权的正向作用，通过社会情感财富这一非经济绩效目标的实现，将部分的精力甚至牺牲部分财务绩效或经济绩效，以此获得较高的诸如环境友好、环境保护以及绿色有机循环农业产出。这说明，对于家族企业来说，维持较高的社会情感财富水平，可以将家族企业形成的集体心理所有权感知有效传导给社会情感财富，并最终用以提升家族类企业的创业经济绩效和环境绩效。

（三）社会情感财富在家族类企业集体心理所有权与环境绩效水平间中介水平相较于经济绩效水平间更高

皮尔斯和约斯拉（Pierce and Jussila，2010）从群体层面来分析心理所有权的产生机制之后，提出了集体心理所有权概念（CPO），而家族类企业作为一种特殊群体，其显然展现出较为明显的家族型集体心理所有权（FCPO）特性，其表现出的"我们的"心理可能更胜非家族企业群体（Pierce and Jussila，2010）。集体心理所有权能够激发群体里或团队里的成员思考构建团队工作价值、未来发展方向以及和谐团队氛围（Giordano et al.，2020）。推而论之，相对于经济绩效水平的追求，家族类企业的集体心理所有权则更有可能提升其环境和谐满足的诉求，从而催生其更高的创业激情；高涨的创业激情利于有效提升其社会情感财富，并最终提升其环境绩效水平。前文的数据验证结果说明，家族企业诸如家庭农场作为绿色创业和创新的重要实践主体，其在开展创业目标设定中，更加倾向于高环境绩效水平诉求，社会情感财富在集体心理所有权与环境绩效水平间的中介效应要显著强于经济绩效水平。

二、理论贡献

本章拓展了集体心理所有权和社会情感财富等相关理论研究：

第一，将集体心理所有权导入针对家庭农场等特殊的涉农家族企业的实证分析。尽管当前已有学者将集体心理所有权应用于组织行为研究中，并针对团队创新等研究展开了分析，但在家族集体层面，较少探讨集体心理所有权对于经济绩效以及环境绩效的作用关系。

第二，进一步揭示了家族类企业社会情感财富的中介作用机理和效应。社会情感财富作为家族企业标志性属性，其在家庭农场这一特殊家族企业中发挥着重要的中介传导效应。这说明家族企业对于非经济绩效目标的诉求和经济目标诉求一样重视。

第三，利用社会情感财富理论，比较了家庭农场类家族企业相对于一般企业对于绿色发展等环境绩效目标的实现更富有激情和动力。这比较符合该类企业对于自然资源等生产资料的倚重程度较高的特点，有较强理论预测力。

三、管理启示

本章研究也获得了一些针对涉农类家族企业管理的有益启示：首先，涉农家族企业，诸如家庭农场等，需要设定非经济绩效目标，以此回应社会对于该类企业更高的可持续性、绿色发展要求；其次，家庭农场应当注意经营管理中家族成员对于家族集体荣誉的维护，并将其有效转化为非盈利和盈利目标实现的积极促进因素；最后，鼓励涉农家族企业要有效设置合理的股权设置，使得该类企业的集体心理所有权发挥其对于家庭农场创业绩效水平提升的促进效应。

第七章

创业拼凑对家庭农场可持续创业绩效的影响：有调节的中介模型

第一节　引　　言

持续深化农业农村改革、积极鼓励农民创新创业，大力提升新型农民幸福感与获得感成为推进农业农村现代化、实现中华民族伟大复兴的战略性路径。自2013年中央一号文件提出创办家庭农场以来，特别是2017年乡村振兴战略提出以后，不少地方政府纷纷创新和完善财政、金融、税收、保险、土地流转、社会化服务等农村创业制度政策，有力推动了创业型家庭农场的快速发展，逐渐成为农业农村现代化的主力军。通过对长沙、常德、湘潭、株洲、益阳、岳阳等湖南地区家庭农场开展实地调研后发现，大多数家庭农场在创业过程中仍面临创业资源、合法性、制度环境等主要瓶颈（易朝辉和段海霞，2020），致使农场发展创新不容乐观，但在同样的条件下，有些家庭农场仍然能够快速成长，因此，这一现象如何解释？此必将激起学者们的广泛讨论和关注。

从现有文献来看，家庭农场研究主要集中在家庭农场的含义及产生机理（Gasson et al.，1988；田雨露和郭庆海，2022）、家庭农场成长存在的问题与对策（Sckokai and Moro，2009）、社会化服务（杨子等，2019）、家庭农场规模与效率（Helfand and Levine，2004）、家庭农场（多元化）成长的影响因素及政策建议（Ferguson and Hansson，

2015；Yoshida et al.，2020）等方面，尽管这些研究有助于从理论上丰富家庭农场的相关研究，但仍难以解释"有些家庭农场在资源困境下依然能够快速成长"。从实际情况来看，政府在促进家庭农场成长过程中扮演了重要角色，但家庭农场的发展不能过多依赖政府补贴和转移支付，主要应依靠农场主本身。

　　本质上，创办家庭农场是一种特殊的农民创业活动。迄今，国内外学者从不同层面对农民创业绩效进行了有益探索（孙红霞等，2010）：（1）基于个体层面解释了农民创业者（农场主）的个人特征（Barbieri and Mshenga，2010；罗明忠和陈明，2014）和资源禀赋（Grande，2011；张敬伟等，2017）对创业绩效的影响及其差异；（2）基于组织（农场）层面解释了家庭构成与支持参与（杨昊等，2019）、农场经营特征（郭红东和丁高洁，2013）对创业机会识别与开发等方面的影响；（3）基于外部环境着重探讨农村环境（赵佳佳等，2020；Galliano and Siqueira，2021）、制度政策支持（朱红根和康兰媛，2013；Silva et al.，2021）对农民创业的重要影响，但中国家庭农场创业方面的研究还不够深入、非常零散。因此，从创业视角来研究中国家庭农场成长可能是一条新思路。

　　在政策滞后条件下，家庭农场主由于自身禀赋较弱、资源约束较为严重，很大程度上制约了家庭农场的生存与成长。因此，家庭农场主如何整合资源突破资源限制对促进家庭农场成长至关重要，而创业拼凑（也称资源拼凑）正好迎合了这一论点，可做出合理的解释（张敬伟等，2017；高静和张应良，2014）。贝克（Baker et al.，2003）提出的创业拼凑理论，即创业者在资源约束的条件下通过创造性地利用手头资源以解决新问题或发现新机会，为创业者提供了又一可循创业路径。湖南省石门县蒙泉镇有一位流转300亩地的水稻家庭农场主就是利用现有资源（旧摩托车、废铁以及打工学来的电焊技术等）通过创造性拼凑成功解决了不同地形、地块所带来的诸多问题。基于此，有必要引入创业拼凑来探讨家庭农场的成长机制，而且创业拼凑转化为家庭农场可持续创业绩效的中间路径尚不清楚。

事实上，尽管不少家庭农场在创业初期获得了可观的成功，但由于未能及时创新商业模式以适应不断变化的市场环境导致最终失败。没有任何事业能持续保持繁荣，只有不断创新商业模式才能永葆生机。这正契合了在新常态经济背景下提出的"产业融合"思想：要用工业理念和互联网思维发展现代农业，促进一、二、三产业融合发展，从而充分发挥农业的多功能特性。实质上，产业融合就是要延伸农业（农产品）价值链，不断创新商业模式，进而享受全产业链中的增值利润。近年来，一些家庭农场在不同领域实践着产业融合发展的理念，创新了多种不同的商业模式。譬如，全国范围内逐渐兴起的"社区支持农业"（CSA），积极推广的循环种养与林下经济等农林牧渔结合方式，通过间作、套作、混作等形成的"生态立体种养"以及上海等地出现的"家庭农场联社（湖北称协会）"、"农业企业+合作社+家庭农场"农业产业联合体等都是农场主创新商业模式的重要实践形式。因此，商业模式提供了一个全新的审视企业经营的视角，也成为资源匮乏的家庭农场实现快速成长的重要战略途径（Zott et al.，2011）。

随着新城镇化与互联网+现代农业，特别是农村电子商务体系、农村互联网金融体系、农村物流网络体系的加快推进，以及农村社会化服务体系、农村土地制度等方面的不断改革和完善，在农业领域创新商业模式将是大势所趋。从企业资源观来看，创业拼凑实际上就是商业模式创新的一种转化机制，它们都是提升家庭农场竞争优势的重要来源（Baker and Nelson，2005），但目前还没有关注三者关系的研究，而这是探讨家庭农场创业机理的重要议题。

从社会认知理论来看，家庭农场主的构成具有多样性，具体包括农村能手（务农）、农机站退休人员、村支书、大学生（村官）、城里下乡创业者、返乡农民工等，他们在生产技术、规模经营、过程管理、创新方式以及战略规划等方面都存在不同的认知偏差，而博亚德和弗兹科斯（Boyd and Vozikis，1994）提出的创业自我效能感作为一种心理认知资本可弥补创业者的认知缺陷。创业自我效能感被认为是创业者相信自己能够成功扮演各种创业角色，并完成各项创业任务的信念强度。目前，在创业拼凑促进商业模式创新进而促进家庭农场成长的过程中，创业自我效能感所发挥的作用和转化路径仍不明晰（孙红霞等，2013），值得予以深入探讨。

有鉴于此，本章将结合企业资源观与社会认知理论，以创业拼凑为关键变量，重点考察商业模式创新和创业自我效能感对家庭农场可持续创业绩效的作用机理，并选择以湖南省家庭农场为样本实证检验以上变量之间的概念模型（图7－1），尝试为资源禀赋较弱的家庭农场提升可持续创业绩效提供更有效的路径，也为更有效地解释和指导我国家庭农场创业实践活动提供理论依据。

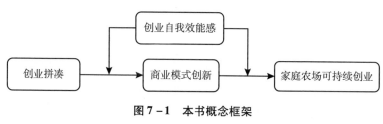

图7－1　本书概念框架

资料来源：笔者根据前文理论假设自行绘制。

第二节　文献回顾与研究假设

1. 创业拼凑与家庭农场可持续创业绩效

探索资源稀缺情境下的创业者如何突破"资源约束"从而促进新企业成长一直是创业研究的热点问题（Baker and Nelson，2005）。由于新企业"新"而"小"特点使其难以通过外部获取创业所需资源，因此，创业学者开始转向内部探索新企业如何突破约束并实现创业成功，贝克等（Baker et al.，2003）提出的创业拼凑可能是一条有效的途径，引起了学者们的广泛关注。贝克和尼尔森（Baker and Nelson，2005）认为，创业拼凑是通过组合行动进行资源碎片的拼凑，不断产生新的、有价值的社会建构型资源的过程，包括奏效、为新目的进行资源组合、手头资源三个基本要素。随后，多梅尼克等（Di Domenico et al.，2010）梳理了拼凑理论文献，并提出有关创业拼凑的另外两个要素：不屈从于约束和即兴而作。

企业资源观强调不断获取异质性资源是企业提升竞争优势的重要手段，而创业拼凑则是构建这些异质性资源的关键途径。因此，创业拼凑实际上就是创业者创造性利用资源的一种技能（Di Domenico et al.，2010；Gundry et al.，2011），一定程度上有助于促进新创企业绩效的提升（Senyard et al.，2009；Senyard et al.，2014）。也就是说，创业拼凑并非努力去寻求新的外部资源，而是通过创造性行为能重新整合看似无用的手头资源，譬如人力、物力和财力等有形资源或知识、经验、技巧、关系等无形资源，挖掘现有资源的新用途，从而为资源贫乏的新创企业创造新价值（Baker and Nelson，2005）。然而，目前关于创业拼凑与新创企业创业绩效的关系仍存在争议，但是却为乡村创业领域引入创业拼凑提供了丰富的理论素材和支撑。

事实上，资源贫乏的农场主（农民）在创业过程中提供了大量的创业拼凑实践，源于农场主更偏好利用已有的有限资源从事创业活动。在创业领域广泛传播的一个经典案例就是，一位农场主运用自身的经验或技巧，通过对现有资源的创造性拼凑实现了新的机会价值：一个废弃的煤矿穿过一家农场，因煤矿开采形成了巨大的污水坑并且产生了大量有毒的沼气而遭受灭顶之灾；然而，农场主巧思妙想，挖洞直通废矿架，改造本地购买的一台二手柴油发电机来燃烧沼气发电，再通过翻新的变压器卖给本地电网，若有多余的沼气可以卖给当地的天然气公司；同时，利用余热建立一个温室可无土栽培番茄，用冲洗番茄根部的水在处理后的污水坑里养罗非鱼，而鱼的排泄物又作为番茄种植的肥料。不难发现，面临资源束缚的农场主凭借自己的经验和技巧，创造性地组合各种废弃或冗余资源，从而不断解决新问题和实现新机会（Baker et al.，2003），进而促进了家庭农场生存与成长。因此，提出如下假设：

假设7-1：创业拼凑对家庭农场可持续创业绩效具有正向影响。

2. 商业模式创新的中介作用

20 世纪 50 年代发展起来的商业模式描述了新创企业如何发现价值、传递价值和获取价值的基本原理（Morris et al.，2005），它通过整合新创企业内外各种资源并成功实施价值链活动，从而实现价值主张与目标客户的有效匹配，最终推动其可持续成长（Zott et al.，2011）。虽然商业模式创新已经成为创业领域的一个热点问题（Foss and Saebi，2017），但它是一个比较复杂的概念，目前学术界还未达成共识。譬如，从战略学来看，它是一种组织为应对外生不连续性而做出的非常规、激进式战略变革过程；受到普遍认可的定义就是从商业模式学来界定，它是一种涵盖关乎资源、流程等运营模式且涉及收入、成本等盈利模式的设计过程（Martins et al.，2015），主要包括价值主张、目标客户和价值链活动等要素的创新，而且这些要素中任何一种要素的改变都会导致商业模式的变化。

作为助推乡村全面振兴的生力军，家庭农场开展持续性创业活动有助于更好地解决"三农"问题。但同样具有较弱资源禀赋的家庭农场却选择了不同的商业模式，并且表现出不同甚至天壤之别的创业绩效差异？这关系到创业者学习与认知，而创业拼凑实际上就是农场主不断学习与认知积累的过程，包含着大量的问题识别与解决活动，能够提升开发机会和整合资源的能力，成为实现创新的一种有效手段与途径（Senyard et al.，2014）。商业模式创新实际上是不确定环境下充斥着搜寻和试错的资源构建过程，而创业拼凑就是在资源约束条件下驱动商业模式创新的过程，但此过程中需要采用不同的拼凑策略，无论物质资源拼凑还是创意资源拼凑均有助于产品与服务创新。湖南新化县科头乡对江村一位种植农场主将自家已废弃的木房子改造成加工厂开发出桑椹干、无花果干等产品；通过县妇联、县政府等机构与中科院、湖南省农科院以及本地优秀的食品加工企业进行合作，通过采摘、微信商城等方式销售先后开发出来的桑椹酒、桑椹汁、桑椹面、桑椹糍粑等深加工产品，逐渐成为当地成功实施产业融合发展且小有名气的家庭农场典范。因此，提出如下假设：

假设 7 - 2：创业拼凑对商业模式创新具有正向影响。

根据切斯博思和肖沃兹（Chesbrough and Schwartz，2007）的观点，好的商业模式比好想法和技术更重要。因此，商业模式创新对创业绩效的作用机理引起了国内外学者们的广泛关注，商业模式创新有助于促进新创企业创业绩效的提升也获得一致共识。新创企业在商业模式上寻求创新能创造出不容易被竞争对手模仿的专有价值，进而提升创业存活率和获取竞争优势。从这意义上讲，家庭农场不断创新商业模式也可提高核心竞争力实现快速成长。湖南宁远县水市镇茶叶冲村一位农场主抓住了市民追求返璞归真的心理，不仅孵化出主打亲子教育、手工体验的大元社艺术交流中心，建设了传统农耕文化博物馆，还大力发展公益性的红色旅游，将农业、手工业和旅游业巧妙地融为一体，让人耳目一新，吸引了一大批前来体验的游客，极大地提高了家庭农场的可持续创业绩效水平。因此，提出如下假设：

假设 7 - 3：商业模式创新与家庭农场可持续创业绩效具有正向影响。

实际上，商业模式创新是新创企业内外部要素共同作用的结果：一方面，作为一种内部驱动的过程，商业模式创新的影响因素主要来源于创业者及团队认知层面（Martins et al.，2015）、战略与文化层面（Zott and Amit，2008）、产品或技术层面（Chesbrough and Schwartz，2007）、组织资源（能力）与结构层面（Miroshnychenko et al.，2020）等；另一方面，作为应对外部环境变化的过程，商业模式创新的影响因素主要来源于市场环境特征、外部竞争状况、行业技术变革、政策制度、环境的动态性等。因此，商业模式创新转化为新创企业创业绩效必然会受到这些内外部因素的影响。基于此，学者们基于不同视角探讨了商业模式创新的中介和调节机制，前者主要是从机会识别能力（庞长伟等，2015）、整合能力（Pang et al.，2019）、关系网络构建行为、开放性创新、创业与战略导向、战略敏捷性；后者从技术创新、产品创新等展开研究。不难发现，商业模式创新的传导机制有待进一步探索，也成为家庭农场创业领域的主要议题。

家庭农场创业本质上就是不拘泥于资源条件限制下整合资源创新商业模式，进而开发机会创造价值的动态过程。一方面，在不确定环境下，农场主需要根据市场信息的变化和阶段性的资源需求创造性利用现有资源，进而适时创新商业模式并实现与新机会的有效匹配（Kim and Min，2015）；另一方面，为了适应环境压力与变化，农场主通过创业拼凑不断开展产品与服务创新，合理设计新颖的商业模式，从而获得更高的机会价值推动家庭农场的快速成长。湖南江永县潇浦镇江丰村一位农场主充分利用苗木种植的先前经验种植湘柚、柑橘，并利用与政府的关系邀请商会代表、县长为其产品在抖音带货；同时，还采用山间地头天然的石块、木头、草料搭建凉亭、农庄，并收集村民们废弃、无用的斗笠蓑衣、犁耙、石磨等传统农具，成立农耕民俗文化展览和体验馆，建成集水果采摘、娱乐餐饮和文化体验于一体的蓬勃发展的有机生态农场。因此，提出如下假设：

假设 7-4：商业模式创新在创业拼凑与家庭农场可持续创业绩效的正向关系中起中介作用。

3. 创业自我效能感的调节作用

不同于组织和管理认知，创业认知是创业者在新创企业成长过程中用于做出评价、判断和决策的知识结构，更多地依赖启发式等存在大量偏见和偏差的认知决策过程。近年来，学者们逐渐意识到创业认知能更好地解释与预测创业现象，于是创业自我效能感作为创业行为的重要预测变量获得了广泛的关注（Newman et al.，2019）。本质上，创业自我效能感就是一种创业者相信自己能够胜任不同创业角色和任务的信念（Chen，1998），它是隐藏在创业者认知结构、创业决策、创业行动背后深层次的信念因素，从而逐渐引起了学者们的广泛关注（Newman et al.，2019）。

从社会认知理论出发，创业自我效能感在个体决定是否追求创业事业并参与创业行为中扮演着十分重要的作用，一定程度上促进了新创企业创业绩效的提升。迄今为止，基于不同内外部要素探讨创业自我效能感形成的研究主要集中在以下几方面：（1）个体层面，包括工作经历、教育培训、榜样和导师的出现、个体特征差异等；（2）组织层面，包括战略导向与文化、决策制定过程等；（3）制度环境层面，包括基于绩效的文化规范、环境动态性等。同时，现有的文献也深入探讨了创业自我效能感的中介与调节作用，前者主要基于政府支持、行为意图、创业者的关系强度、创业警觉性、创业学习（Shen et al.，2021），后者主要基于创业者能力（Chandler and Hanks，1994）、即兴行为（Hmieleski and Corbett，2008）、创业培训（Gielnik et al.，2016）等开展研究。此外，学者们还分析了创业自我效能感转化为新创企业创业绩效的中间机制，主要基于创业决策逻辑、目标设置难度、创业导向（McGee and Peterson，2019）等视角。

然而，目前关于创业自我效能感对家庭农场商业模式创新的影响机理仍不清晰。作为创业认知的核心概念，创业自我效能感直接作用于创业者思维、动机和行为的产生，也将贯穿于农场主创业的整个过程，而在这个被称为"黑箱"的过程中农场主需要不断调整和创新商业模式以持续创造价值并提升竞争优势。在获取外部资源更难的情境下，创业自我效能感更能激发农场主投入大量的时间、情感和精力，凭借现有的经验和技能，对那些看似毫无价值、廉价或者即将丢弃的手头资源进行创造性组合和利用，从而构建新的资源基础促使家庭农场获得更大的创业成功。换句话说，具有较高水平创业自我效能感的农场主能快速作出反应，通过创业拼凑发掘资源新价值，不断识别机会并及时调整或创新商业模式（孙红霞等，2013），即在产品或服务、价值链活动、目标客户等不同方面实施多样性创新。湖南汉寿县沧港镇万福村一位农场主从事珍珠养殖十多年，对于自己能成为当地创业致富领头人非常有信心：一方面，他借助汉寿县珍珠养殖培养中心研发新珍珠品种，提高了珠蚌的产珠能力和珍珠品种的多样性；另一方面，他将村里废弃的厂房改造成破蚌厂，免费帮养殖户处理珠蚌，并将统一收集的蚌壳和蚌肉分别加工成养殖珍珠的肥料和各类食品销售到沿海城市，不仅开辟了利润新来源还实现了生态农业。因此，提出如下假设：

假设 7 - 5：创业自我效能感正向调节创业拼凑对商业模式创新的影响，即创业拼凑与商业模式创新之间的正向关系在高水平创业自我效能感的情况下要比低水平创业自我效能感的情况下更强。

基于上述假设的提出，本章还探索出一个有中介的调节模型。具有较高创业自我效能感的家庭农场主更能保障创新后的商业模式的成功实施，源于创业自我效能感水平较高的农场主更能利用先前经验、变革认知与社会资本获取更多的财务资源、物质资源、人力资源等，转化并构建为实施新商业模式所需的资源基础，以积极应对环境变化带来的诸多挑战（Zott and Amit，2010）。正如马丁斯等（Martins et al.，2015）所述，商业模式创新是应对外部技术和制度震荡的反应，是应对外部环境变化的试错结果，被视为一种初始实验并试错学习进行持续调整的创新性认知过程，从而成为提升创业绩效的有效途径。湖南安乡县陈家嘴镇联盟村一位农场主坚定信念扎根农村创业，实现了从放鸭娃到高级农艺师的成功转变：经过多年的水稻钻研和稻鸭共生实践，他成功注册了获得全国富硒名优产品金奖的"天喜哥"牌富硒大米；之后，从邻村的汤家岗文化遗址发现了商机，他与高校、科研院所等合作开发"汤家岗"牌生态大米，打造了五彩水稻生态科研园，还成立了稻作文化宣传廊，将加工后的大米及米制品（如汤家岗血糯米糍粑）通过农博会、年货节和淘宝网等渠道远销海内外，成功地将生态、科技、旅游、文化巧妙融为一体，促进家庭农场的健康发展。可见，创业自我效能感水平较高的农场主通过商业模式创新促进了创业资源的合理配置、创业机会的精准捕捉并转化为创业绩效。因此，提出如下假设：

假设 7 - 6：创业自我效能感在创业拼凑、商业模式创新与家庭农场创业绩效的影响路径中起到正向调节作用，即创业拼凑通过商业模式创新对家庭农场创业绩效的间接效应在高水平创业自我效能感的情况下要比低水平创业自我效能感的情况下更强。

第三节 研究设计与样本选择

1. 变量解释和量表设计

（1）自变量：创业拼凑（entrepreneurial bricolage，EB）。就家庭农场而言，创业拼凑就是在资源约束条件下，创造性地整合手头资源以迅速解决新问题和开发新机会的过程（Baker and Nelson，2005）。本章在森亚德等（Senyard et al.，2009）研究的基础上，结合森亚德等（Senyard et al.，2014）的研究成果和中国家庭农场创业情景，基于奏效、手头资源以及为新目的进行资源组合等拼凑的关键特征，采用经过恰当调整的 8 个题项来测量创业拼凑。

（2）因变量：家庭农场可持续创业绩效（sustainable entrepreneurial performance of family farm，EPFF）。现有文献非常缺乏家庭农场创业绩效的测度，但家庭农场创业作为农民创业的重要组成部分，可借鉴农民创业绩效测量的量表（罗明忠和陈明，2014；Cooper and Artz，1995）；同时，在中国情境下，家庭农场不能硬搬美国的"大而粗"模式，而应采用"小而精"模式，并通过企业化管理实施适度规模经营，可借鉴新创企业创业绩效测量的量表（Murphy and Trailer，1996）。基于此，本章在朱红根和解春艳（2012）、钱德勒和汉克斯（Chandler and Hanks，1994）以及郭红东和丁高洁（2013）等研究的基础上，将客观评价（获利性与持续成长性）与主观评价相结合，采用 10 个题项来测度家庭农场可持续创业绩效。

（3）中介变量：商业模式创新（business model innovation，BMI）。作为新创企业价值创造的关键，商业模式创新本身就是提升创业绩效的有效方式（张玉利等，2018），也是在既定的市场中不断应对环境变化构建持续竞争优势的重要途径（Morris et al.，2005）。商业模式调整过程是充斥着搜寻和试错的发现过程，传统效率型和新颖型商业模式同时并存且难以有效区分，故不采纳左特和阿米特（Zott and Amit，

2010）开发的商业模式创新量表。实际上，商业模式是一种将价值发现、价值传递和价值获取的企业概念化的战略性架构，基于此，奥斯特沃德（Osterwalder et al.，2005）提供了一个商业模式设计的九要素分析框架，包括目标客户、价值主张、客户关系、伙伴关系、价值配置、核心资产、渠道通路、收入模型、成本结构。本章借鉴切斯博思和罗森布隆（Chesbrough and Rosenbloom，2002）、奥斯特沃德和皮格勒尔（Osterwalder and Pigneur，2005）、金和闵（Kim and Min，2015）的研究成果，采用 9 个题项测量商业模式创新。

（4）调节变量：创业自我效能感（entrepreneurial self-efficacy，ESE）。作为影响创业者意愿和行为的重要先决条件（Boyd and Vozikis，1994），创业自我效能感是创业认知研究领域广泛关注的热点问题，在创业绩效转化路径中也发挥着重要的调节作用（Hmieleski and Corbett，2008；Markman et al.，2005）。本章在陈等（Chen et al.，1998）的基础上，结合本文研究目标，采用能体现资源获取、机会识别、风险承担、组织承诺等方面的 15 个题项来测量单维度的创业自我效能感。

2. 样本选择和数据收集

本章研究对象是湖南省 2013 年以后创办的家庭农场，虽然这些家庭农场一部分在本县农经局备案，一部分在本县工商管理局注册，但并不影响其合法性，对本文的研究结论也不会产生影响。农场主绝大部分仍是农民，不仅学历低而且年龄偏大（易朝辉和段海霞，2020），因此，直接填写调查问卷存在很大困难，同时也可能存在极大的随意性评价，进而影响获取数据的效果。为此，本章将以采取团队实地调研与深度访谈的方式完成问卷调查的纠偏，不仅可以提高数据的真实性与结论的准确性，而且还能有效提升对湖南省家庭农场主创业拼凑、商业模式创新、创业自我效能感以及创业绩效的实践认知。

截至 2021 年 6 月，湖南省家庭农场总共达到 16.5 万多家，规模比较庞大；同时，通过对湖南省等地家庭农场开展实地调研和深入了解，表明政府支持的家庭农场能够获得快速成长，因此，作为一项探索性研究，本章采取了判断式抽样和独立控制配额抽样相结合的方法。具体做法，根据前期调研结果和省农经局领导的建议，整体上合理确定了分时间阶段调研范围，从湖南 11 个家庭农场发展较好且获得政府支持的市州地区（长沙市、株洲市、湘潭市、岳阳市、衡阳市、常德市、益阳市、娄底市、永州市、张家界市、邵阳市）选取 1～3 个县（区），然后每个县选取 4～12 个镇，每个镇选取 1～3 个样本家庭农场展开调查，以使选定的样本具有更好的代表性和典型性。

通过湖南省等农业部门，以及与省内不同市、县地区的农经部门的联系，并根据由上述部门提供调研的家庭农场信息，包括农场主姓名、地址及联系方式等。由于家庭农场的位置离县城较远，甚至同一县城或乡镇不同家庭农场之间的距离相对较远，每天实地调研两家农场且时长 2～3 小时，当天晚上参与调研成员讨论由农场主白天已填好的调查问卷后及时完成样本信息的电脑录入和保存工作。

本章研究在 2022 年 3～11 月深度访谈了 188 位农场主，采取一对一辅助方式填写问卷，因 9 家农场主不在家等原因无法采集全部相关数据，最终共收集 179 份调查问卷。为减少问卷收集普遍出现的共同方法偏差问题，需要对样本来源的差异性进行检验。一般认为，所有测量题项的第一公因子的方差解释百分比要求小于 30%，常用的临界标准是 40%，就可推断不存在严重的共同方法偏差。探索性因子分析结果发现，本研究所有测量题项分离出未旋转的第一个公因子的方差解释百分比为 12.241%，说明本研究不存在显著的共同方法偏差问题。

表 7-1 列出了样本特征的分布情况。从性别来看，男性农场主占 88.8%，女性农场主 11.2%。从年龄分布来看，30 岁以下的农场主占 1.7%，31～40 岁占 22.9%，41～50 岁占 37.4%，50 岁以上占 38.0%。从学历分布来看，小学及以下占 6.1%，初中占 26.3%，中专及高中占 44.1%，大专及大学占 23.5%。从成立年限来看，1～3 年占 3.9%，3～5 年占 48.0%，5 年以上占 48.1%。从经营类型来看，纯种植占 38.5%，纯养殖占 7.3%，种养结合占 32.4%，种植兼休闲占 7.8%，种养兼休闲占 14.0%。从经营规模来看，20～100 亩占

11.2%，101~200 亩占 22.9%，201~400 亩占 30.2%，400 亩以上占
35.8%。从整体来看，这些样本数据主要来自湖南长沙市、株洲市、
湘潭市、岳阳市、衡阳市、常德市、益阳市、娄底市、永州市等地区，
涉及 100 多个乡镇，具有较强的代表性，而且样本农场成立年限 3 年
以上占比约 97%，也能充分反映农场主对创业拼凑、商业模式创新、
创业自我效能感以及农场创业绩效的认识，提高问卷数据的精准性与
真实性。

表 7-1　　　　　　　　　　　样本特征的分布情况

项目		样本数（个）	占比（%）	项目		样本数（个）	占比（%）
性别	男	159	88.8	经营类型	纯种植	69	38.5
	女	20	11.2		纯养殖	13	7.3
年龄	30 岁以下	3	1.7		种养结合	58	32.4
	31~40 岁	41	22.9		种植兼休闲	14	7.8
	41~50 岁	67	37.4		种养兼休闲	25	14.0
	50 岁以上	68	38.0	土地规模	20~100 亩	20	11.2
教育程度	小学及以下	11	6.1		101~200 亩	41	22.9
	初中	47	26.3		201~400 亩	54	30.2
	中专及高中	79	44.1		400 亩以上	64	35.8
	大专及大学	42	23.5				
成立年限	1~3 年	7	3.9	合计		179	100.0
	3~5 年	86	48.0				
	5 年以上	86	48.1				

资料来源：笔者根据前文问卷回收数据计算整理而得。

3. 信度与效度检验

本章主要采用 Cronbach's α 系数来衡量量表的信度，对量表的内部
一致性信度进行检验。既往研究认为，Cronbach's α 系数大于 0.7，可
认为题项之间的一致性较好。检验结果（如表 7-2）显示，变量创业

拼凑、创业绩效、商业模式创新、创业自我效能感的 Cronbach's α 系数
分别为 0.871、0.786、0.807、0.798 均大于 0.7，表明量表的一致性
信度较好。以 KMO 值和累计方差贡献率作为效度的评判标准，其中要
求 KMO 值统计量在 0.7 以上，累计方差贡献率大于 60%、最低不能低
于 40%。本研究变量创业拼凑、创业绩效、商业模式创新（去掉 BMI9
项因子值低于 0.5）和创业自我效能感的 KMO 值分别为 0.871、
0.786、0.807、0.798 均大于 0.7，累计方差贡献率分别为 52.932%、
66.045%、57.067% 以及 62.283% 均接近或超过 60%，因此，所有变
量均具有较好的解释力和代表性。此外，本章运用 AMOS24.0 进行了
验证性因子分析。

表 7 – 2 探索性因子分析结果

类型	变量	测量题项	因子值	Cronbach's α
自变量	创业拼凑	EB1. 当家庭农场面临新的经营困境时，我有信心能够利用现有资源找到可行的解决方案	0.665	0.871
		EB2. 与其他农场相比，我可以利用现有资源应对更多挑战	0.627	
		EB3. 我能有效利用任何现有的资源应对创业过程中的新问题或机会	0.754	
		EB4. 我能组合现有的资源与廉价获得的新资源应对农场遇到的新挑战	0.726	
		EB5. 当农场面对新的问题或机会时，我通常假设能找到可行的方案并做出行动	0.745	
		EB6. 通过组合家庭农场现有的资源，我能成功应对任何新的挑战	0.773	
		EB7. 当农场面对新的挑战时，我能组合现有资源找到可行的解决方案	0.788	
		EB8. 我能组合原本计划用于其他目的资源来应对创业中的新挑战	0.729	

续表

类型	变量	测量题项	因子值	Cronbach's α
因变量	家庭农场可持续创业绩效	EPFF1. 近年来农场绿色农产品产量增长快	0.647	0.786
		EPFF2. 近年来农场绿色农产品销售收入增长率更快	0.895	
		EPFF3. 近年来农场净收益增长快	0.825	
		EPFF4. 近年来农场固定资产增加更快（如农业工具：收割机、插秧机等）	0.741	
		EPFF5. 近年来农场经营规模（如农场用地、经营领域）不断扩大	0.792	
		EPFF6. 近年来农场实现了预期目标	0.747	
		EPFF7. 近年来农场的总体满意度较高	0.810	
		EPFF8. 近年来农场的利润水平良好	0.747	
		EPFF9. 近年来农场的投资回报率较高	0.686	
		EPFF10. 近年来农场整体运营情况良好	0.533	
中介变量	商业模式创新	BMI1. 农场逐渐界定了目标顾客	0.510	0.807
		BMI2. 农场能提供新的、更独特的产品或者服务	0.810	
		BMI3. 农场提供的产品或者服务能满足顾客的多样性需求	0.799	
		BMI4. 农场增加了更多的合作伙伴，其参与热情明显增强	0.900	
		BMI5. 农场的业务活动位于价值链的核心环节	0.584	
		BMI6. 农场积累了更多的核心资源，核心竞争力明显提升	0.800	
		BMI7. 农场创新了渠道，更高效地传递了顾客价值	0.540	
		BMI8. 农场优化了成本结构，总成本显著降低	0.563	
调节变量	创业自我效能感	ESE1. 我有能力掌控农场创业的整个过程	0.808	0.798
		ESE2. 我清楚创办一家农场的必要细节	0.769	
		ESE3. 我善于制定创业计划	0.682	
		ESE4. 我有信心经营好一家农场	0.632	

续表

类型	变量	测量题项	因子值	Cronbach's α
调节变量	创业自我效能感	ESE5. 我创办农场获得成功的可能性很大	0.607	0.798
		ESE6. 我喜欢创业不确定性带来的刺激	0.707	
		ESE7. 我有信心发现更多的市场机会和潜在的顾客需求	0.689	
		ESE8. 我有信心承担更大的风险来增加收入	0.743	
		ESE9. 我能尽最大的努力投入农场创业过程中去	0.813	
		ESE10. 我会积极主动采取行动应对环境变化带来的挑战	0.699	
		ESE11. 我能充分掌握和利用与业务相关的技能与知识	0.715	
		ESE12. 我能很好地制定目标并实现目标	0.799	
		ESE13. 我能很容易获得创业所需的各种资源、资金和信息	0.547	
		ESE14. 我相信农场提供的产品或服务能更好满足顾客需求	0.808	
		ESE15. 我能在不确定条件下作出有效决策	0.692	

注：信度检验指标采用 Cronbach's α 系数。
资料来源：笔者根据前文问卷回收数据计算整理而得。

由表 7 – 3 可知，与其他模型相比，四因子模型（$\chi^2/\mathrm{df} = 1.043$；$\mathrm{GFI} = 0.904$；$\mathrm{IFI} = 0.989$；$\mathrm{TLI} = 0.987$；$\mathrm{CFI} = 0.989$；$\mathrm{RMSEA} = 0.016$）获得了理想的数据拟合效果，这说明本研究 4 个变量之间具有良好的区分性。

表 7 – 3   验证性因子分析结果

模型	χ^2/df	GFI	IFI	TLI	CFI	RMSEA
四因子模型 EB、ESE、BMI、EPFF	1.043	0.904	0.989	0.987	0.989	0.016

续表

模型	χ^2/df	GFI	IFI	TLI	CFI	RMSEA
三因子模型 EB + ESE、BMI、EPFF	1.274	0.790	0.932	0.915	0.929	0.039
二因子模型 EB + ESE + BMI、EPFF	1.447	0.767	0.886	0.861	0.881	0.050
单因子模型 EB + EPFF + BMI + ESE	1.629	0.728	0.840	0.804	0.832	0.059

注：EB 表示创业拼凑，ESE 表示创业自我效能感，BMI 表示商业模式创新，EPFF 表示家庭农场创业绩效，+ 表示两个因子合并为一个因子。

资料来源：笔者根据前文问卷回收数据计算整理而得。

第四节　实证分析与假设检验

本章实证部分的分析思路具体如下：首先，检验创业拼凑的直接效应，即创业拼凑对家庭农场创业绩效的直接影响；其次，检验商业模式创新的中介效应，即商业模式创新在创业拼凑与家庭农场创业绩效的正向关系的影响；最后，检验创业自我效能感的调节效应，即创业自我效能感在创业拼凑、商业模式创新与家庭农场创业绩效相互关系的调节机制。

1. 研究变量的描述性统计分析

表 7 - 4 是主要研究变量的平均数、标准差和变量之间的相关系数 r。一般来说，$r \leqslant 0.3$，变量微弱相关；$0.3 \leqslant r \leqslant 0.5$，变量低度相关；$0.5 \leqslant r \leqslant 0.8$，变量显著相关；$r \geqslant 0.8$，变量高度相关。如上表 4 所示，创业拼凑与商业模式创新（$r = 0.430$，$p < 0.01$）、创业自我效能感（$r = 0.615$，$p < 0.01$）、家庭农场创业绩效（$r = 0.271$，$p < 0.01$）显著正相关，商业模式创新与创业自我效能感（$r = 0.436$，$p < 0.01$）、家庭农场创业绩效（$r = 0.311$，$p < 0.01$）显著正相关，创业自我效能感与家庭农场创业绩效（$r = 0.443$，$p < 0.01$）显著正相关。

表 7 - 4　研究变量的描述统计

	均值	标准差	性别	年龄	教育程度	成立年限	经营类型	土地规模	EB	BMI	ESE	EP
性别	0.888	0.315	1									
年龄	3.117	0.816	0.095	1								
教育程度	2.849	0.851	-0.063	0.034	1							
成立年限	2.441	0.571	0.026	0.105	0.126	1						
经营类型	2.514	1.423	-0.184*	-0.105	0.055	-0.004	1					
土地规模	2.905	1.015	0.054	-0.088	-0.062	0.111	-0.172*	1				
创业拼凑 (EB)	3.873	0.378	-0.207**	0.103	0.041	0.052	0.206**	0.055	1			
商业模式创新 (BMI)	3.669	0.386	-0.201**	-0.052	0.148*	0.055	0.319**	0.002	0.430**	1		
创业自我效能感 (ESE)	3.843	0.272	-0.186*	-0.038	0.122	0.055	0.173*	-0.112	0.615**	0.436**	1	
农场创业绩效 (EPFF)	3.618	0.350	-0.108	-0.084	0.019	0.094	0.087	-0.028	0.271**	0.311**	0.443**	1

注：**P<0.01；*P<0.05（双尾）。
资料来源：笔者根据前文问卷回收数据计算整理而得。

2. 数据分析与结果

（1）创业拼凑的直接效应检验。本部分利用SPSS24进行层次回归分析来检验假设模型。首先，先把农场主的性别、教育程度，农场的成立年限、经营类型与土地规模作为控制变量放入回归分析，然后再将创业拼凑放入回归分析。如表7-5中模型2所示，创业拼凑与家庭农场创业绩效显著正相关（$\beta = 0.236$，$P < 0.001$），该分析结果表明，研究假设7-1获得了支持。

表7-5　　　　　　　　商业模式创新中介作用的回归分析

变量	家庭农场创业绩效			商业模式创新		
	模型1	模型2	模型3	模型4	模型5	模型6
第一步：控制变量						
性别	-0.108	-0.058	-0.059	-0.037	-0.175 *	-0.098
教育程度	-0.002	-0.004	-0.018	-0.016	0.056	0.052
成立年限	0.061	0.054	0.054	0.051	0.025	0.014
经营类型	0.016	0.004	-0.007	-0.01	0.081 ***	0.062 **
土地规模	-0.008	-0.016	-0.015	-0.019	0.024	0.012
第二步：创业拼凑		0.236 **		0.154 *		0.366 ***
第三步：商业模式创新			0.281 ***	0.224 **		
ΔF	0.931	11.171 **	15.926 ***	8.845 **	5.806 ***	27.379 ***
R^2	0.026	0.086	0.109	0.131	0.144	0.261
ΔR^2	0.026	0.059	0.083	0.045	0.144	0.118

注：*** $P < 0.001$；** $P < 0.01$；* $P < 0.05$（双尾），排除共线性变量年龄。
资料来源：笔者根据前文问卷回收数据计算整理而得。

（2）商业模式创新的中介效应检验。基于肯尼等（Kenny et al.，1998）[①] 提出的中介效应检验的4个条件，检验商业模式创新的中介效

[①]　Kenny D. A., D. A. Kash, and N. Bolger. Data Analysis in Social Psychology [J]. The Handbook of Social Psychology, 1998 (1-2): 233-265.

应需要满足：①创业拼凑与家庭农场创业绩效显著相关；②创业拼凑与商业模式创新显著相关；③控制创业拼凑后，商业模式创新与家庭农场创业绩效显著相关；④如果自变量对因变量的效应显著，表示部分中介效应；如果自变量对因变量的效应不再显著，表示完全中介效应。上述分析可知，研究假设7-1成立，表明创业拼凑与家庭农场创业绩效显著正相关，即满足条件①；如表5中模型6所示，创业拼凑与商业模式创新显著正相关（$\beta = 0.366$，$P < 0.001$），该分析结果表明，研究假设7-2获得了支持，即满足条件②；如表5中模型3所示，商业模式创新与家庭农场创业绩效显著正相关（$\beta = 0.281$，$P < 0.001$），该分析结果表明，研究假设7-3获得了支持，即满足条件③；如表5中模型4所示，创业拼凑与家庭农场创业绩效显著正相关（$\beta = 0.154$，$P < 0.05$），商业模式创新与家庭农场创业绩效显著正相关（$\beta = 0.224$，$P < 0.01$），即满足条件④。这些分析结果表明，商业模式创新在创业拼凑与家庭农场创业绩效关系中起着部分中介效应，即本章假设7-4获得了支持。

（3）创业自我效能感的调节效应和有调节的调节效应检验。本章研究利用SPSS24进行层次回归分析来检验假设7-5，即创业自我效能感的调节效应。首先，将家庭农场创业绩效作为因变量放入回归分析；其次，把农场主的性别、教育程度，农场的成立年限、经营类型与土地规模作为控制变量放入回归分析；再次，依次将创业拼凑和创业自我效能感放入回归分析；最后，创业拼凑和创业自我效能感乘积项放入回归分析。如表7-6中模型3所示，创业自我效能感正向调节创业拼凑对于商业模式创新的影响作用（$\beta = 0.421$，$P < 0.05$）。为了解释调节效应，用图展示了调节回归分析结果。与低水平创业自我效能感相比较，高水平创业自我效能感能在更大程度上促进创业拼凑对商业模式创新的影响作用。综上所述，表7-6所呈现的分析结果表明，创业自我效能感在创业拼凑与商业模式创新之间起着正向调节作用，因此，本章假设7-5成立。

表 7 - 6 创业自我效能感调节作用的回归分析

变量	商业模式创新				家庭农场可持续创业绩效		
	模型 1	模型 2	模型 3	模型 4	模型 5	模型 6	模型 7
第一步：控制变量							
性别	- 0.175 *	- 0.083	- 0.051	- 0.035	- 0.019	- 0.023	- 0.049
教育程度	0.056	0.043	0.042	- 0.019	- 0.024	- 0.026	- 0.026
成立年限	0.025	0.009	- 0.006	0.046	0.044	0.045	0.058
经营类型	0.081 ***	0.061 **	0.056 **	0.003	- 0.007	- 0.006	- 0.003
土地规模	0.024	0.025	0.023	0.005	- 0.001	0.002	0.002
第二步：主效应							
创业拼凑		0.209 *	0.28 **	0.119 *		0.047 *	0.016 *
创业自我效能感		0.36 **	0.401 **	0.576 ***	0.488 ***	0.523 ***	0.473 ***
商业模式创新					0.141 *	0.149 *	0.181 *
第三步：调节效应							
创业拼凑 * 自我效能感			0.421 *				- 0.386 *
ΔF	5.806 ***	18.991 ***	6.298 *	19.167 ***	6.968 ***	4.132 *	5.538 *
R²	0.144	0.299	0.324	0.205	0.222	0.223	0.248
ΔR²	0.144	0.156	0.025	0.178	0.222	0.019	0.025

注：*** P < 0.001；** P < 0.01；* P < 0.05（双尾），排除共线性变量年龄。
资料来源：笔者根据前文问卷回收数据计算整理而得。

根据温忠麟、张雷和侯杰泰（2006）[1] 的研究结论，检验有中介的调节效应时要在检验中介效应后再检验调节效应，并确保：①做家庭农场创业绩效对创业拼凑和创业自我效能感的回归，创业拼凑对家庭农场创业绩效的系数是否显著；②做家庭农场创业绩效对商业模式创新和创业自我效能感的回归，商业模式创新对家庭农场创业绩效的系

—————————

① 温忠麟，张雷，侯杰泰. 有中介的调节变量和有调节的中介变量 [J]. 心理学报，2006（3）：448 - 452.

数是否显著；③做家庭农场创业绩效对创业拼凑、创业自我效能感和商业模式创新的回归，商业模式创新在创业拼凑与家庭农场创业绩效关系中的系数显著（到此为止说明商业模式创新的中介效应显著）；④做家庭农场创业绩效对创业拼凑、创业自我效能感、商业模式创新和创业自我效能感与创业拼凑乘积项的回归，检验创业拼凑与创业自我效能感乘积项的系数显著。以上4个检验步骤对应的模型依次如表7-6中的模型4、模型5、模型6和模型7。表7-6中回归分析结果显示：①在模型4中，创业拼凑对家庭农场创业绩效的效应显著（β=0.119，P<0.05）；②在模型5中，商业模式创新对家庭农场创业绩效的效应显著（β=0.141，P<0.05）；③在模型6中，商业模式创新在创业拼凑与家庭农场创业绩效关系中的中介效应显著（β=0.149，P<0.05）；④在模型7中，创业拼凑与创业自我效能感乘积项的效应显著（β=-0.386，P<0.05）（交互效应见图7-2）。

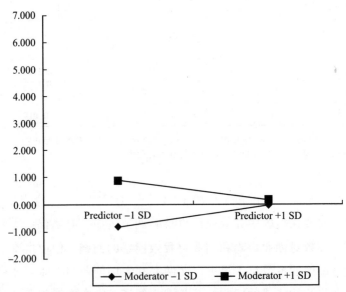

图7-2 创业自我效能感与创业拼凑对家庭农场可持续创业之间的调节作用效应

注：Predictor 代指创业拼凑；Moderator 代指创业自我效能感；纵轴为家庭农场可持续创业绩效。

资料来源：笔者根据前文问卷回收数据计算整理而得。

以上分析结果表明，创业自我效能感对商业模式创新在创业拼凑对家庭农场创业绩效影响的中介效应存在负向调节效应，因此，本章假设 7 - 6 不成立，此与实践调研发现相一致：相比创业之初，大部分农场主的创业自我效能水平感逐年下降。

本章采用海耶斯（Hayes）2019 年开发的软件 PROCESS 3.3（SPSS Macro）进行条件过程分析（conditional process analysis），对假设 7 - 6 的第一阶段有调节的中介效应进行检验，即检验 3 种不同创业自我效能感水平条件下（第 16 百分位数、第 50 百分位数、第 84 百分位数）创业拼凑通过商业模式创新对家庭农场创业绩效产生的间接效应是否显著（见表 7 - 7）。PROCESS 通过 Bootstrap 方法建立间接效应的 95% 置信区间（confidence interval，CI）检验条件间接效应和有调节的中介模型。基于 5000 次 Bootstrap 抽样的检验结果如表 7 - 7 所示，在较低水平的创业自我效能条件下，创业拼凑对家庭农场创业绩效的条件间接效应的 95% 置信区间（bias corrected confidence interval）都不包括零。以上结果表明，在较低水平创业自我效能条件下，创业拼凑对家庭农场创业绩效的被调节的中介效应显著，但与本文假设 7 - 6 相反，即创业拼凑通过商业模式创新对家庭农场创业绩效产生的间接效应被创业自我效能感负向调节。

表 7 - 7　Bootstrap 方法在不同调节变量水平的中介效应及其 95% 置信区间

创业自我效能感	家庭农场可持续创业绩效			
	间接效应	SE	LLCI	ULCI
低（第 16 位百分数）	0.0434	0.0273 *	0.0026	0.1085
中（第 50 位百分数）	0.0738	0.0331 *	0.0175	0.1472
高（第 84 位百分数）	0.1042	0.0434 *	0.0267	0.1974

注：PROCESS MODEL7；＊ $P < 0.05$（双尾）；5000 次抽样。
资料来源：笔者根据前文问卷回收数据计算整理而得。

第五节　本章主要结论与讨论

1. 本章主要结论

在中国乡村全面振兴背景下，积极整合资源且努力探索和实现商业模式创新的路径与条件已成为提高家庭农场竞争力，进而推动家庭农场可持续成长的重要途径，已经成为乡村创业研究和政府关注的重要课题。因此，本章聚焦资源约束背景下农场主的行为与拼凑过程，深入探索了创业拼凑对家庭农场创业绩效的影响机制，重点考察了商业模式创新在农场创业绩效提升过程中所发挥的中介作用，特别是当前研究中更加重视不同水平的创业自我效能感对创业成功的影响背景下，实证探讨了创业自我效能感所起的调节作用。本章研究结论具体如下：第一，农场主采纳创业拼凑行为能够低成本获取创业所需资源，进而有效促进了家庭农场创业绩效的提升，因此，从长远来看，提升农场主创业拼凑能力成为缓解农场资源瓶颈的有效途径；第二，农场主通过创业拼凑充分抓住了市场机会，快速推动了家庭农场商业模式创新，极大满足了顾客的多样性需求；同时，这种不断创新的商业模式很大程度上又能促进创业拼凑转化为农场高水平的创业绩效；从这个意义上讲，家庭农场只有不断创新商业模式，才能带来持续的竞争优势；第三，农场主创业自我效能感促进了创业拼凑推动家庭农场商业模式创新的作用，但发挥了创业拼凑通过商业模式创新对农场创业绩效的间接影响作用，源于创业拼凑和创业自我效能感在农场主创业过程中呈现了相互促进的关系。在中国农村不确定的动态环境下，虽然大多数农场主努力提升创业拼凑能力，但却削弱了创业自我效能感水平，从而一定程度上削弱了其持续创业意愿并促进创业行为的发生，因此，政府要持续加大政策支持以激发农场主快速整合资源创新商业模式促进家庭农场健康成长的持续动力。

2. 本章理论贡献

本章的主要理论贡献：第一，基于创业拼凑、商业模式创新、创业自我效能感等视角从理论上构建并实证探讨了家庭影响农场创业绩效的整合模型，一定程度上有力揭示了家庭农场创业过程的基本规律和本质特征，不仅拓展了创业理论在农村领域的广泛应用，而且进一步丰富了乡村（农民）创业理论，从而为促进家庭农场可持续成长提供新的证据与支持；第二，理论构建和实证检验创业拼凑对家庭农场创业绩效的影响机制不仅丰富了企业资源观，而且还丰富了农村人力资本理论。通过对湖南省家庭农场的实地调研发现，不同类型的农场主通过利用不同形式的创业拼凑，低成本获取了创业所需的异质性资源，从而突破资源约束促进家庭农场快速成长（张敬伟等，2017）[①]，有力支持了贝克（Bake et al.，2003）提出的"创业拼凑有助于促进企业生存与成长"的主张；同时，在家庭农场创业过程中，农场主不断实施的拼凑行为与实践本质上就是农场主创造性利用资源的一种重要技能（Gundry et al.，2011），从而实现农场现有资源的新用途并创造新的机会价值；第三，深入探讨了商业模式创新在创业拼凑与家庭农场创业绩效之间的中介作用，一方面可以丰富商业模式创新理论，另一方面增进了对农村创业领域核心竞争力和竞争优势理论的理解和认识。在产业融合背景下，农场只有不断创新商业模式，才能带来持续的竞争优势。基于此，本部分的研究从商业模式创新视角构建了家庭农场竞争优势的分析框架，从而有效解释了农场为什么会选择不同的商业模式并且表现出不同程度的创业绩效差异，可能源于农场主在商业模式创新过程中采取不同的资源拼凑策略，以积极应对不断变化的环境，进而促进农场提高核心竞争力并实现快速成长。第四，实证分析了创业自我效能感的调节作用，不仅能进一步丰富社会认知理论，还能增强对农民创业者特质理论的洞见。对于农场主而言，创业需要

---

① 张敬伟，裴雪婷，李志刚，沈景全. 基于扎根理论的农民创业者的资源拼凑策略研究 [J]. 农业经济问题 2017，38（9）：49-56.

有足够的毅力和信念并实现对自身、家庭、顾客等多方的承诺（孙红霞等，2013）。具有较高水平创业自我效能感的农场主能不断增强其应对创业困难的信心与决心，可大幅度提升其在资源获取、人际关系、风险承担、组织承诺等方面的认知能力（Chen et al.，1998），进而在资源约束条件下通过创业拼凑形成一定的资源优势，并适时创新商业模式，进而推动家庭农场可持续成长。

3. 本章实践启示

本章的管理启示与政策建议：第一，农场主应创造条件加强不同形式的创业学习，譬如社会学习、实践学习、经验学习等，努力提升创业拼凑水平和质量，进而通过不同的创业拼凑策略，譬如市场拼凑（采摘）、制度拼凑（CSA 定制）、网络拼凑（众筹），低成本获取资源促进商业模式不断创新，以适应不断变化的 VUCA 时代环境。尽管我国不同地区在农业发展基础、资源禀赋、地理环境、地形地貌以及环境承载能力等方面存在极大的差异性，但是只要农场主不断提升农业技能，积极推动农业农村数字化转型，努力挖掘乡村多功能价值，大力推进一二三产业深度融合，不断创新商业模式创造更多的机会价值，就能持续高质量发展好家庭农场，还能成为其他农场创业的示范榜样，从而更有效地解释和指导中国农民创业实践活动。第二，各级政府需充分发挥其在乡村产业振兴实施过程中的引领作用，大力培养创业精神并构建创业型政府，努力扮演好促进家庭农场可持续发展的多重创业角色：（1）政策支持体系的创新者，应有效统筹农村财政基金改变农村投入与服务途径，及时为促进家庭农场发展提供多样性、长期性的资源支持。（2）激励农民创业的引路者，应通过制度建设和政策支持的大力宣传，鼓励更多的大学生、退伍军人、创业投资家、工商企业家等各类人才创办家庭农场。家庭农场创业与可持续发展是一项长期性的系统工程，要保证政策的针对性与连续性，此外，要从制度上简化农场创业程序和减轻创业负担，抬高农场准入门槛，以激发农场主开展创业活动的热情。（3）宽容创业失败的帮扶者，应构建弘扬敢为人先、宽容失败、工匠精神与农业情怀的农村创新创业文化，增强农场主持续创业的信心。一方面，要探索构建新型职业农民教育培训专业学校，优化和完善新型职业农民教育培训体系，注重加强现有农场主培训效果与方式创新，从而有效提高农场主创业管理理论知识（资源整合、商业模式、机会识别、风险控制等）的认知水平和创业者特质，特别要增强创业自我效能感水平以提升其持续创业意愿；另一方面，要不断完善容错机制并加快建立创业失败的补偿基金，持续提供在土地、人才、保险、资金、信息、社会化服务、销售渠道、数字化转型等方面的制度政策支持，为失败的农场主创造"东山再起"的机会。

4. 本章不足与展望

从总体来看，本章研究存在的局限性具体如下：第一，本部分研究的样本数据主要来自湖南省家庭农场，因此推广到其他地区需谨慎；第二，本部分研究中采用的创业拼凑变量，其测量量表还不是很成熟，特别是没有考虑拼凑策略与方式的具体应用，因此也会降低本研究结论的有效性；另外，本章研究采用横截面数据进行检验可能会影响结论的普适性。

为此，未来研究首先应扩充不同地区的样本量，完善创业拼凑的测量量表，并通过时间序列设计进一步验证变量之间的因果关系；其次，家庭农场创业与其他创业型企业存在很多相似的特征，此时可考虑其他变量，譬如数字技能、机会识别、创业学习、制度创业、家庭支持等在创业拼凑与家庭农场创业绩效的中介作用或调节作用以及这些变量之间的交互效应；另外，还可进一步实证探讨不同拼凑策略或方式视角下家庭农场可持续创业机理，有利于拓展研究的深度和广度。

第八章

主要结论与政策启示

　　家庭农场作为新型农业经营主体之一，在促进我国农业现代化进程中发挥着重要的作用，其基本原因在于，这一新型经营主体包含有"家庭"与"农户"两种组织形态，二者间的互嵌有助于汲取两类不同组织中的优势要素，能够创造出异于其他经营主体的社会、经济甚至文化产出。本书依据家庭农场、绿色创业以及创业叙事等不同研究文献，从创业理论、资源保持理论、社会认知理论、社会情感财富、家庭集体心理所有权、创业拼凑、商业模式创新等不同理论视角来解读我国家庭农场的差异化发展路径，本书还通过对我国农业绿色先行者及家庭农场未来发展路径的描述分析、九个典型家庭农场的案例分析、三个分别基于958份、937份、179份针对家庭农场的调研样本的实证检验，讨论了基于创业叙事的家庭农场绿色创业；基于自我效能感和社会情感财富条件过程分析的家庭农场环境绩效影响机制；基于中介效应比较分析的家庭农场环境绩效作用机制研究；基于创业拼凑的影响家庭农场可持续创业的一个调节中介模型分析等。通过文献系统的梳理、基本数据分析、案例比较研究以及实证分析，本书获得了一些重要的原创性研究结论与政策启示。

第一节　主要结论

　　随着我国居民收入水平的提升，其消费品质也随之改善，主要体现在我国居民饮食结构的进一步调整，据相关统计数据，无论是城镇居民还是农村居民的主要食品消费中已呈现出追求绿色与安全的"营养健康、均衡膳食"趋势。需求端这一转变，倒逼农业生产经营者需要转变发展思路，如何更好满足居民及消费者高品质农产品消费需求；环境保护意识的提升，也促使农业生产从事者以及消费者均认识到，人与自然、生产与需求等均需"和谐均衡"，遵循基本的自然规律，农业生产、消费应该不以破坏环境为代价。通过前面章节的讨论，本书的主要结论如下：

第一，鉴于我国广袤国土面积和多样性的地理特征，我国家庭农场应该选择多元、差异化的发展之路。农耕文明的演进催生了人类文明不断丰富和持续繁荣。同时发端于西亚两河流域和东亚中国"长江黄河"流域的原生农业，由于地理特征差异衍生出了不同的农业发展路径，前者因两河领域间隔狭小，诞生了以"小麦"为主的相对单一的农业生产形态；后者地处北纬4°到北纬接近50°之间，东西经跨度逾60°，长江与黄河间隔大、地理环境差异明显，展示出了不同的农业种植形态，农业生产与发展更显现出多样性、差异化。正如一百多年前美国土壤学家——富兰克林·H. 金博士在其《四千年农夫：中国、朝鲜和日本的永续农业》① 所说，中国等东亚民族生命力顽强，会想方设法利用阳光、雨水等一切自然资源、每一寸土地来养活成千上万的家庭，并推动了当地农业的可持续发展，这些经验对欧美当时正在进一步工业化的国家具有重要的启示意义。一百多年前的西方学人便意识到需要通过互学互鉴来促进农业的可持续发展，如今，国家也从战略层面，不断强调以"两山"理论来指导推动农业的可持续发展，从中央到地方各级地方政府始终将农业、乡村的发展放在至关重要的地位，2024 年中央一号文件（《中共中央国务院关于学习运用"千村示范、万村整治"工程经验有力有效推进乡村全面振兴的意见》）依旧聚焦乡

---

① ［美］富兰克林·H. 金 . 四千年农夫：中国、朝鲜和日本的永续农业［M］. 程存旺，石嫣译，北京：东方出版社，2023：4 – 11.

村发展。毋庸置疑，有关农业、农村与农民的相关议题，其最终的落脚点在于如何缩小城乡之间的差距，如何有效提升农村居民的收入，如何提升农村居民的幸福感与获得感？显然，这需要依托合适、多元化与差异化的发展路径和方式，而不是凭空而来。

第二，市场、政策以及技术等外部多重因素促进我国家庭农场通过绿色创业途径来实现差异化模式发展。正如前文所指出的那样，我国居民食品消费结构已发生了质的变化，从单纯吃得饱的状态，开始向吃得好转变，这种转变也带来了一个有关农产品安全生产、加工，再到饮食健康流行阶段，市场需求端的变化必然促进供给端农产品供给方转型，诸如家庭农场需要选择符合市场变化的农产品生产与供给方式，此为其一；其二，国家从多个层面也在鼓励家庭农场等经营主体应当注重环境保护，对于一些养殖类家庭农场，鼓励其加装污水处理设施；划定禁养区，如生活区、公路三公里范围内不开展养殖经营等，开展规范性、生态化养殖，使得供给的农产品农残符合国家标准、欧盟标准等可出口标准；其三，鼓励家庭农场采用多元化的生态、绿色种养技术，通过有机农法等手段来提升农产品的市场附加值，从而提升农产品市场定价，让开展绿色种养的农产品供给者获得高利润回报，以此反过来提升家庭农场、农户等农产品生产经营者的绿色种养积极性。

第三，家庭农场创业者可有效利用创业体验、叙事及产出的凸性效应来提升绿色创业产出效果。已有关于家庭农场成长与发展的研究文献，多从国家扶持政策、创业机会、资源拼凑等视角出发，讨论家庭农场主的人力资源特征、资源禀赋特色等，这进一步丰富了现有资源基础理论观、人力资源发展观等。研究的手段多从样本问卷等收集数据进行讨论分析，但相关研究受限于样本量局限，研究结果不具有普适性。为了弥补上述研究的不足，本书在研究中从家庭农场创业体验、创业叙事（个体创业故事）以及产出的作用机制出发，讨论了其凸性效应。库兹涅茨的倒"U"型理论认为特定时间内的创业及其他风险管理活动会带来凸性效应，例如，在经济刚刚发展起来的时候，仍然以传统农业为主，城乡之间收入差距比较小，由于工业和农业部门生产效率存在差异，并促使农村三要素资源不断流向现代工业经济，从而造成低效农业和高效工业收入间报酬不平等。同理，创业叙事和体验自我存在差异，如果创业叙事不确定能反映创业体验真实自我内容，那么，又将会带来什么样的结果呢，通过前文的案例分析，可以看出不同案例对象创始人在面临初期创业失败以及可能失败时，表现出了不同风险偏好，有较强自我创业效能感（创业意志力强）的家庭农场主，往往会表现出更强的创业韧性，通过个体创业故事叙述吸引潜在利益相关者（诸如地方政府、投资主体、新闻媒体等），采取针对性的措施予以支持，使得家庭农场绿色创业成功率更高，创业体验、叙事同创业产出之间呈现出正凸效应（收益高于其损失）。

第四，家庭农场发挥"家庭"或"家族"积极因素（社会情感财富、家族集体心理所有权）对绿色创业（环境创业）的促进作用。家庭农场整合"家庭"或"家族"功能、"农场"商业盈利功能，发挥二者中的优势因素，可达到"1 + 1 大于 2"的功效；由于家庭农场具有明显的"家族"特征，从家庭农场概念界定总可以看到，之所以称之为"家庭农场"，就在于家族或家庭要素的卷入，在前文的案例对象中就有很好的印证，其创生过程中基本为夫妻、父母以及其他表亲等，他们之间往往根据先前工作经历、专业特长等来进行基本内部分工，显然，分工和合作中形成的集体心理所有权、社会情感财富，其反过来进一步强化了家庭农场对于家族成员的凝聚功能，增强了"我们"的身份认同，这样可以提升其应对创业失败、创业困境的韧性，而具有显著家族认同感的家庭农场因为资源保存理论的影响，更倾向于服务社区、保护环境的绿色创业之倾向，即使是牺牲短期收益也要采取保护社区利益、地方自然环境的创业措施，这进一步验证了泓博格和斯图尔伯格（2006）的研究，并在前文补充案例 CX－2 的家庭农场主身上有所体现，CX－2 参与的珍珠养殖农场在当地经营十几年，为了促进地方经济发展，情愿牺牲部分珍珠养殖的收益，也要响应政府号召，开展珍珠"规范养殖、生态养殖"。这说明，家庭农场绿色创业需要重视"家庭"或"家族"积极作用，助力其发挥非经济因素作用以获得可持续性发展。

第五，我国家庭农场需要积极开展创业拼凑和商业模式创新来提升其可持续成长能力。居于乡村地区家庭农场创业活动，天然有"资金、技术以及人力资本"等方面的劣势，要想获得创业成功，就要尝试在资源约束条件下，积极拼凑家庭农场所需要的低成本、异质性创业资源，从而实现家庭农场可持续、差异化的快速成长之路；同时，利用商业模式九核心要素的创新获得在"VUCA"情境下的可持续竞争优势，家庭农场在村社情境下，短期内可以依赖于村社理性、村社社会资本等快速形成较为成熟的商业模式，但在后续的市场竞争中，如何突破同质化的发展、激烈的市场竞争，唯有利用新基建、新技术等手段来开展商业模式创新，诸如"创始人IP形象打造""CSA社区农业支持""家庭农场协会或联盟"以及"跨区域家庭农场合作"等来形成我国家庭农场新的增长极、新模式等。上述我国家庭农场诸如创业拼凑和商业模式创新的不断尝试显然可以极大提升我国家庭农场未来的可持续成长、差异化发展能力与水平。

第二节 政策启示

"食为政首，谷为民命"，粮食安全是"国之大者"——习近平总书记高度重视国家粮食安全，反复强调：中国人的饭碗任何时候都要牢牢端在自己手上，饭碗里主要装"中国粮"。同时，习近平总书记有关绿色发展、生态文明理论思想是"一以贯之"的，并受到长期实践检验的科学理论。习近平总书记绿色发展、生态文明思想也是乡村振兴战略的行动指南。中共中央、国务院根据《中共中央、国务院关于实施乡村振兴战略的意见》编制的《乡村振兴战略规划（2018－2022年）》明确提出，到2022年：村庄绿化覆盖率达32%；畜禽粪污综合利用率达78%；到2050年实现全面乡村振兴即"农业强、农村美以及农民富"。中共中央、国务院《关于做好 2022 年全面推进乡村振兴重点工作的意见》进一步指出要建设国家农业绿色发展先行区，推进农业和农村绿色发展。农村绿色发展是我国农业现代化体系中至关重要的一环，生态农业将是我国农业现代体系中的核心竞争优势。坚持绿色发展理念、节约能源、减少碳排放保护环境，需要企业采取绿色创业在不损害经济增长情形下兼顾环境保护（Sandberg et al.，2019）。全球气候变暖已在主流科学界形成共识，经济实现增长，若不兼顾环境保护会带来严重的负面影响，自然灾害不断，很难为人类发展带来福祉（Well-being）增长（威廉·诺德豪斯，2019）。一些学者将创业本身作为解决环境保护、社会问题的重要创新性工具与手段，并鼓励绿色创业导向（Makhloufi et al.，2021）。十八大以来，习近平总书记指出"现在，我们已到了必须加大生态环境保护建设力度的时候了，也到了有能力做好这件事情的时候了"。在以习近平总书记为核心的中央集体正确领导下，坚持践行"两山"理论，我国近十年来开展了大规模国土绿化行动，加强保护生物多样性，坚持践行"两山"理论，积极倡导环境友好型的创新、创业活动（龚云，2022）。习近平总书记还在党的二十大报告中提出"生态优先、节约集约、绿色低碳发展"之路，故而，以农业生产为主的各类经营主体应当采取实实在在的行动，积极响应国家号召，将绿色低碳发展落到实处。通过前文总结与分析，本书获得如下政策启示：

第一，从国家政策层面出发，引导家庭农场向绿色低碳发展路径转变。首先，在评选国家、省级以及市级层面的示范家庭农场时，不局限于从家庭农场规模（投资规模、面积以及年产值）等纯粹量的角度出发来进行评选，而应该从综合评价家庭农场农产品标准化、农残指标以及农产品安全等绿色创业实际行动方面进行考察，并要考察家庭农场"社会、经济和环境"三个层面价值诉求。在全社会营造关注家庭农场"绿色低碳"发展氛围，并设置特色地理标志农产品奖励与激励政策；其次，进一步积极执行《全国农业可持续发展规划》提出的"一控两减三基本"措施（"一控"主要指"控制"农业用水总量和农业水环境污染即采用工程措施/节水技术来划定总量红线;"两减"即主要指减少化肥和农药的使用总量;"三基本"主要指"基本解决畜禽粪污治理;塑料薄膜循环利用;秸秆等可再生利用")。设置专门机构督查上述措施的落实效果。最后,借鉴推广松江模式,设置家庭农场考核奖励机制,如设置生态环境保护补贴奖励、家庭农场主社会保障参保补贴奖励、优质稻米产业化发展奖励等等,推动家庭农场绿色化发展有社会保障和政策支持。

第二,从家庭农场发展路径层面出发,激励家庭农场遵循区域与产业特征,走差异化发展之路。尽管我国家庭农场发展已总结出了具有代表性的"松江模式""武汉模式""延边模式""郎溪模式"以及"宁波模式",但各地家庭农场不简单模仿其和照搬其他区域家庭农场发展模式,而顺应当地自然、社会和经济条件,如一部分地区可以采取"小而精,绿色生态"模式,另一部分地理条件便利,水资源丰富以及人口密度较大地区可以积极采取"大规模、智慧化"模式来发展家庭农场;同时,鼓励家庭农场应不完全依赖于现代农业生产技术,符合条件区域的家庭农场可以学习东亚地区前人的农业生产技术,如"豆类作物和其他多种作物轮作的方式",这些方式尽管在短期内效率和产出不高,但对家庭农场长远发展,维护土壤肥力等可持续发展方面有较强的借鉴意义,可以在实际农场经营管理中进行对照试验。

第三,从家庭农场自治组织层面出发,鼓励各地方成立家庭农场协会等自治协会组织。以安徽郎溪为例,该县于2009年便组织成立了家庭农场协会,也是我国第一个家庭农场的自组织协作机构,该县农委还委派专员进驻指导工作,在该县家庭农场规模壮大过程中发挥了重要作用。通过设立家庭农场协会一个重要目的在于,其一是可以发挥其融资信誉担保等功能;其二,家庭农场协会可形成一致对外宣传本土农产品,并形成较强供给定价能力;其三,家庭农场协会还可以为协会内家庭农场提供创业资源拼凑,信息、技术以及人才资源等共享的平台,促进家庭农场快速、可持续成长。

第四,从家庭农场家庭或家族层面出发,发挥村社、家庭等的凝聚力促进家庭农场可持续发展。政府和家庭农场所在社区应该积极鼓励政府、企事业单位离退休人员、新乡贤、大学生、退伍军人等各行业精英，以"家庭"或"家族"甚至朋友等社会资本为纽带，携带和拼凑产业资本、商业资本等返乡、入乡开展涉农创业，承租经营不善、缺乏特色家庭农场，通过相对现代的治理设计，调动家庭和家族成员积极性，真正投入乡村振兴的实践中去，通过创业带动家人、朋友创好业，就好业；通过家庭农场创业带动农村产业振兴，进一步缩小城乡收入、基础设施差距，让返乡、入乡亲人安好家、立好业。发挥家庭或家族要素卷入的积极作用，提高家庭农场创业抗压能力、可持续成长能力。

第五，从家庭农场主个体层面出发，鼓励家庭农场主保持持续学习状态。随着数字孪生技术、农业传感器技术以及智慧农业技术等日新月异，现代农场的经营管理也要随之迭代升级，这就需要家庭农场主正视自身知识和能力的不足，积极参与政府、学校等组织开展的农业培训项目，加强家庭农场经营者同行的相互交流、学习，家庭农场经营者通过上述学习不断提升农场绿色经营管理能力、创业叙事能力以及创新能力等综合能力提升；善于利用当前的涉农电商、数字技术来开展农场经营故事的叙事、传播等工作，以此提升家庭农场经营过程中的对外宣传和品牌形象塑造能力，并打造家庭农场 IP 形象，增强家庭农场在新时代的核心竞争力。

参 考 文 献

[1] 安肖. 美国农场面面观 [J]. 世界农业, 2023 (6): 136 – 137.

[2] 白志荣. 信任与大学生农村绿色创业品牌的探讨 [J]. 人文之友, 2020 (11): 213 – 214.

[3] 毕雪燕. 生态人格养成: 返乡农民工绿色创业责任培育的价值落点 [J]. 中州学刊, 2023 (4): 87 – 92.

[4] 蔡颖萍, 杜志雄. 家庭农场生产行为的生态自觉性及其影响因素分析——基于全国家庭农场监测数据的实证检验 [J]. 中国农村经济, 2016 (12): 33 – 45.

[5] 陈超, 廖文梅, 李祥, 邱海兰. 数字技术使用、风险偏好与农户创业行为——基于 CFPS 数据的实证研究 [J]. 农业现代化研究, 2023, 44 (6): 1 – 14.

[6] 陈睿绮, 李华晶. 基于事件系统理论的绿色农业创业生态系统演化路径研究——以新希望集团为例 [J]. 管理学报, 2022, 19 (8): 1103 – 1113.

[7] 崔鲜花. 韩国农村产业融合发展研究 [D]. 长春: 吉林大学博士论文, 2019.

[8] 邓俊淼. 供应链视角下农民工返乡绿色创业模式探讨——基于 "农民专业合作社 + 创业农民工" 视角探讨 [J]. 农业经济, 2014 (3): 19 – 21.

[9] 董晓林, 孙楠, 吴文琪. 人力资本、家庭融资与农户创业决策——基于 CFPS7981 个有效样本的实证分析 [J]. 中国农村观察,

2019 (3): 15: 109 – 123.

[10] 杜志雄, 金书秦. 从国际经验看中国农业绿色发展 [J]. 世界农业, 2021, 2: 4 – 18.

[11] 杜志雄, 刘文霞. 家庭农场的经营和服务双重主体地位研究: 农机服务视角 [J]. 理论探讨, 2017 (2): 78 – 83.

[12] 杜志雄. 农业农村现代化: 内涵辨析、问题挑战与实现路径 [J]. 南京农业大学学报 (社会科学版), 2021, 21 (5): 1 – 10.

[13] 杜志雄. 新时期中国家庭农场研究 [M]. 北京: 中国农业出版社, 2022.

[14] 段海霞, 易朝辉, 苏晓华. 创业拼凑, 商业模式创新与家庭农场创业绩效关系——基于湖南省的典型案例分析 [J]. 中国农村观察, 2021 (6): 26 – 46.

[15] 恩派《社会创业家》部. 绿色行动者: 中国环保组织创业案例: social entrepreneurship cases in China's environmental protection [M]. 北京: 九州出版社, 2013.

[16] 樊帆, 赵翠萍. 家庭农场的土地支持政策: 日本、法国、德国的经验与启示 [J]. 世界农业, 2019 (2): 49 – 53.

[17] 樊建锋, 边云岗, 赵辉. 效果逻辑与因果逻辑驱动机制研究——基于社会认知理论的组态分析 [J]. 研究与发展管理, 2022, 34 (5): 98 – 111.

[18] 冯永琦, 蔡嘉慧. 数字普惠金融能促进创业水平吗？——基于省际数据和产业结构异质性的分析 [J]. 当代经济科学, 2021, 43 (1): 79 – 90.

[19] 甘臣林, 谭永海, 陈璐, 陈银蓉, 任立. 基于 TPB 框架的农户认知对农地转出意愿的影响 [J]. 中国人口·资源与环境, 2018, 28 (5): 152 – 159.

[20] 高嘉勇, 何勇. 国外绿色创业研究现状评介 [J]. 外国经济与管理, 2011, 33 (2): 10 – 16.

[21] 高静, 张应良. 农户创业价值实现与环境调节: 自资源拼凑

理论透视 [J]. 改革, 2014 (1): 87 - 93.

[22] 葛栋栋, 彭炼波, 刘滨. 乡贤助力提升农户创业意愿了吗? ——参与合作社与未参与合作社的差异 [J]. 新疆农垦经济, 2022 (3): 31 - 39.

[23] 龚云. 习近平生态文明思想的重大理论和实践意义 [N]. 中国环境报, 2022 - 02 - 15.

[24] 关付新. 华北平原种粮家庭农场土地经营规模探究: 以粮食大省河南为例 [J]. 中国农村经济, 2018 (10): 22 - 38.

[25] 郭红东, 丁高洁. 关系网络、机会创新性与农民创业绩效 [J]. 中国农村经济, 2013 (8): 78 - 87.

[26] 郭家栋. 中国家庭农场典型模式的比较研究 [J]. 学习论坛, 2017 (7): 33 (7): 38 - 44.

[27] 郭熙保, 冷成英. 我国家庭农场发展的十大特征——基于武汉和郎溪607 户家庭农场的比较分析 [J]. 经济纵横, 2018 (10): 43 - 59.

[28] 郭熙保, 冷成英. 我国家庭农场发展模式比较分析——基于武汉和郎溪调查数据 [J]. 福建论坛: 人文社会科学版, 2018 (11): 171 - 180.

[29] 郭熙保, 吴方, 查科. 我国家庭农场研究进展与展望 [J]. 西部论坛, 2022, 32 (3): 1 - 16.

[30] 胡塞尔. 欧洲科学危机和超验现象学 [M]. 上海: 上海译文出版社, 1988.

[31] 胡伟艳, 李梦燃, 张娇娇, 朱庆莹农户农地生态功能供给行为研究——基于拓展的计划行为理论 [J]. 中国农业资源与区划, 2019, 40 (8): 156 - 163.

[32] 黄秋风, 唐宁玉, 陈致津, 等. 变革型领导对员工创新行为影响的研究——基于自我决定理论和社会认知理论的元分析检验 [J]. 研究与发展管理, 2017, 29 (4): 73 - 80.

[33] 黄宗智. "家庭农场" 是中国农业的发展出路吗? [J]. 开

放时代，2014（2）：176 - 194.

［34］黄宗智．《农业增长的条件：人口压力下农业演变的经济学》导读［J］．中国乡村研究，2015（1）：34 - 43.

［35］黄宗智．中国的新型小农经济：实践与理论［M］．桂林：广西师范大学出版社，2020.

［36］蒋玉，于海龙，丁玉莲，等．电子商务对绿色农产品消费溢价的影响分析：基于产品展示机制和声誉激励机制［J］．中国农村经济，2021（10）：44 - 63.

［37］冷成英．都市郊区和一般农业区的家庭农场发展路径比较研究［D］．武汉：武汉大学博士论文，2022：33 - 45.

［38］李华晶，陈凯．高管团队、绿色创业导向与企业绩效关系研究［J］．软科学，2014，28（6）：5.

［39］李华晶．打造京津冀绿色创业生态系统的六个抓手［J］．人民论坛，2016（23）：70 - 71.

［40］李华晶．可持续发展视角下的绿色创业［J］．科技管理研究，2009（10）：124 - 127.

［41］李华晶．绿色创业生态系统的创新机理研究［J］．东南学术，2020（5）：126 - 135.

［42］李华晶，倪嘉成．绿色创业生态系统的概念内涵与研究进路［J］．研究与发展管理，2021，33（4）：54 - 68.

［43］李先江．服务业绿色创业导向对绿色服务创新和经营绩效的影响研究［J］．研究与发展管理，2012，24（5）：1 - 10.

［44］李新春，贺小刚，邹立凯．家族企业研究：理论进展与未来展望［J］．管理世界，2021（2020 - 11）：207 - 228.

［45］李新春，宋丽红．基于二元性视角的家族企业重要研究议题梳理与评述［J］．经济管理，2013（8）：53 - 62.

［46］李杨涵冰，刘强，唐利群．绿色能否增效：来自全国家庭农场绿色生产的经验证据［J］．世界农业，2023（12）：112 - 124.

［47］刘宏林，邵琰，杨廷玉．创新"茶 - 林 - 果"复合经营模

式——记黎平县天益家庭农场［J］. 中国农民合作社，2023（11）：71－72.

［48］刘慧，张宁宁，钟钰，等. 玉米收储制度改革以来家庭农场经营行为的变化——基于辽宁省 H 县 22 家省级示范家庭农场的面板调查数据［J］. 中国农业大学学报，2022，27（2）：256－264.

［49］刘建新，范秀成. 心之所有，言予他人？心理所有权对消费者口碑推荐的影响研究［J］. 南开管理评论，2020（1）：144－157.

［50］刘倩，胡必亮. 社会资本如何影响农户收入：一个中国村庄的视角［J］. 财经问题研究，2017（6）：114－123.

［51］刘文霞，杜志雄，郜亮亮. 玉米收储制度改革对家庭农场加入合作社行为影响的实证研究——基于全国家庭农场监测数据［J］. 中国农村经济，2018（4）：13－27.

［52］刘文霞，杜志雄. 哪些家庭农场在提供农业生产性服务？——基于 2014 年和 2015 年全国种植类家庭农场监测数据［J］. 农村经济，2018（3）：18－24.

［53］龙云，邓可心，匡诺一. 新型农业经营主体能带动小农户实现绿色生产转型吗？——基于 2020 年中国乡村振兴综合调查数据的研究［J］. 经济与管理研究，2023（12）：85－99.

［54］卢新海，望萌. 农用地流转的武汉模式研究——基于武汉农村综合产权交易所的启示［J］. 农林经济管理学报，2014，13（3）：244－251.

［55］吕源，彭长桂. 话语分析：开拓管理研究新视野［J］. 管理世界，2012，28（10）：157－171.

［56］罗明忠，陈明. 人格特质、创业学习与农民创业绩效［J］. 中国农村经济，2014（10）：62－75.

［57］罗千峰，赵奇锋，胡雯. 智慧农业的增效机制与包容性发展路径［J］. 中国流通经济，2023，37（9）：3－10.

［58］罗薇，陈唯. 农户电商创业决策：基于制度环境、社会网络和创业学习的组态效应分析［J/OL］. 科学学与科学技术管理，https：//

link. cnki. net/urlid/12. 1117. g3. 20230922. 1616. 002.

[59] 马红坤,毛世平,陈雪. 小农生产条件下智慧农业发展的路径选择——基于中日两国的比较分析 [J]. 农业经济问题,2020 (12):87 - 98.

[60] 马红玉,王转弟. 社会资本、心理资本对农民工创业绩效影响研究——基于陕西省 889 份农户调研数据 [J]. 农林经济管理学报,2018,17 (6):738 - 745.

[61] 毛基业,陈诚. 案例研究的理论构建:艾森哈特的新洞见:第十届"中国企业管理案例与质性研究论坛 (2016)"会议综述 [J]. 管理世界,2017 (2):135 - 141.

[62] 纳西姆·尼古拉斯·塔勒布. 黑天鹅:如何应对不可预知的未来 [M]. 北京:中信出版社,2011 (10):120 - 150.

[63] 南农. 美国科学院公布:未来农业发展的五大方向 [J]. 南方农机,2019 (21):0.

[64] 农业农村部政策与改革司和中国社会科学院农村发展研究所. 中国家庭农场发展报告 (2019) [M]. 北京:中国社会科学出版社,2020.

[65] 庞长伟,李垣,段光. 整合 C 能力与企业绩效:商业模式创新的中介作用 [J]. 管理科学,2015,28 (5):31 - 41.

[66] 邱泽奇,黄诗曼. 熟人社会、外部市场和乡村电商创业的模仿与创新 [J]. 社会学研究,2021 (4):133 - 158..

[67] 盛光华,岳蓓蓓,解芳. 环境共治视角下中国居民绿色消费行为的驱动机制研究 [J]. 统计与信息论坛,2019,34 (1):109 - 116.

[68] 孙芳,王荣荣,丁满臣. 家庭牧场规模经营的一种有效模式——基于日本北海道的调查 [J]. 农村经济,2016 (4):120 - 154.

[69] 孙红霞,郭霜飞,陈浩义. 创业自我效能感、创业资源与农民创业动机 [J]. 科学学研究,2013,31 (12):1879 - 1888.

[70] 孙红霞,孙梁,李美青. 农民创业研究前沿探析与我国转型

时期研究框架构建 [J]. 外国经济与管理, 2010, 32 (6): 31 – 37.

[71] 谭崇台. 发展中国家农业问题的两种重要理论与中国现实的再思考 [J] 经济学动态, 2005 (11): 11 – 13.

[72] 田雨露, 郭庆海. 家庭农场区域发展特征及生成条件分析 [J]. 经济纵横, 2022 (10): 96 – 102.

[73] 万兴彬. 农村收入差距对农户创业行为的影响研究 [D]. 南京: 南京林业大学, 2023: 62 – 67.

[74] 王宝义. 中国农业生态化发展的综合评价与系统诊断 [J]. 财经科学, 2018 (8): 107 – 120.

[75] 王建华, 杨晨晨, 徐玲玲. 家庭农场发展的外部驱动、现实困境与路径选择——基于苏南 363 个家庭农场的现实考察 [J]. 农村经济, 2016 (3): 21 – 26.

[76] 王新志, 杜志雄. 家庭农场更有效率吗?——基于理论与实证的比较分析 [J]. 东岳论丛, 2020, 41 (7): 172 – 181.

[77] 王新志, 杜志雄. 我国家庭农场发展: 模式、功能及政府扶持 [J]. 中国井冈山干部学院学报, 2014, 7 (5): 107 – 117.

[78] 王新志, 杜志雄. 小农户与家庭农场: 内涵特征, 属性差异及演化逻辑 [J]. 理论学刊, 2020 (5): 93 – 101.

[79] 王兴国, 王新志, 杜志雄. 家庭农场施药行为的影响因素分析: 以 371 个粮食类家庭农场为例 [J]. 东岳论丛, 2018, 39 (3): 36 – 44.

[80] 王扬眉, 梁果, 李爱君, 等. 家族企业海归继承人创业学习过程研究——基于文化框架转换的多案例分析 [J]. 管理世界, 2020, 36 (3): 120 – 142.

[81] 威廉·诺德豪斯. 气候赌场: 全球变暖的风险、不确定性与经济学 [M]. 上海: 东方出版社, 2019.

[82] 卫佳静, 郑少锋, 张青松. 数字技术应用、绿色认知与农户绿色防控技术采纳: 以晋冀两省梨种植户为例 [J]. 世界农业, 2024 (3): 99 – 112.

[83] 卫利华,刘智强,廖书迪,等.集体心理所有权、地位晋升标准与团队创造力 [J].心理学报,2019,51 (6): 677 – 687.

[84] 温忠麟,张雷,侯杰泰.有中介的调节变量和有调节的中介变量 [J].心理学报,2006 (3): 448 – 452.

[85] 解春艳,朱红根.农业龙头企业绿色创业特征、维度与测量 [J].农林经济管理学报,2019,18 (5): 627 – 635.

[86] 熊鹰,何鹏.绿色防控技术采纳行为的影响因素和生产绩效研究:基于四川省水稻种植户调查数据的实证分析 [J].中国生态农业学报 (中英文),2020,28 (1): 136 – 146.

[87] 徐志宇.藏粮于生态——保护农业生态环境 [J].人与生物圈,2021 (3): 42 – 47.

[88] 许恒周,蒋晓妍.产权视角下宅基地盘活与农户非农创业 [J].农业技术经济,2024 (4): 76 – 87.

[89] 杨昊,贺小刚,杨婵.异地创业、家庭支持与经营效率——基于农民创业的经验研究 [J].北京:经济管理,2019,41 (2): 36 – 54.

[90] 杨柳,万江红.谁是下一代农场主?家庭农场主的职业代际传递意愿及其发生机制研究 [J].华中农业大学学报 (社会科学版),2020 (4): 137 – 148.

[91] 杨子,饶芳萍,诸培新.农业社会化服务对土地规模经营的影响——基于农户土地转入视角的实证分析 [J].中国农村经济,2019 (3): 82 – 95.

[92] 叶航.行为经济学:发展前景与路径 [J].学术研究,2022 (3): 92 – 98,178.

[93] 易朝辉,段海霞.家庭农场创业瓶颈及实现路径——基于湖南省八地区的实地调研 [J].农业经济问题,2020 (2): 126 – 134.

[94] 于丽卫,孔荣.绿色创业能提高农户农业创业绩效吗? [J].干旱区资源与环境,2023,37 (5): 53 – 60.

[95] 于丽卫.政府规制、环境素养对农户绿色创业的影响研究

[D]. 杨凌：西北农林科技大学，2023.

[96] 余威震，罗小锋，黄炎忠，等. 内在感知、外部环境与农户有机肥替代技术持续使用行为 [J]. 农业技术经济，2019 (5)：66 - 74.

[97] 俞洋，刘向华，宋宇，吴一平. 政府规制、双重嵌入性治理与绿色健康养殖行为——以河南省为例 [J]. 农业技术经济，2021 (6)：66 - 83.

[98] 袁棋. 上海市家庭农场发展中的政府扶持研究——以松江区为例 [D]. 上海：东华大学硕士论文，2022.

[99] 张承龙，易朝辉. 创业学习对乡村创业幸福绩效的作用机制——基于 743 位家庭农场主调研数据 [J]. 云南农业大学学报（社会科学），2023，17 (1)：1 - 9.

[100] 张敬伟，靳秀娟，涂玉琦. 基于扎根理论的农村绿色创业研究——逻辑框架与实践路径 [J]. 技术经济，2022，41 (1)：33 - 42.

[101] 张敬伟，裴雪婷，李志刚，沈景全. 基于扎根理论的农民创业者的资源拼凑策略研究 [J]. 农业经济问题，2017，38 (9)：49 - 56.

[102] 张秀娥，李清. 绿色创业导向能提高农业新创企业绩效吗？[J]. 科学学研究，2021，39 (1)：93 - 102.

[103] 张秀娥，滕欣宇，李伊婧，等. 乡村振兴战略背景下农业企业绿色创业导向：内涵，维度及测量 [J]. 创新与创业管理，2023 (1)：74 - 89.

[104] 张秀娥，滕欣宇，李伊婧. 双重绿色战略导向对农业企业绩效的影响：一个被调节的中介模型 [J]. 科学学与科学技术管理，2023，44 (8)：148 - 163.

[105] 张学平，马雅兰，韩雅君，韩丹. 可债转股投资价值凸性与财富效应 [J]. 首都经济贸易大学学报，2019，21 (2)：104 - 112.

[106] 张玉利，杨俊，于晓宇，窦军生. 创业研究经典文献述评

［M］. 北京：机械工业出版社，2018.

［107］赵冬，许爱萍. 日本发展家庭农场的缘起、经验与启示
［J］. 农业经济，2019（2）：18－20.

［108］赵佳佳，魏娟，刘军弟，刘天军. 信任有助于提升创业绩
效吗？——基于876个农民创业者的理论探讨与实证检验［J］. 中国农
村观察，2020（4）：90－108.

［109］中华人民共和国中央人民政府. 事关粮食安全这个"国之
大者"：全国土地日专访自然资源部部长、国家自然资源总督察王广华
［EB/OL］.［2023－06－25］. https：//www. gov. cn/zhengce/202306/
content_6888372. htm.

［110］周娜. 基于平台创新的农村绿色创业扶贫模式研究［J］.
安徽农业科学，2017，45（14）：246－348.

［111］周文辉，周依芳，任胜钢. 互联网环境下的创业决策、价
值共创与创业绩效［J］. 管理学报，2017，14（8）：1105－1113.

［112］朱沆，杨学儒，李新春. 试论心理所有权和实物期权视角
下的经理人行为选择——兼论非正式合约的激励作用［J］. 外国经济与
管理，2008，30（8）：31－38.

［113］朱沆，叶琴雪，李新春. 社会情感财富理论及其在家族企
业研究中的突破［J］. 外国经济与管理，2012，34（12）：56－62.

［114］朱红根，解春艳. 农民工返乡创业企业绩效的影响因素分
析［J］. 中国农村经济，2012（4）：36－46.

［115］朱红根，康兰媛. 金融环境、政策支持与农民创业意愿
［J］. 中国农村观察，2013（5）：24－33.

［116］朱红根. 农业龙头企业绿色创业与企业绩效——基于新制
度经济学的理论与实证分析［J］. 农业经济问题，2018（10）：121－
131.

［117］邹美凤，高云凤，马华和石文杰. 数字乡村建设影响农户
创业吗？［J］. 中国软科学，2024（2）：201－211.

［118］Adamopoulos，T.，Restuccia，D. The size distribution of farms and international productivity differences [J]. The American Economic Review, 2014, 104 (6): 1667 – 1697.

[119] Alvarez S. A., Barney, J. B. Discovery and creation: Alternative theories of entrepreneurial action [J]. Strategic Entrepreneurship Journal, 2007, 1 (1 – 2): 11 – 26.

[120] Anderson, R. C., Reeb, D. M. Founding-family ownership and firm performance: Evidence from the S&P 500 [J]. Journal of Finance, 2003, 58 (3): 1301 – 1328.

[121] Asatryan, V. S., Oh, H. M. Psychological ownership theory: An exploratory application in the restaurant industry [J]. Journal of Hospitality & Tourism Research, 2008, 32 (3): 363 – 386.

[122] Astrachan, J. H., Shanker, M. C. Family businesses' contribution to the U. S. economy: A closer look [J]. Family Business Review, 2003, 16 (3): 211 – 219.

[123] Baah, C., Opoku – Agyeman, D., Acquah, I. S. K., Agyabeng – Mensah, Y., Afum, E., Faibil, D., Abdoulaye, F. A. M. Examining the correlations between stakeholder pressures, green production practices, firm reputation, environmental and financial performance: Evidence from manufacturing SMEs [J]. Sustainable Production and Consumption, 2021, 27: 100 – 114.

[124] Baker T., R. E. Nelson. Creating something from nothing resource construction through entrepreneurial bricolage [J]. Administrative Science Quarterly, 2005, 50 (3): 329 – 366.

[125] Baker T., A. S. Miner, D. T. Eesley. Improvising firms: Bricolage, account giving and improvisational competencies in the founding process [J]. Research Policy, 2003, 32 (2): 255 – 276.

[126] Baker T., R. E. Nelson. Creating something from nothing resource construction through entrepreneurial bricolage [J]. Administrative Science Quarterly, 2005, 50 (3): 329 – 366.

[127] Barbieri, C., P. M. Mshenga. The role of the firm and owner characteristics on the performance of agritourism farms [J]. Sociologia Ruralis, 2010, 48 (2): 166 - 183.

[128] Baum, J. R., Locke, E. A. The relationship of entrepreneurial traits, skill, and motivation to subsequent venture growth [J]. Journal of Applied Psychology, 2004, 89 (4): 587 - 598.

[129] Bengt Holmstrom, Paul Milgrom. Aggregation and linearity in the provision of intertemporal incentives [J]. Econometrica, 1987, 55 (2): 303 - 328.

[130] Berrone P., Cruz C., Gomez - Mejia L. R., Larraza - Kintana M. Socioemotional wealth and corporate responses to institutional pressures: Do family-controlled frms pollute less? [J]. Administrative Science Quarterly, 2010, 55: 82 - 113.

[131] Berrone P., Cruz C., Gomez - Mejia L. R. Socioemotional wealth in family firms: Theoretical dimensions, assessment approaches, and agenda for future research [J]. Family Business Review, 2012, 25 (3): 258 - 279.

[132] Blei, D. M., Ng, A. Y., Jordan, M. I. Latent Dirichlet Allocation [J]. Journal of Machine Learning Research, 2003, 3 (1): 993 - 1022.

[133] Bohlayer, C., Gielnik, M. M. (S) training experiences: Toward understanding decreases in entrepreneurial self-efficacy during action-oriented entrepreneurship training [J]. Journal of Business Venturing, 2023, 38 (1): 106259.

[134] Boyd, N., G. Vozikis. The influence of self-efficacy on the development of entrepreneurial intentions and actions [J]. Entrepreneurship Theory and Practice, 1994, 18 (4): 63 - 77.

[135] Bresciani S., Rehman S. U., Giovando G., Alam G. M. The role of environmental management accounting and environmental knowledge

management practices influence on environmental performance: Mediated-moderated model [J]. Journal of Knowledge Management, 2023, 27 (4): 896 - 918.

[136] Bürger, T. , Volkmann, C. Mapping and thematic analysis of cultural entrepreneurship research [J]. International Journal of Entrepreneurship and Small Business, 2020, 40 (2): 192 - 229.

[137] Bronson K. , Knezevic I. , Clement C. The Canadian family farm, in literature and in practice [J]. Journal of Rural Studies, 2019 (66): 104 - 111.

[138] Buitenhuis Y. , Candel J. , Termeer C. , et al. Does the Common Agricultural Policy enhance farming systems' resilience? Applying the Resilience Assessment Tool (ResAT) to a farming system case study in the Netherlands [J]. Journal of Rural Studies, 2020, 80: 314 - 327.

[139] Chandler G. N. , S. H. Hanks. Market attractiveness, resource-based capabilities, venture strategies and venture performance [J]. Journal of Business Venturing, 1994, 9 (4): 331 - 349.

[140] Chen, C. C. , Greene, P. G. , Crick, A. Does entrepreneurial self-efficacy distinguish entrepreneurs from managers? [J] . Journal of Business Venturing, 1998, 13 (4): 296 - 316.

[141] Chesbrough, H. , K. Schwartz. Innovating business models with co-development partnerships [J]. Research Technology Management, 2007, 50 (1): 55 - 59.

[142] Chesbrough, H. , R. S. Rosenbloom. The role of the business model in capturing value from innovation: Evidence from Xerox Corporation's technology spin-off companies [J]. Industrial and Corporate Change, 2002, 11 (3): 529 - 555.

[143] Chesbrough H. , K. Schwartz. Innovating business models with co-development partnerships [J]. Research Technology Management, 2007, 50 (1): 55 - 59.

[144] Chrisman, J. J. Chua, J. H. , Pearson, A. W. , Barnett, T. Family involvement, family influence, and family-centered non-economic goals in small firms [J]. Entrepreneurship: Theory and Practice, 2012, 36 (2): 267 – 293.

[145] Christensen – Salem, A. , Mesquita, L. F. , Hashimoto, M. , Hom, P. W. , Gomez – Mejia, L. R. Family firms are indeed better places to work than non-family firms! Socioemotional wealth and employees' perceived organizational caring [J]. Journal of Family Business Strategy, 2021, 12 (1): 100412.

[146] Cooper, A. C. , K. W. Artz. Determinants of satisfaction for entrepreneurs [J]. Journal of Business Venturing, 1995, 10 (6): 439 – 457.

[147] Cope, J. Entrepreneurial learning from failure: An interpretative phenomenological analysis [J]. Journal of Business Venturing, 2011, 26 (6): 604 – 623.

[148] Corbin, J. , Strauss, A. Basics of qualitative research: Techniques and procedures for developing grounded theory [M]. 4th edition. Thousand Oaks, CA: Sage, 2015.

[149] Covin J G, Slevin D P. Strategic management of small firms in hostile and benign environments [J]. Strategic Management Journal, 1989, 10 (1): 75 – 87.

[150] Covin, J. G. , Slevin, D. P. The influence of organization structure on the utility of an entrepreneurial top management style [J]. Journal of Management Studies, 1988, 25: 217 – 234.

[151] Debicki, B. J. , Matherne, C. F. , Kellermanns, F. W. , Chrisman, J. J. Family business research in the new millennium [J]. Family Business Review, 2009, 22 (2): 151 – 166.

[152] Dhahri, S. , Omri, A. Entrepreneurship contribution to the three pillars of sustainable development: What does the evidence really say?

World Development，2018，106：64 – 77.

［153］Diamond，Jare. Collapse – How societies choose to fail or suc-
ceed ［M］. New York：Viking，2005：373 – 377.

［154］Dias C. S. L.，Rodrigues R. G. Agricultural entrepreneurship
and the financial crisis ［J］. Global Business and Economics Review，2019，
21（3/4）：500 – 518.

［155］Di Domenico M. L.，H. Haugh，P. Tracey. Social bricolage：
Theorizing social value creation in social enterprises ［J］. Entrepreneurship
Theory and Practice，2010，34（4）：681 – 703.

［156］Deininger，K，Byerlee，D. The rise of large farms in land
abundant countries：Do they have a future? ［J］. World Development，2012，
40（4）：701 – 714.

［157］Eastwood，R.，Lipton，M.，Newell，A. Farm size. In P. L.
Pingali，& R. E. Evenson（Eds.），Handbook of agricultural economics
［M］. Elsevier：North Holland，2010.

［158］Eisenhardt，K. M.，Graebner，M. E.，Sonenshein，S. Grand
challenges and inductive methods：Rigor without rigor mortis ［J］. Academy
of Management Journal，2016，59（4）：1113 – 1123.

［159］Elkington，John. Accounting for the triple bottom line ［J］.
Measuring Business Excellence，1998，2（3）：18 – 22.

［160］Fan，J. P. H.，Leung，W. S. C. The impact of ownership
transferability on family firm governance and performance：The case of family
trusts ［J］. Journal of Corporate Finance，2020，61：101409.

［161］Ferguson，R.，H. Hansson. Measuring embeddedness and its
effect on new venture creation – A study of farm diversification ［J］. Manag-
erial and Decision Economics，2015，36（5）：314 – 325.

［162］Fiol C. M. A semiotic analysis of corporate language：Organiza-
tional boundaries and joint venturing ［J］. Administrative Science Quarterly，
1989，34（2）：277 – 303.

［163］ Fiol, C. M. Capitalizing on paradox: The role of language in transforming organizational identities ［J］. Organization Science, 2002, 13 (6), 653 – 666.

［164］ Fisher, G. , Neubert, E. , Burnell, D. Resourcefulness narratives: Transforming actions into stories to mobilize support ［J］. Journal of Business Venturing, 2021, 36 (4): 106122.

［165］ Fornell, C. , Larcker, D. F. Evaluating structural equation models with unobservable variables and measurement error ［J］. Journal of Marketing Research, 1981, 18 (1): 375 – 381.

［166］ Foss, N. J. , T. Saebi. Fifteen years of research on business model innovation: How far have we come, and where should we go ［J］. Journal of Management, 2017, 43 (1): 200 – 227.

［167］ Foss, N. J. , Klein, P. G. Organizing entrepreneurial judgment: A new approach to the firm. Organizing entrepreneurial judgment: A new approach to the firm ［M］. Cambridge University Press, 2012: 1 – 299.

［168］ Galliano, D. , T. Siqueira. Organizational design and environmental performance: The case of French dairy farms ［J］. Journal of Environmental Management, 2021, 278 (1): 111408.

［169］ Gartner, W. B. "Who is an entrepreneur?" is the wrong question ［J］. American Journal of Small Business 1988, 12 (4): 11 – 32.

［170］ Gasson, R. , G. Crow, A. Errington, J. Hutson, T. Marsden, and D. M. Winter. The farm as a family business: A review ［J］. Journal of Agricultural Economics, 1988, 39 (1): 1 – 41.

［171］ Gelman, S. A. , Manczak, E. M. , Noles, N. S. The nonobvious basis of ownership: Preschool children trace the history and value of owned objects ［J］. Child Development, 2012, 83 (5): 1732 – 1747.

［172］ Gielnik, M. M. , H. Zacher, A. Schmitt. How small business managers' age and focus on opportunities affect business growth: A mediated moderation growth model ［J］. Journal of Small Business Management, 2016, 55 (3): 460 – 483.

［173］ Giller Ken E, Delaune Thomas, João Vasco Silva et al. The future of farming: Who will produce our food? ［J］. Food Security, 2021, 13 (5): 1073 – 1099.

［174］ Giordano, A. P. , Patient, D. , Passos, A. M. , Sguera, F. Antecedents and consequences of collective psychological ownership: The validation of a conceptual model ［J］. Journal of Organizational Behavior, 2020, 41 (1): 32 – 49.

［175］ Gomez – Mejia L. R. , Cruz C. , Berrone P. , de Castro J. The Bind that ties: Socioemotional wealth preservation in family firms ［J］. Academy of Management Annals, 2011, 5 (1): 37 – 41.

［176］ Gómez – Mejía, L. R. , Haynes, K. T. , Núñez – Nickel, M. , Jacobson, K. J. L. , Moyano – Fuentes, J. Socioemotional wealth and business risks in family-controlled firms: Evidence from Spanish olive oil mills ［J］. Administrative Science Quarterly, 2007, 52 (1): 106 – 137.

［177］ Graeub B. , Chappell M. J. , Wittman H. , et al. The state of family farms in the world ［J］. World Development, 2016 (87): 1 – 15.

［178］ Graeub, B. E. , Chappell, M. J. , Wittman, H. , Ledermann, S. , Kerr, R. B. , Gemmill – Herren, B. The state of family farms in the World ［J］. World Development, 2016, 87: 1 – 15.

［179］ Grande, J. New venture creation in the farm sector-critical resources and capabilities ［J］. Journal of Rural Studies, 2011, 27 (2): 220 – 233.

［180］ Gray S. M. , Knight A. P. , Baer M. On the emergence of collective psychological ownership in new creative teams ［J］. Organization Science, 2020, 31 (1): 141 – 164.

［181］ Gundry, L. K. , J. R. Kickul, M. D. Griffiths, S. C. Back. Entrepreneurial bricolage and innovation ecology: Precursors to social innovation? ［J］. Frontiers of Entrepreneurship Research, 2011, 31 (19): 659 – 673.

［182］ Guth M. , S. Stpień, Smdzik – Ambroy K. , et al. Is small beautiful? Technical efficiency and environmental sustainability of small-scale family farms under the conditions of agricultural policy support ［J］. Journal of Rural Studies, 2022, 89: 235 – 247.

［183］ Haldorai, K. , Kim, W. G. , Garcia, R. L. F. Top management green commitment and green intellectual capital as enablers of hotel environmental performance: The mediating role of green human resource management ［J］. Tourism Management, 2022, 88: 104431.

［184］ Haleblian, J. , Finkelstein, S. Top management team size CEO dominance and firm performance: The moderating roles of environmental turbulence and discretion ［J］. Academy of Management Journal, 1993, 36 (4): 844 – 863.

［185］ Hamilton, E. , Cruz, A. D. and Jack, S. Re-framing the status of narrative in family business research: Towards an understanding of families in business ［J］. Journal of Family Business Strategy, 2017, 8 (1): 3 – 12.

［186］ Hampel C. E. , Tracey P. , Weber K. The art of the pivot: How new ventures manage identification relationships with stakeholders as they change direction ［J］. Academy of Management Journal, 2020, 63 (2): 440 – 471.

［187］ Hart, John Fraser. Specialty Cropland in California ［J］. Geographical Review, 2003, 93 (2): 220 – 232.

［188］ Hart S. L. , Ahuja G. Does it pay to be green? An empirical examination of the relationship between emission reduction and firm performance ［J］. Business Strategy and the Environment, 1996, 5 (1): 30 – 37.

［189］ Hart S. L. Beyond greening: Strategies for a sustainable world ［J］. Harvard Business Review, 1997, 75 (1): 66 – 76.

［190］Hazell, P., Poulton, C., Wiggins, S., Dorward, A. The future of small farms: Trajectories and policy priorities ［J］. World Development, 2010, 38（10）: 1349 – 1361.

［191］Helfand, S. M., E. S. Levine. Farm size and determinants of productive efficiency in the Brazilian Center – West ［J］. Agricultural Economics, 2004, 31（2 – 3）: 241 – 249.

［192］HLPE. Investing in smallholder agriculture for food security. A Report by the High Level Panel of Experts on Food Security and Nutrition （Vol. 6）. Rome: FAO, 2013.

［193］Hmieleski, K. M., A. C. Corbett. The contrasting interaction effects of improvisational behavior with entrepreneurial self-efficacy on new venture performance and entrepreneur work satisfaction ［J］. Journal of Business Venturing, 2008, 23（3）: 482 – 496.

［194］Hobfoll S. E., Shirom A. Conservation of resources theory: Applications to stress and management in the workplace ［J］. Public Policy and Administration, 2001, 87: 57 – 80.

［195］Hobfoll, S. E. The influence of culture, community, and the nested-self in the stress process: Advancing conservation of resources theory ［J］. Applied Psychology, 2001, 50（3）: 337 – 421.

［196］Homburg, A., Stolberg, A. Explaining pro-environmental behavior with a cognitive theory of stress ［J］. Journal of Environmental Psychology, 2006, 26（1）: 1 – 14.

［197］Jiang W. B., Chai H. Q., Shao J., et al. Green entrepreneurial orientation for enhancing firm performance: A dynamic capability perspective ［J］. Journal of Cleaner Production, 2018, 198（2）: 1311 – 1323.

［198］Jong J. P. J. D., Hartog D. N. D. How leaders influence employees' innovative behaviour ［J］. European Journal of Innovation Management, 2007, 10（1）: 41 – 64.

［199］ Kallmuenzer, A. , Nikolakis, W. , Peters, M. , Zanon, J. Trade-offs between dimensions of sustainability: Exploratory evidence from family firms in rural tourism regions ［J］. Journal of Sustainable Tourism, 2018, 26 (7): 1204 – 1221.

［200］ Kellermanns, F. W. , Eddleston, K. A. , Zellweger, T. M. Extending the socioemotional wealth perspective: A look at the dark side ［J］. Entrepreneurship: Theory and Practice, 2012, 36 (6): 1175 – 1181.

［201］ Kenny, D. A. , D. A. Kash, N. Bolger. Data analysis in social psychology ［J］. The Handbook of Social Psychology, 1998 (1 – 2): 233 – 265.

［202］ Khaire M. , Wadhwani R. D. Changing landscapes: The construction of meaning and value in a new market category—modern indian art ［J］. The Academy of Management Journal, 2010, 53 (6): 1281 – 1304.

［203］ Kibler, E. , Mandl, C. , Farny, S. , Salmivaara, V. Post-failure impression management: A typology of entrepreneurs' public narratives after business closure ［J］. Human Relations, 2021, 74 (2), 286 – 318.

［204］ Kim, S. K. , S. Min. Business model innovation performance: When does adding a new business model benefit an incumbent? ［J］. Strategic Entrepreneurship Journal, 2015, 9 (1): 34 – 57.

［205］ Kirk, C. P. , Peck, J. , Swain, S. D. Property lines in the mind: Consumers' psychological ownership and their territorial responses ［J］. Journal of Consumer Research, 2018, 45 (1): 148 – 168.

［206］ Kirzner, I. M. Competition and entrepreneurship ［M］. University of Chicago Press, 1973.

［207］ Kirzner, I. M. Creativity and/or alertness: A reconsideration of the schumpeterian entrepreneur ［J］. The Review of Austrian Economics, 1999, 11 (1): 5 – 17.

［208］ Klein S. B. , Astrachan J. H. , Smyrnios K. X. The F – PEC scale of family influence: Construction, validation, and further implication for theory [J]. Entrepreneurship: Theory and Practice, 2005, 29 (3): 321 – 339.

[209] Kleve, H., Köllner, T., von Schlippe, A. and Rusen, T. A. The business family 3.0: dynastic business families as families, organizations and networks—outline of a theory extension [J]. Systems Research and Behavioral Science, 2020, 37 (3): 516 – 526.

[210] Knight, F. H. Risk uncertainty and profit [M]. University of Chicago Press, 1921.

[211] Kobayashi, V. B., Mol, S. T., Berkers, H. A., Kismihok, G., & Den Hartog, D. N. Text mining in organizational research [J]. Organizational Research Methods, 2018, 21 (3), 733 – 765.

[212] Koellinger, P., Minniti, M., Schade, C. "I think I can, I think I can": Overconfidence and entrepreneurial behavior [J]. Journal of Economic Psychology, 2007, 28 (4): 502 – 527.

[213] Krueger, N. F., Reilly, M. D., Carsrud, A. L. Competing models of entrepreneurial intentions [J]. Journal of Business Venturing, 2000, 15 (5): 411 – 432.

[214] Lahcene Makhlouf, Jing Zhou, Abu Bakkar Siddik. Why green absorptive capacity and managerial environmental concerns matter for corporate environmental entrepreneurship? [J]. Environmental Science and Pollution Research, 2023, 30: 102295 – 102312.

[215] Leitterstorf, M. P., Rau, S. B. Socioemotional wealth and IPO underpricing of family firms [J]. Strategic Management Journal, 2014, 35 (5): 751 – 760.

[216] Li C., Shi, Y., Khan, S. U., et al. Research on the impact of agricultural green production on farmers' technical efficiency: Evidence from China [J]. Environmental Science and Pollution Research, 2021, 28 (29): 38535 – 38551.

［217］ Lober D. J. Pollution prevention as corporate entrepreneurship ［J］. Journal of Organizational Change Management, 1998, 11 (1): 26 –37.

［218］ Lockwood, C., Soubliere, J. F. (Eds.). Advances in cultural entrepreneurship ［M］. Bingley, UK: Emerald Group Publishing, 2022.

［219］ Lounsbury M., Glynn M. A. Cultural entrepreneurship: Stories legitimacy and the acquisition of Resources ［J］. Strategic Management Journal, 2001, 22 (6 –7): 545 –564.

［220］ Lowder S. K., Skoet J., Raney T. The Number, size, and distribution of farms, smallholder farms, and family farms worldwide ［J］. World Development, 2016, 87: 16 –29.

［221］ Lumpkin, G. T., Steier, L., Wright, M. Strategic entrepreneurship in family business ［J］. Strategic Entrepreneurship Journal, 2011, 5 (4): 285 –306.

［222］ Majid I. A., Koe W. L. Sustainable Entrepreneurship (SE): A revised model based on Triple Bottom Line (TBL) ［J］. International Journal of Academic Research in Business and Social Sciences, 2012, 2 (6): 293 –310.

［223］ Makhloufi L., Meirun T., Belaid F., et al. Impact of green entrepreneurship orientation on environmental performance: The natural resource-based view perspective ［J］. Business Strategy and the Environment, 2021 (31): 425 –444.

［224］ Markman, G. D., R. A. Baron, D. B. Balkin. Are perseverance and self-efficacy costless? Assessing entrepreneurs' regretful thinking ［J］. Journal of Organizational Behavior, 2005, 26 (1): 1 –19.

［225］ Martinović, B., Verkuyten, M. Collective psychological ownership as a new angle for understanding group dynamics ［J］. European Review of Social Psychology, 2024, 35 (1): 123 –161.

［226］ Martins L. L., V. P. Rindova, B. E. Greenbaum. Unlocking the hidden value of concepts: A cognitive approach to business model innovation

［J］. Strategic Entrepreneurship Journal, 2015, 9 (1)：99 – 117.

［227］Ma, Y. , Seetharaman, P. B. (Seethu), Singh, V. A multi-category demand model incorporating inter-product proximity ［J］. Journal of Business Research, 2021, 124：152 – 162.

［228］McGee, J. E. , M. Peterson. The long-term impact of entrepreneurial self-efficacy and entrepreneurial orientation on venture performance ［J］. Journal of Small Business Management, 2019, 57 (3)：720 – 737.

［229］Mcgee, J. E. , Peterson, M. , Mueller, S. L. , Sequeira, J. M. Entrepreneurial self-efficacy：Refining the measure ［J］. Entrepreneurship：Theory and Practice, 2009, 33 (4)：965 – 988.

［230］Meek, W. R. , Pacheco, D. F. , York, J. G. The impact of social norms on entrepreneurial action：Evidence from the environmental entrepreneurship context ［J］. Journal of Business Venturing, 2010, 25 (5)：493 – 509.

［231］Mei – Fang Chen. Self-efficacy or collective efficacy within the cognitive theory of stress model：Which more effectively explains people's self-reported proenvironmental behavior? Journal of Environmental Psychology, 2015, 42：66 – 75.

［232］Miller, D. , Le Breton – Miller, I. Deconstructing socioemotional wealth ［J］. Entrepreneurship：Theory and Practice, 2014, 38 (4)：713 – 720.

［233］Miroshnychenko, I. , A. Strobl, K. Matzler, A. De Massisab. Absorptive capacity, strategic flexibility, and business model innovation：Empirical evidence from Italian SMEs ［J］. Journal of Business Research, 2020, (130)：670 – 682.

［234］Morris, M. , M. Schindehutte, J. Allen. The entrepreneur's business model：Toward a unified perspective ［J］. Journal of Business Research, 2005, 58 (6)：726 – 735.

［235］Muñoz, P. , Cohen, B. Sustainable entrepreneurship research：

Taking stock and looking ahead [J]. Business Strategy and the Environment, 2018, 27 (3): 300 – 322.

[236] Murphy, G. B., and J. W. Trailer. Measuring performance in entrepreneurship research [J]. Journal of Business Research, 1996, 36 (1): 15 – 23.

[237] Murray, A., Fisher, G. When more is less: Explaining the curse of too much capital for early-stage ventures [J]. Organization Science, 2022, 34 (1): 246 – 282.

[238] Nason, R., Mazzelli, A., Carney, M. The ties that unbind: Socialization and business-owning family reference point shift [J]. Academy of Management Review, 2019, 44 (4): 846 – 870.

[239] Navis C., Glynn M. A. Legitimate distinctiveness and the entrepreneurial identity: Influence on investor judgments of new venture plausibility [J]. Academy of Management Review, 2011, 36 (3): 479 – 499.

[240] Ndubisi, N. O., Nair, S. R. Green Entrepreneurship (GE) and Green Value Added (GVA): A conceptual framework [J]. International Journal of Entrepreneurship, 2009, 13 (1), 21 – 34.

[241] Nelson, Oly Ndubisi, Sumesh, R Nair. Green entrepreneurship and green value added [J]. International Journal of Entrepreneurship, 2009, 13 (1): 21 – 31.

[242] Newman, A., Obschonka, M., Schwarz, S., Cohen, M. Nielsen, I. Entrepreneurial self-efficacy: A systematic review of the literature on its theoretical foundations, measurement, antecedents, and outcomes, and an agenda for future research [J]. Journal of Vocational Behavior, 2019, 110: 403 – 419.

[243] Nijs, T., Martinovic, B., Verkuyten, M., Sedikides, C. "This country is OURS": The exclusionary potential of collective psychological ownership [J]. British Journal of Social Psychology, 2021, 60 (1): 171 – 195.

[244] Osterwalder, A. , Y. Pigneur, C. L. Tucci. Clarifying business models: Origins, present, and future of the concept [J]. Communications of the Association for Information Systems, 2005, 16 (1): 1.

[245] Osterwalder A. , Y. Pigneur, C. L. Tucci. Clarifying business models: Origins, present, and future of the concept [J]. Communications of the Association for Information Systems, 2005, 16 (1): 1 – 40.

[246] Pang, C. , Q. Wang, Y. Li, G. Duan. Integrative capability, business model innovation and performance: Contingent effect of business strategy [J]. European Journal of Innovation Management, 2019, 22 (3): 541 – 561.

[247] Parada, M. J. and Dawson, A. Building family business identity through transgenerational narratives [J]. Journal of Organizational Change Management, 2017, 30 (3): 344 – 356.

[248] Peng H, Pierce J. Job- organization-based psychological ownership: Relationship and outcomes [J]. Journal of Managerial Psychology, 2015, 30 (2): 151 – 168.

[249] Pierce J. L. , Jussila I A. Collective psychological ownership within the work and organizational context: Construct introduction and elaboration [J]. Journal of Organizational Behavior, 2009, 30 (6): 810 – 834.

[250] Pierce J. L. , Jussila I A. Collective psychological ownership within the work and organizational context: Construct introduction and elaboration [J]. Journal of Organizational Behavior, 2010, 31 (6): 810 – 834.

[251] Pierce J. L. , Jussila I. , Li D. Development and validation of an instrument for assessing collective psychological ownership in organizational field settings [J]. Journal of Management and Organization, 2018, 24 (6): 776 – 792.

[252] Pierce J. L. , Jussila I. Psychological ownership and the organi-

zational context: Theory, research evidence, and application [M]. Cheltenham: Edward Elgar Publishing Limited, UK, 2011.

[253] Pierce J. L., Kostova, T., Dirks, K. T. Toward a theory of psychological ownership in organizations [J]. Academy of Management Review, 2001, 26 (2): 298 – 310.

[254] Pierce J. L., Li, D., Jussila, I., Wang, J. An empirical examination of the emergence of collective psychological ownership in work team contexts [J]. Journal of Management and Organization, 2020, 26 (5): 657 – 676.

[255] Podsakoff, P. M., MacKenzie, S. B., Lee, J. Y., Podsakoff, N. P. Common method biases in behavioral research: A Critical review of the literature and recommended remedies [J]. Journal of Applied Psychology, 2003, 88 (5): 879 – 903.

[256] Potluri S., Phani B. V. Women and green entrepreneurship: A literature based study of India [J]. International Journal of Indian Culture and Business Management, 2020, 20 (3): 409 – 428.

[257] Powell G. N., Eddleston K. A. Family involvement in the firm, family-to-business support, and entrepreneurial outcomes: An exploration [J]. Journal of Small Business Management, 2017; 55 (4): 614 – 631.

[258] Quinn J. B. Next big industry: Environmental improvement [J]. Harvard Business Review, 1971, 47 (5): 120 – 131.

[259] Rau S. B., Astrachan J. H., Smyrnios K. X. The F – PEC revisited: From the family business definition dilemma to foundation of theory [J]. Family Business Review, 2018, 31 (2): 200 – 213.

[260] Rezaei – Moghaddam K, Vatankhah N, Ajili A. Adoption of pro-environmental behaviors among farmers: Application of value-belief-norm theory [J]. Chemical and Biological Technologies in Agriculture, 2020, 7 (7): 1 – 15.

[261] Roscoe, S., Subramanian, N., Jabbour, C. J. C., Chong,

T. Green human resource management and the enablers of green organisational culture: Enhancing a firm's environmental performance for sustainable development [J]. Business Strategy and the Environment, 2019, 28 (5): 737 – 749.

[262] Sandberg M., Klockars K., Wilen K. Green growth or degrowth? Assessing the normative justifications for environmental sustainability and economic growth through critical social theory [J]. Journal of Cleaner Production, 2019 (206): 133 – 141.

[263] Sarasvathy S. D. Causation and effectuation: Toward a theoretical shift from economic inevitability to entrepreneurial contingency [J]. Academy of Management Review, 2001, 26 (2): 243 – 263.

[264] Schumpeter, J. A. The theory of economic development [M]. Harvard University Press, 1943.

[265] Schwartz S. H. Normative influences on altruism [M]. Academic Press: New York, NY, USA, 1977.

[266] Sckokai P., D. Moro. Modelling the impact of the CAP single farm payment on farm investment and output [J]. European Review of Agricultural Economics, 2009, 36 (3): 395 – 423.

[267] Selden, P. D., Fletcher, D. E. The entrepreneurial journey as an emergent hierarchical system of artifact-creating processes [J]. Journal of Business Venturing, 2015, 30 (4): 603 – 615.

[268] Senyard J., T. Baker, P. Davidsson. Entrepreneurial bricolage: Towards systematic empirical testing [J]. Frontiers of Entrepreneurship Research, 2009, 29 (5): 1 – 15.

[269] Senyard J., T. Baker, P. Steffens. Bricolage as a path to innovativeness for resource-constrained new firms [J]. Journal of Product Innovation Management, 2014, 31 (2): 211 – 230.

[270] Senyard J., T. Baker, P. Davidsson. Entrepreneurial bricolage: towards systematic empirical testing [J]. Frontiers of Entrepreneurship Re-

search, 2009, 29 (5): 1 – 15.

[271] Senyard J. , T. Baker, P. Steffens. Bricolage as a path to inno-vativeness for resource-constrained new firms [J]. Journal of Product Innova-tion Management, 2014, 31 (2): 211 – 230.

[272] Sharma, P. An overview of the field of family business studies: Current status and directions for the future [J]. Family Business Review, 2004, 17 (1): 1 – 36.

[273] Shen, Y. , Q. Wang, D. Hua, Z. Zhang. Entrepreneurial learn-ing, self-efficacy and firm performance: Exploring moderating effect of entre-preneurial orientation [J]. Frontiers in Psychology, 2021 (12): 731628.

[274] Shepherd D. A. , Patzelt H. The new field of sustainable entrepreneurship: Studying entrepreneurial action linking "what is to be sustained" with "what is to be developed" [J]. Entrepreneurship Theory & Practice, 2011, 35 (1): 137 – 163.

[275] Sher A. , Mazhar S. , Zulfiqar F. , et al. Green entrepreneurial farming: A dream or reality [J]. Journal of Cleaner Production, 2019, 220 (20): 1131 – 1142.

[276] Silva, J. V. , P. Reidsma, F. Baudron, A. G. Laborte, M. K. Ittersum. How sustainable is sustainable intensification? Assessing yield gaps at field and farm level across the globe [J]. Global Food Security, 2021, (30): 1 – 12.

[277] Simpson D. , et al. Greening the automotive supply chain: A relationship perspective [J]. International Journal of Operations & Produc-tion Management, 2007, 27 (1): 28 – 48.

[278] Steyaert C. Of course, that is not the whole (toy) story: En-trepreneurship and the cat's cradle [J]. Journal of Business Venturing, 2007, 22 (5): 733 – 751.

[279] Sutter C. , Bruton G. D. , Chen J. Entrepreneurship as a solu-tion to extreme poverty: A review and future research directions [J]. Journal

of Business Venturing, 2019, 34 (1): 197 – 214.

[280] Su, X. , Ng, S. M. Development and validation of the collective psychological ownership scale in organizational contexts [J]. International Social Work, 2019, 62 (5): 1431 – 1443.

[281] Toothaker, L. E. , Aiken, L. S. , West, S. G. Multiple Regression: Testing and Interpreting Interactions [J]. The Journal of the Operational Research Society, 1994, 45 (1): 119 – 120.

[282] Vaara, E. , Sonenshein, S. , Boje, D. Narratives as sources of stability and change in organizations: Approaches and directions for future research [J]. The Academy of Management Annals, 2016, 10 (1): 495 – 560.

[283] Velte, P. Does ESG performance have an impact on financial performance? Evidence from Germany [J]. Journal of Global Responsibility, 2017, 8 (2): 169 – 178.

[284] Verkuyten, M. , Martinovic, B. Collective Psychological Ownership and Intergroup Relations [J]. Perspectives on Psychological Science, 2017, 12 (6): 1021 – 1039.

[285] Vorley, B. , Cotula, L. , Chan, M. – K. Tipping the Balance: Policies to shape agricultural investments and markets in favour of small-scale farmers [J]. Sustainable Urban Planning: Tipping the Balance, 2012, 9 (2): 59 – 146.

[286] Walker H, Preuss L. Fostering sustainability through sourcing from small businesses: Public sector perspectives [J]. Journal of Cleaner Production, 2008, 16 (15): 1600 – 1609.

[287] Walley L. , Taylor D. Oppportunists, champions, mavericks? A typology of green entrepreneurs [J]. Social Science Electronic Publishing, 2009, 2002: 31 – 43.

[288] Wayne, J. H. , Grzywacz, J. G. , Carlson, D. S. , Kacmar, K. M. Work-family facilitation: A theoretical explanation and model of prima-

ry antecedents and consequences [J]. Human Resource Management Review, 2007, 17 (1): 63 – 76.

[289] Wiatt R. D. , Marshall M. I. , Musselman R. Management and ownership transfer in small and medium family farms [J]. Agricultural Finance Review, 2022, 82 (3): 505 – 521.

[290] Wiklund J. , Delmar F. What do they think and feel about growth? An expectancy-value approach to small business managers' attitudes toward growth [J]. Entrepreneurship: Theory and Practice, 2003, 27 (3): 247 – 270.

[291] Xushi Wei, Haiping Ren, Sana Ullah & Cuma Bozkurt. Does environmental entrepreneurship play a role in sustainable green development? Evidence from emerging Asian economies [J]. Economic Research – Ekonomska Istraživanja, 2023, 36 (1): 73 – 85.

[292] York J. G. , Venkataraman, S. The entrepreneur-environment nexus: Uncertainty, innovation, and allocation [J]. Journal of Business Venturing, 2010, 25 (5): 449 – 463.

[293] Yoshida S. , H. Yagi, G. Garrod. Determinants of farm diversification: Entrepreneurship, marketing capability and family management [J]. Journal of Small Business and Entrepreneurship, 2020, 32 (6): 607 – 633.

[294] Zameer H. , Wang Y. , Yameem H. Reinforcing green competitive advantage through green production, creativity and green brand image: Implications for cleaner production in China [J]. Journal of Cleaner Production, 2019, 247: 1 – 15.

[295] Zellweger T. M. , Nason R. S. A Stakeholder perspective on family firm performance [J]. Family Business Review, 2008, 21 (3): 203 – 216.

[296] Zhang, S. X. , Babovic, V. An evolutionary real options framework for the design and management of projects and systems with complex re-

al options and exercising conditions ［J］. Decision Support Systems, 2011, 51 (1): 119 – 129.

［297］ Zott C., R. Amit. Business model design: An activity system perspective ［J］. Long Range Planning, 2010, 43 (2 – 3): 216 – 226.

［298］ Zott C., R. Amit. The fit between product market strategy and business model: Implications for firm performance ［J］. Strategic Management Journal, 2008, 29 (1): 1 – 26.

［299］ Zott C., R. Amit, L. Massa. The business model: Recent developments and future research ［J］. Journal of Management, 2011, 37 (4): 1019 – 1042.

附录：访谈提纲及调查问卷

附录1： 家庭农场实地调研访谈提纲

一、家庭农场创业的主要动力来源有哪些？创办家庭农场时，哪些家人（或家族）成员给予了您支持？获得了哪些方面的支持？

二、家庭农场创业过程中获得了政府哪些方面的政策支持？创业过程中资金问题如何解决？

三、家庭农场创业过程中，选择了什么发展方向？发展有机、绿色农场，还是学习传统农场，采用规模化、机械化以及使用农药、化肥种养等方式？

四、家庭农场创业过程中，家庭（或家族）成员在经营管理过程中发挥了什么作用？家庭成员对于绿色、有机等发展理念上有没有分歧？在面临分歧时，你们一般如何处理？在现有的环境条件下，你相信通过商业模式的创新能促进家庭农场解决新问题或实现新机会吗？

五、家庭农场绿色发展过程中，您认为最大的挑战和困难是什么？

六、在农业技术日新月异的情况下，您的农场是如何积极拥抱这些技术革新的？如何避免自己的农场同质化发展，实现差异化成长？

附录2： 我国家庭农场差异化发展模式调查问卷

尊敬女士/先生：

　　您好，我们是湖北小微企业发展研究中心研究团队，此次调查旨在研究我国家庭农场的差异化发展模式现状、特点以及绿色创业发展趋势，分析制约农村消费的因素，探讨如何通过绿色创业实现我国家庭农场差异化发展策略，并以此助推我国乡村振兴战略实施。本问卷调查回收信息与数据不用于商业目的，仅供学术研究之用，最终调研信息与数据备索可查。恳请您抽出宝贵时间填写完整，谢谢！

　　此致
敬礼！

　　　　　张承龙（湖北工程学院经管学院、湖北小微企业发展研究中心）

联系电话：＊＊＊＊＊

邮箱：＊＊＊＊＊

第一部分　被调研家庭农场创始人及农场基本信息

1. 家庭农场所在市（县）、乡（镇）、村名称：［填空题］

_____

2. 家庭成员数量［填空题］

_____

3. 被调研家庭农场创始人性别［单选题］
　　○男　　　　　　　○女

4. 被调研家庭农场创始人年龄段：［单选题］
　　○31岁以下　　　　○31～40岁　　　　○41～50岁
　　○51～60岁　　　　○60岁以上

5. 被调研家庭农场创始人学历 ［单选题］

　　○小学及以下　　　○初中　　　　　○高中/中专/技校/职高

　　○大专　　　　　　○大学本科及以上

6. 家庭农场创立时间：＿＿＿＿＿＿＿，投资规模：＿＿＿＿＿万元

　　资金来源：□自有资金　　□银行贷款　　□民间借款

　　　　　　　□亲友借款　　□信用社借贷

　　绿色认证：□是　　　□否

　　无公害食品认证：□是　　　□否

7. 家庭农场的经营类型：

　　○纯种植　　　　　○纯养殖　　　　　○种养结合

　　○种植兼休闲　　　○种养兼休闲

第二部分　家庭农场的社会情感财富（SEW）及环境绩效表现

8. 家庭农场的社会情感财富水平量表

题项［请根据您自己实际情况作答（请您在相应的单元格中打√）。各选项含义：完全不同意、不同意、一般、同意、非常同意依次赋值1、2、3、4、5，以下类同］	非常同意	同意	一般	不同意	完全不同意
维度 1. 家庭农场家庭控制与影响					
1. 在本家庭农场中的家庭（或家族）成员控制了绝大部分股份	5	4	3	2	1
2. 在本家庭农场中，家庭（或家族）成员对家庭农场经营决策施加有影响	5	4	3	2	1
3. 在本家庭农场中，大多数管理工作由家庭（或家族）成员承担	5	4	3	2	1
4. 在本家庭农场中，其他技术人员、临时工等由家庭（或家族）成员选聘	5	4	3	2	1
5. 在本家庭农场中，经营管理人员基本由家庭（或家族）成员构成	5	4	3	2	1
6. 在本家庭农场中，保持家庭或家族控制非常重要	5	4	3	2	1

题项［请根据您自己实际情况作答（请您在相应的单元格中打√）。各选项含义：完全不同意、不同意、一般、同意、非常同意依次赋值1、2、3、4、5，以下类同］	非常同意	同意	一般	不同意	完全不同意
维度2. 家庭农场成员身份认同					
1. 家庭或（家族）成员对本家庭农场有很强的归属感	5	4	3	2	1
2. 家庭或（家族）成员认为本家庭农场创业成功是他们努力获得的	5	4	3	2	1
3. 家庭或（家族）成员认为本家庭农场是其个人成长的重要路径	5	4	3	2	1
4. 家庭或（家族）成员认为本家庭农场能够很好定义个人角色	5	4	3	2	1
5. 家庭或（家族）成员会骄傲地告诉他人自己是这个家庭农场的一分子	5	4	3	2	1
6. 客户从家庭农场购买产品或服务时会将其产品或服务同这个家庭或家族信誉关联	5	4	3	2	1
维度3. 家庭农场做有约束力的社会纽带					
1. 本家庭农场能够积极地参与促进社区优化的社会活动	5	4	3	2	1
2. 本家庭农场能够将非家庭（或家族）雇员视为家庭农场的一分子	5	4	3	2	1
3. 本家庭农场所有相关合同关系主要基于双方信任和互惠规范	5	4	3	2	1
4. 本家庭农场能够积极同其他机构（i.e.，政府涉农机关、合作社等保持互动）	5	4	3	2	1
5. 本家庭农场同上下游供应商基于长期业务发展建立合作关系	5	4	3	2	1
维度4. 家庭农场的家庭（或家族成员）对农场情感关联					
1. 家庭（或家族）成员情感和情绪会影响家庭农场相关经营决策过程	5	4	3	2	1

续表

题项［请根据您自己实际情况作答（请您在相应的单元格中打√）。各选项含义：完全不同意、不同意、一般、同意、非常同意依次赋值1、2、3、4、5，以下类同］	非常同意	同意	一般	不同意	完全不同意
维度4. 家庭农场的家庭（或家族成员）对农场情感关联					
2. 除了个人贡献外，保护家庭（或家族）成员的福利对我们来说也至关重要	5	4	3	2	1
3. 在家庭农场中，家庭（或家族）成员之间的情感纽带非常牢固	5	4	3	2	1
4. 在我们家庭农场中，情感考虑通常与经济考虑一样重要	5	4	3	2	1
5. 家庭（或家族）成员之间牢固的情感纽带有助于我们保持积极的自我概念	5	4	3	2	1
6. 在家庭农场经营过程中，家庭成员彼此之间感到温暖	5	4	3	2	1
维度5. 家庭作为家庭农场传承的纽带					
1. 延续家庭（或家族）遗产和传统是本家庭农场的重要目标	5	4	3	2	1
2. 家庭农场不会以牺牲长期家族利益来对短期利益进行投资	5	4	3	2	1
3. 家庭（或家族）成员不太可能考虑出售本家庭农场	5	4	3	2	1
4. 将家庭农场成功传承给下一代家庭（或家族）成员是重要发展目标	5	4	3	2	1

9. 家庭农场集体心理所有权量表

题项［请根据您自己实际情况作答（请您在相应的单元格中打√）。各选项含义：完全不同意、不同意、一般、同意、非常同意依次赋值1、2、3、4、5，以下类同］	非常同意	同意	一般	不同意	完全不同意
1. 我们家庭农场成员集体认为这是我们的工作	5	4	3	2	1

续表

题项［请根据您自己实际情况作答（请您在相应的单元格中打√）。各选项含义：完全不同意、不同意、一般、同意、非常同意依次赋值1、2、3、4、5，以下类同］	非常同意	同意	一般	不同意	完全不同意］
2. 我们家庭农场成员集体感知到这些工作属于我们	5	4	3	2	1
3. 我们家庭农场成员对于当前工作有高度共有权感知	5	4	3	2	1
4. 我们家庭农场中所有家庭成员共同认为我们共同拥有这份工作	5	4	3	2	1

10. 家庭农场的环境（绿色）绩效与经济绩效量表

题项［请根据您自己实际情况作答（请您在相应的单元格中打√）。各选项含义：完全不同意、不同意、一般、同意、非常同意依次赋值1、2、3、4、5，以下类同］	非常同意	同意	一般	不同意	完全不同意
维度1. 家庭农场环境（绿色）绩效水平感知					
1. 我们家庭农场内的环境管理工作包含有如何减少生产废弃物	5	4	3	2	1
2. 我们家庭农场内的环境管理工作包含有对于水源节约	5	4	3	2	1
3. 我们家庭农场内的环境管理工作包含有对于能源使用的节约	5	4	3	2	1
4. 我们家庭农场内的环境管理工作包含有减少购买危及环境的生产资料	5	4	3	2	1
5. 我们家庭农场内的环境管理工作包含有减少农场总体成本	5	4	3	2	1
维度2. 家庭农场经济绩效水平感知					
1. 我们家庭农场相对于过去三年，总的投资回报率有所改善	5	4	3	2	1

题项［请根据您自己实际情况作答（请您在相应的单元格中打√）。各选项含义：完全不同意、不同意、一般、同意、非常同意依次赋值1、2、3、4、5，以下类同］	非常同意	同意	一般	不同意	完全不同意
维度2. 家庭农场经济绩效水平感知					
2. 我们家庭农场相对于过去三年，总资产报酬率有所改善	5	4	3	2	1
3. 我们家庭农场相对于过去三年，所有成员的出资报酬率有所改善	5	4	3	2	1

第三部分 家庭农场创业拼凑及可持续创业绩效表现

11. 您对于本家庭农场创业拼凑能力的评价（评分从低到高为1~5，圈选分数越高，表明您对该项环境要素的评价越高）［矩阵量表题］

题项	1	2	3	4	5
1. 当家庭农场面临新的经营困境时，我有信心能够利用现有资源找到可行的解决方案	○	○	○	○	○
2. 与其他农场相比，我可以利用现有资源应对更多挑战	○	○	○	○	○
3. 我能有效利用任何现有的资源应对创业过程中的新问题或机会	○	○	○	○	○
4. 我能组合现有的资源与廉价获得的新资源应对农场遇到的新挑战	○	○	○	○	○
5. 当农场面对新的问题或机会时，我通常假设能找到可行的方案并付诸行动	○	○	○	○	○
6. 通过组合家庭农场现有的资源，我能成功应对任何新的挑战	○	○	○	○	○
7. 当农场面对新的挑战时，我能组合现有资源找到可行的解决方案	○	○	○	○	○
8. 我能组合原本计划用于其他目的资源来应对创业中的新挑战	○	○	○	○	○

12. 您对于本家庭农场商业模式创新能力的评价（评分从低到高为 1~5，圈选分数越高，表明您对该项环境要素的评价越高）［矩阵量表题］

题项	1	2	3	4	5
1. 农场逐渐界定了目标顾客	○	○	○	○	○
2. 农场能提供新的、更独特的产品或者服务	○	○	○	○	○
3. 农场提供的产品或者服务能满足顾客的多样性需求	○	○	○	○	○
4. 农场增加了更多的合作伙伴，其参与热情明显增强	○	○	○	○	○
5. 农场的业务活动位于价值链的核心环节	○	○	○	○	○
6. 农场积累了更多的核心资源，核心竞争力明显提升	○	○	○	○	○
7. 农场创新了渠道，更高效地传递了顾客价值	○	○	○	○	○
8. 农场优化了成本结构，总成本显著降低	○	○	○	○	○

13. 您对于自我（创业）效能感的评价（评分从低到高为 1~5，圈选分数越高，表明您对该项环境要素的评价越高）［矩阵量表题］

题项	1	2	3	4	5
1. 我有能力掌控农场创业的整个过程	○	○	○	○	○
2. 我清楚创办一家农场的必要细节	○	○	○	○	○
3. 我善于制订创业计划	○	○	○	○	○
4. 我有信心经营好一家农场	○	○	○	○	○
5. 我创办农场获得成功的可能性很大	○	○	○	○	○
6. 我喜欢创业不确定性带来的刺激	○	○	○	○	○
7. 我有信心发现更多的市场机会和潜在的顾客需求	○	○	○	○	○
8. 我有信心承担更大的风险来增加收入	○	○	○	○	○
9. 我能尽最大的努力投入到农场创业过程中去	○	○	○	○	○
10. 我会积极主动采取行动应对环境变化带来的挑战	○	○	○	○	○
11. 我能充分掌握和利用与业务相关的技能与知识	○	○	○	○	○
12. 我能很好地制定目标并实现目标	○	○	○	○	○
13. 我能很容易获得创业所需的各种资源、资金和信息	○	○	○	○	○

题项	1	2	3	4	5
14. 我相信农场提供的产品或服务能更好地满足顾客需求	○	○	○	○	○
15. 我能在不确定条件下作出有效决策	○	○	○	○	○

14. 您对于本家庭农场可持续创业能力的评价（评分从低到高为1～5，圈选分数越高，表明您对该项环境要素的评价越高）［矩阵量表题］

题项	1	2	3	4	5
1. 近年来农场绿色农产品产量增长快	○	○	○	○	○
2. 近年来农场绿色农产品销售收入增长率更快	○	○	○	○	○
3. 近年来农场净收益增长快	○	○	○	○	○
4. 近年来农场固定资产增加更快（如农业工具：收割机、插秧机等）	○	○	○	○	○
5. 近年来农场经营规模（如农场用地、经营领域）不断扩大	○	○	○	○	○
6. 近年来农场实现了预期目标	○	○	○	○	○
7. 近年来农场的总体满意度较高	○	○	○	○	○
8. 近年来农场的利润水平良好	○	○	○	○	○
9. 近年来农场的投资回报率较高	○	○	○	○	○
10. 近年来农场整体运营情况良好	○	○	○	○	○

第四部分　被调研者具体建议

15. 您对政府或相关组织有什么期望或建议？［填空题］

_____

_____

感谢您的配合！

后　记

　　家庭农场创业成长，一直是近年来笔者所专注的研究领域。为了更好梳理和理解有关家庭农场的研究脉络，笔者系统阅读了富兰克林·H. 金博士的《四千年农夫：中国、朝鲜和日本的永续农业》，张培刚教授的《农业与工业化》，温铁军教授团队的《从农业 1.0 到农业 4.0：生态转型与农业可持续》《我们的生态化：二十年转型辑录》《乡建笔记：新青年与乡村的生命对话》，黄宗智教授的《中国的新型小农经济：实践与理论》，杜志雄教授的《新时期中国家庭农场研究》等学者的研究著作以及郭熙保教授关于家庭农场的系列论文，尝试从中探寻我国家庭农场发展的逻辑进路和下一步方向。在阅读上述著作中，充分享受了各流派学说争鸣与思想碰撞所带来的快乐：诸如张培刚教授基于发展经济学视角对于家庭农场的初步分类：农户农场与商业农场；黄宗智教授通过分析自清朝以来商业化农场与小农经济家庭农场可持续性成长对比结果，更加推崇我国"小而精"家庭农场成长路径；我国"三农"问题研究专家温铁军教授，针对世界农业的全球实地调研分析，提出了我国家庭农场等农业经营主体社会化生态发展模式等等，上述理论与观点的探讨，逐步激发了笔者将近八年来针对家庭农场的实地调研与思考转化为文字的冲动。

　　自 2013 年家庭农场首次作为被官方正式认可的新型经营主体，写进中央一号文件之后，全国各地大量家庭农场如雨后春笋般纷纷成立，被农业农村部归纳为典型的都市家庭农场"松江模式"；贴近市场、多元化发展的"武汉模式"；市场主导的"宁波模式"；适度规模的"郎溪模式"；"农业局＋银行＋担保公司"的"延边模式"等等，这些模式的归纳与探讨，无疑进一步说明我国家庭农场发展的多元化特点。那么，本书应该从何处着手寻找适合笔者自身学科背景和研究旨趣的切入口呢？自党的十八大首次提出"推进绿色发展、循环发展、低碳发展"建设美丽中国的发展理念以来，党和国家自上而下已形成了一种共识，全国上下一心扎实推进绿色低碳发展；同时，鉴于我国地形、地貌特征差异明显，生物分布呈现明显的多样性特征。那么，从绿色发展或绿色创业视角出发探讨我国家庭农场差异化发展之路则成为笔者研究的不二选题。然而，近年来，随着人工智能等技术飞速发展，这些技术将如何影响我国农业未来发展，也成为笔者重要关注方向。现代信息技术（数字技术）正在逐步为我国家庭农场的绿色发展赋能。根据《中国数字乡村发展报告（2022）》的统计数据推算，我国新型农业经营主体（含家庭农场和农民合作社），总计有 364.3 万个，其中接受信息化农技推广服务的经营主体为 223.3 万个，有 3000 多个家庭农场已被统一赋予唯一标识数字码，就如同家庭农场身份证，家庭农场的进一步信息化、数字化，将为未来我国农产品绿色化、标准化、规范化以及可追溯等打下坚实基础，当然，也为未来高品质农产品提供了数字信誉保障。这也说明，有关家庭农场的讨论有许多值得深入拓展的方向。

　　行文至此，笔者要感谢湖北省人文社科重点研究基地"湖北小微企业发展研究中心"主任张辉教授及其国家社科基金一般项目（23BGL307）支持，以及湖北工程学院经济与管理学院黄宏磊院长、师生们多年来持续给予笔者的鼓励；感谢湖南农业大学商学院易朝辉教授及其国家自然科学基金项目课题组（项目编号：71673084）在笔者写作过程中的耐心指导和实地调研协助；本书也获得了湖北省人文社科重点研究基地"湖北小微企业发展研究中心"调研项目"湖北省小微企业基础数据库建设与金融支持专项调研"（项目批准号：19d01）经费支持。同时，感谢经济科学出版社王红英老师及各位编辑给予本书出版的鼎力协助。当然，受限于笔者研究水平，写作过程中难免会有疏漏之处，欢迎各位读者批评指正，为盼。

张承龙

2024 年 7 月